Janett Reinstädler / Ottmar Ette (eds.)
Todas las islas la isla

Janett Reinstädler / Ottmar Ette (eds.)

Todas las islas la isla

Nuevas y novísimas tendencias
en la literatura y cultura de Cuba

Vervuert · Iberoamericana · 2000

Die Deutsche Bibliothek – CIP-Einheitsaufnahme

Ein Titeldatensatz für diese Publikation ist bei Der
Deutschen Bibliothek erhältlich.

© Iberoamericana, Madrid 2000
© Vervuert, Frankfurt am Main 2000

ISBN 84-95107-64-3 (Iberoamericana)
ISBN 3-89354-118-7 (Vervuert)
Depósito legal: M. 3.001-2000

En la portada: *La última isla II* de Raúl de Zárate
Diseño: Gustavo Antonio Asuar Coupe

Este libro está impreso íntegramente en papel ecológico
blanqueado sin cloro.
Impreso en España
Imprenta Fareso, S. A.
P.º de la Dirección, 5. 28039 Madrid

Índice

Introducción

Hoy por hoy, Cuba goza de un enorme y renovado interés, y no sólo en los medios de comunicación de masa. Sobre todo en Europa, la cultura cubana –y hasta el *tema cubano*– están tan omnipresentes que podemos hablar de una «excepción cultural». El gran éxito de películas como *Fresa y chocolate* (Tomás Gutiérrez Alea) y *Buena Vista Social Club* (Wim Wenders) no han hecho más que acentuar expectativas de un público en espera siempre de nuevas excitaciones culturales, ideológicas y, a veces, sencillamente folcloristas. Bajo el título «¿Rebajas?/Ausverkauf der Revolution? Nuevas y novísimas tendencias en la literatura y cultura de Cuba», hemos tratado de ofrecer una serie de respuestas a estos fenómenos en el marco de una sección de las Jornadas de Hispanistas Alemanes, celebradas del 25 al 28 de marzo de 1999 en la Universidad Humboldt de Berlín.

El presente libro da muestra de la diversidad de acercamientos y análisis que han sido propuestos, cuarenta años después de la entrada de Fidel Castro y «los barbudos» en la ciudad de La Habana. A lo largo de las dos últimas décadas del siglo XX –y más allá del mito de la Revolución Cubana– el archipiélago ha conocido un desarrollo altamente paradójico, lleno de rupturas y sorpresas. Los profundos cambios en el campo económico, después la caída del muro de Berlín y el derrumbe de la Unión Soviética, obligaron al gobierno cubano a buscar distintas estrategias de «resistencia» y «supervivencia». La caída de la importación y exportación en casi un 80 % a comienzos de la década de los noventa, el surgimiento del «período especial», la crisis del sistema educativo y, más todavía, del sistema sanitario, el éxodo masivo de los balseros, la dolarización, la inversión de capital extranjero, sobre todo en el sector del turismo de masa, la rápida aparición de los «paladares» y su lenta agonía, los diferentes gestos de reconciliación, las huelgas de hambre, la visita del Papa y la invitación a los Reyes de España, configuran, con muchos elementos más, el paisaje de los 90, lleno de «rectificaciones» contradictorias y posibilidades siempre precarias.

Frente a ese proceso imprevisible de cierres y aperturas, la literatura y la cultura cubanas destacan en el mundo hispánico por su productividad artística e innovación estética. En los últimos años, han sido otorgados numerosos premios literarios a autoras y autores cubanos residentes en la isla y fuera de ella.

Este volumen presenta ensayos sobre las más recientes tendencias, tanto en el territorio nacional cubano como en la diáspora y el exilio, y reúne estudios en torno a los más variados géneros literarios, teatro, cine y artes plásticas, así como a los problemas actuales en el mundo editorial. Se vincula con otro volumen que, bajo el título *Kuba heute* (Frankfurt a.M.: Vervuert 2000), reunirá estudios sobre la geografía, la economía, la política y las estructuraciones sociales a partir de 1959.

Han participado en nuestra sección investigadoras e investigadores de diferentes países y desde diversas perspectivas, de latitudes y horizontes diversos. Nuestro encuentro se ha desarrollado en una atmósfera de debate cordial y de intercambio fructífero. Particularmente enriquecedora ha sido la colaboración con tres pintores cubanos –Dairán Fernández, Alberto Figueroa y Raúl de Zárate (con su instalación *Isla-Zombi*)– que mostraron su obra en el marco de la exposición *Artistas cubanos en Berlín*, que contó en su organización con Juan Riquelme. Damos las gracias a todos los que han participado y a un público estimulante al que debemos muchas reflexiones que han sido integradas en las páginas que siguen. Agradecemos también el trabajo de Susanne Thiemann, Antonio Ángel Delgado y Gabriele Penquitt; sin ellos la confección de este libro no hubiera sido posible.

Permítasenos, para terminar, una breve reflexión acerca del título (algo cortazarizante) de nuestro libro. ¿De qué forma anticipan los años 80 y, sobre todo, los 90 el mundo cultural cubano del próximo milenio? A pocos años del primer centenario de la independencia política cubana (en el 2002) ¿cuáles serán las opciones futuras del próximo siglo? Las venideras generaciones cubanas ¿seguirán diciendo con José Martí «Dos patrias tengo yo...»? ¿O es Cuba «la isla en peso», «la balsa perpetua» o «la isla que se repite»? Como ya lo sugiere el título del presente libro, la isla se ha multiplicado en muchas islas, sin perder su unidad transterritorial.

Janett Reinstädler y Ottmar Ette   *Berlín y Potsdam, agosto de 1999*

I. Entre tradición y ruptura

Isla – Diáspora – Exilio: anotaciones acerca de la publicación y distribución de la narrativa cubana en los años noventa

Michi Strausfeld (París/Barcelona)

Desde que comenzó el «período especial» –lo que mejor se traduce como «años especialmente duros», es decir, desde la caída del Muro de Berlín, la disolución de la URSS y la eliminación de todas las subvenciones del antiguo Bloque del Este–, los cubanos se ven privados de uno de sus pasatiempos favoritos: la lectura abundante. La producción de títulos en Cuba se ha visto reducida drásticamente, ya que resulta imposible gastar divisas en la compra de papel, cuando no las hay para lo más imprescindible –comida, medicinas, transporte etc. Esta nueva situación es particularmente dura para los escritores, que se preguntan cómo y dónde publicar. Para ellos, «los hijos de la Revolución», es decir, la generación de escritores que se beneficiaron de algunos de los grandes logros de la Revolución, tales como la campaña de alfabetización o la importancia que se le concedió al libro en la educación y en la vida cultural, esta situación de dramática carencia equivale a una pesadilla de la cual esperan despertar pronto.

Quisiera intentar un breve resumen de algunos hitos de la vida político-intelectual cubana desde la Revolución para hacer más comprensible la situación actual. Hoy la literatura cubana se escribe tanto en la Isla como en la Diáspora o el Exilio y resulta difícil hacerse con una idea de conjunto.

Inmediatamente después de la Revolución empezó una campaña de alfabetización admirable. El ímpetu con el que se llevó a cabo ha sido descrito por varios autores, entre los cuales destaca Manuel Pereiro con su libro autobiográfico, *Comandante Veneno* (1977). Pero también hubo, como es sabido, una gran oleada de emigración hacia Miami. Esos primeros exiliados, a los que se conoce como «gusanos», prefirieron vivir en Jauja, como gusanos en el tocino capitalista, en lugar de apoyar la Revolución y privarse de los lujos superfluos. En Cuba se instauró la escolarización general y gratuita, algo único en el contexto latinoamericano, al igual que la educación universitaria gratuita. La cultura ocupó un lugar destacado en el programa del Gobierno de la Revolución, y los enormes

Janett Reinstädler/Ottmar Ette (eds.):
Todas las islas la isla. Nuevas y novísimas tendencias en la literatura y cultura de Cuba.
Frankfurt a.M. – Madrid: Vervuert – Iberoamericana 2000, pp. 11-23.

esfuerzos realizados en este ámbito merecieron desde el principio la simpatía y el apoyo de la abrumadora mayoría de intelectuales americanos y europeos, que por fin creyeron ver realizadas –por una vez– las viejas utopías socialistas.

Durante un par de años todo pareció posible y de verdad al alcance de la mano. Los intelectuales latinoamericanos seguían con entusiasmo los programas revolucionarios y los profundos cambios en Cuba. La mayoría no se conocía personalmente, ni tampoco había podido leer las obras de los otros, ya que el intercambio de libros y de ideas por encima de las fronteras del continente era prácticamente inexistente. Los argentinos desconocían a los mexicanos, los chilenos sabían poco de los uruguayos, y en muchos de los países no existía ni siquiera una rudimentaria industria editorial. *Casa de las Américas*, primero bajo la dirección de Haydée Santamaría, luego de Roberto Fernández Retamar, se propuso cambiar esta situación. Para ello iniciaron una política de encuentros de autores latinoamericanos así como de edición de las obras más emblemáticas del continente. Durante la década de los 60 las publicaciones y los *Premios Casa de las Américas* fueron sinónimo de calidad y contribuyeron eficazmente a una mayor difusión de esta nueva literatura en el mundo entero, sobre todo en Europa. Los escritores latinoamericanos se conocieron en La Habana gracias a múltiples congresos, debates y simposios, y los comentarios de los excelentes miembros de los sucesivos jurados de la *Casa* contribuyeron en gran medida a despertar la curiosidad de varios editores extranjeros por lo que se escribía en Cuba y en el Continente.

La euforia internacional que inspiró el nuevo régimen cubano duró, casi sin fisuras, hasta 1968. El Primer Congreso Antiimperialista de la Cultura contó con 470 participantes, de los cuales 60 procedían de Francia y sólo nueve de la URSS. Quien no pudo asistir por razones ineludibles mandó al menos un telegrama de solidaridad. Durante el Congreso, que tuvo lugar en enero, Fidel Castro pronunció uno de sus más famosos discursos en el que hizo la apología del «intelectual revolucionario» y obtuvo la solidaridad y la simpatía de la gran mayoría de los intelectuales.

Dos meses después surgió la primera gran crisis que hizo tambalear las convicciones de la intelectualidad cubana. El poeta Heberto Padilla, recientemente galardonado con el *Premio Casa de las Américas* por su volumen *Fuera de juego*, fue detenido por presuntos contactos conterrevolucionarios. Cincuenta escritores internacionales mandaron inmediatamente una carta abierta de protesta, firmada también por García Márquez.

Cuando el poeta hizo pública su «autocrítica», el choque fue todavía mayor ya que trajo a la memoria de todos los procesos estalinistas de antaño. Los escritores mandaron otra carta abierta de protesta (esta vez sin la firma de García Már-

quez), y muchos rompieron con la Revolución (entre otros Hans Magnus En-
zensberger, Jorge Semprún, Juan Goytisolo, Mario Vargas Llosa etc.). Fue el
inicio de la pérdida de ilusiones por parte de mucha gente.

Otros, como el autor de teatro Antón Arrufat, también tuvieron problemas en
1968. Su obra *Los siete contra Tebas* había recibido un premio de teatro y era a
la vez objeto de una discusión acalorada en la Unión de Artistas y Escritores Cubanos, la UNEAC. Desde 1971 se le consideró un disidente, y a comienzos de
los 80 pudo emigrar a París. Hace unos años regresó a Cuba y en la actualidad
vive en La Habana.

Algunos cubanos perdieron sus ilusiones desde bien temprano –entre ellos
Guillermo Cabrera Infante (*1929), quien dejó el Servicio Diplomático después
de la muerte de su madre en 1965 y se exilió en Londres, donde vive todavía
hoy. José Lezama Lima (1910-1976) nunca fue amigo de la Revolución, aunque
sí dedicó algunos comentarios y versos elogiosos a los cambios. Cuando la política contra los intelectuales se endureció, fue «tolerado», aunque tuvo que soportar bastantes penurias y problemas cotidianos sobre todo debido a la falta de medicamentos para combatir su asma. Por no hablar de sus habanos añorados. En el
momento de su muerte existía un gran silencio alrededor de su persona y de su
obra. Hasta hoy no existe un verdadero «Museo Lezama Lima». Nicolás Guillén
(1902-1989), en cambio, se convirtió en poeta oficial, aun cuando no siempre
aprobó los excesos de los funcionarios de cultura. El día en que Heberto Padilla
leyó su «autocrítica», Guillén estaba «enfermo» y no pudo asistir al acto. Severo
Sarduy (1937-1993) vivió desde 1960 hasta su muerte en París, primero con una
beca cubana, luego trabajando en editoriales francesas. Alejo Carpentier (1904-
1980) fue Agregado Cultural de Cuba en París desde 1966 hasta su muerte. El
autor defendió muchos intereses y algunos errores o embrollos oficiales, pero sus
propias dudas quedan bien patentes en la última de sus grandes novelas, *Sacre
du printemps* (1978).

Después del «caso Padilla» aumentó en Cuba el número de los disidentes, y
los intelectuales europeos y latinoamericanos se dividieron en amigos y adver-
sarios. La cuestión crucial, que calentó los ánimos durante muchos años, era
siempre la misma: «Dime, ¿qué piensas de Padilla?»

El gobierno cubano inició una ofensiva cultural, llamada «Verde Olivo», que
pretendía apaciguar los ánimos. Duró tres años, no convenció a nadie y por el
contrario sólo produjo más exasperación y amargura en la gente. Según palabras
de Ambrosio Fornet, y luego siempre repetidas, fue un «quinquenio gris» (1971-
1976), pero tal vez sería mejor llamarlo el «quinquenio cruel». Se persiguió a los
homosexuales –Reinaldo Arenas, por poner un ejemplo, fue detenido en 1974
como «perturbador del orden público» y condenado a pasar dos años en un

«centro de rehabilitación». Por supuesto se prohibió la publicación de sus libros y todos sus manuscritos fueron confiscados y destruidos. Miguel Barnet (*1940) no obtuvo nunca permiso para viajar al extranjero, aunque en aquellos años fuera invitado a muchos países con motivo de la traducción de sus dos famosas novelas-testimonio *Biografía de un cimarrón* (1966) y *La canción de Rachel* (1969). También obtuvo una beca del DAAD en Berlín, pero no pudo disfrutarla. Algunos de sus libros no fueron reeditados. La política cultural imperante se caracterizaba por la inflexibilidad, la censura y la obediencia al Partido. La influencia de la URSS aumentó en aquellos años visiblemente. Los cubanos podían leer todos los clásicos del Bloque del Este, pero no tenían las mismas facilidades para obtener los clásicos norteamericanos o alemanes del oeste. Las grandes obras contemporáneas fueron sometidas a un examen de conveniencia antes de ir a la imprenta. Tiempos difíciles.

En 1980 tuvo lugar un episodio que marcó el incio de un nuevo movimiento en la Isla, aunque fuese bien especial. Un gran grupo de cubanos, decididos a emigrar por no querer soportar más la situación, tomaron la Embajada del Perú y se negaron a salir. Eran varios centenares que vivían como rehenes voluntarios. La crisis de la Embajada terminó cuando el Gobierno anunció el permiso de emigración para 125.000 personas, a los que se conoció como «Marielitos», ya que empezaron su anhelado viaje en este pueblo cercano a La Habana. Entre ellos se encontraba Reinaldo Arenas (1943-1990). Diez años más tarde, muy enfermo del SIDA, se suicidó en Nueva York, pocos meses después de haber publicado su autobiografía demoledora, *Antes que anochezca*.

Heberto Padilla y muchos otros intelectuales del «exilio interior» o de la «disidencia» pudieron dejar Cuba en 1980. Y durante los años ochenta hubo también varias tentativas de emprender una nueva apertura. En 1982 el Ministerio de Cultura invitó a un grupo de editores europeos y latinoamericanos con el fin de que éstos conocieran a los jóvenes escritores y la vida literaria del país, y contrarrestar así la idea cada vez más difundida de que todos los autores importantes vivían en el extranjero. Miguel Barnet, Pablo Armando Fernández, Eliseo Diego, Cintio Vitier y algunos más obtuvieron nuevos permisos para viajar al extranjero. Otros autores o funcionarios de la cultura aceptaron una cátedra de *visiting professor* en universidades norteamericanas y europeas –Antonio Benítez Rojo, Edmundo Desnoes, más tarde Lisandro Otero. Jesús Díaz vino primero a Berlín con una beca del DAAD y luego se radicó en Madrid, donde actualmente dirige la revista *encuentro de la cultura cubana*. Muchos estudiantes no regresaron, una vez terminada la carrera en un país extranjero. René Vázquez Díaz estudió en Polonia y vive hoy en Suecia; José Manuel Prieto lo hizo en Rusia y vive hoy en México; y se podrían dar muchos ejemplos más. Así, poco a poco, se constituyó la «Diáspora», es decir, este grupo de cubanos que no dejaron la isla por motivos políticos y que pueden por lo tanto volver o visitar su país cuando quieran, tanto más si llevan dólares. Su obra literaria, sin embargo, es escasamente conocida en Cuba, ya que difícilmente logran publicar allá, mientras que la de los exiliados simplemente no existe, son nombres prohibidos o ninguneados. En cuanto a la literatura extranjera, durante la década de los ochenta las editoriales cubanas publicaron varios autores antes ignorados –como Günter Grass o Heinrich Böll, cuyos libros se agotaron inmediatamente. La industria editorial, estatal y totalmente subvencionada, era muy fuerte en esos tiempos: cada año se producían más de 50 millones de ejemplares y en 1989 fueron, supuestamente, 60 millones.

Aun así había siempre más demanda que oferta, sobre todo de los buenos títulos, ya que los cubanos eran y son amantes de la lectura y saben apreciar la calidad, posiblemente más que la mayoría de los pueblos del mundo. Una gran parte de la población ha tenido una formación académica, y parece que muchísimos cubanos consideran el libro y la lectura como uno de sus pasatiempos preferidos. Esto es, sin duda, un logro de la Revolución.

Otro año decisivo para Cuba fue el 1989. Por una parte estalló el «caso Ochoa», que significó una nueva desilusión brutal. Era evidente, una vez más, que el Régimen de Castro no admitía cambios de ningún tipo, que rechazaba innovaciones y no quería escuchar otras propuestas. Para curarse en salud, eliminó a este adversario potencialmente peligroso. Su condena a muerte tuvo lugar en el verano. La nación estaba todavía bajo ese choque cuando cayó el Muro de Berlín. Poco después los países del Este y la (disuelta) URSS dejaron de mandar las subvenciones y terminaron también los acuerdos preferenciales con Cuba.

Desde entonces Cuba vive en lo que se conoce como «período especial». Comida, medicamentos, productos de higiene, papel, casi todo ha desaparecido de las tiendas normales, y sin embargo se encuentra cuando uno puede pagar con dólares. Una injusticia difícil de tolerar. La cartilla durante los noventa ya no es suficiente para alimentar al pueblo, y muchos cubanos pasan hambre.

La desesperación de gran parte de la población sigue aumentando, sobre todo porque no se vislumbra un final de la miseria cotidiana y el endurecimiento político. En 1994 tuvo lugar otra gran crisis, que consistió en la emigración salvaje y desesperada de muchos cubanos en barcas improvisadas, sobre llantas de coche, en balsas fabricadas con mucha fantasía y poco material. 35.000 «balseros» dejaron el país en dirección a Miami. «Gusanos», «marielitos» y «balseros» forman hoy el exilio cubano en Florida, y con los dos últimos grupos éste cambió de color: de blanco a mulato y negro.

Quien no pudo o no quiso emigrar, intenta desde entonces el arte de la super-vivencia, lo cual se llama en cubano: «estoy resolviendo». Buscarse la vida como sea es la ley de la vida cotidiana. El dólar es la única moneda que sirve, y por ello todo el mundo está obsesionado por este tema: ¿Cómo conseguir dólares que son el «ábrete, sésamo», ya que con ellos uno puede comprar todo lo que oficialmente no existe?

En los años 90, en medio de la nueva pobreza, de la prostitución omnipresente (y recientemente muy perseguida), en los impases de todo tipo, llama la atención que el cubano de la calle parece utilizar de nuevo su proverbial humor mordaz y picante, como si el «período especial» hubiese abierto las válvulas y creado una mayor libertad, al menos verbal. Los cubanos critican fuertemente, protestan por todo, y dado que la prensa oficial, el *Granma*, o los programas de Radio y TV son tan aburridos como siempre, prefieren escuchar Radio Martí o el noticiero de la TV de Miami. Leonardo Padura dijo en una entrevista en *Le Monde* en octubre de 1998:

> Si no fuera cínico, se podría decir que la crisis dio a los escritores más libertad que la que tuvimos antes. El Gobierno ya no nos puede prohibir nada, y cada uno busca un camino cómo llegar al extranjero –via diskettes, una invitación o una beca, concursos literarios de editoriales españolas o latinoamericanas, para intentar la suerte.

Los artistas vuelven a tratar temas antes prohibidos o tabúes, como la homose-xualidad. Es el caso de Senel Paz (*1950) con su novela corta, *El lobo, el bosque y el hombre nuevo* (1990), que luego se convirtió en la película muy taquillera y galardonada: *Fresa y chocolate* (Tomás Gutiérrez Alea, 1993). La ceguera del partido y los planes de rentabilidad han sido ridiculizados en otra película de éxi-tò, *Guantanamera* (1995). Ambas fueron arduamente discutidas en Cuba, por el tema y por ganar un espacio de mayor libertad intelectual y artística.

También en los últimos años ha surgido un nuevo vocabulario. El dólar se llama «fula»; el turista «yuma»; el mercado negro «candonga»; los nuevos ricos «macetas»; las jóvenes prostitutas «jineteras» (o «jineteros»). Los hombres hábi-les en los negocios se llaman «bisneros», y aquellos que hacen la cola por un pago, «coleteros». Los bellos restaurantes en casas particulares para doce co-mensales –como en la Última Cena– son «paladares», y la cocina ahí suele ser tradicional e imaginativa. «Sociolismo» significa clan de amistades (para ayu-darse mutuamente) y lo más codiciado es un «FE», un «familiar en el extranje-ro». Eufemismos como «ambulantes» denominan a los muy pobres, a pensio-nistas, enfermos y a veces hasta a mujeres (sic!). Y luego existen interesantes mutaciones de palabras: los «traidores» de Miami se convierten, por ejemplo, en «traedólares» –lo cual da mucho que pensar.

Existen muchos arreglos de cuentas con Cuba y con la Revolución, empezando por la colección de artículos de Cabrera Infante, *Mea Cuba* (1993), pasando luego por el *Informe contra mí mismo* (1997) de Eliseo Alberto para terminar con la autobiografía de Alina Reyes Revuelta, hija de Fidel Castro. Éstas son sólo tres de las últimas publicaciones. A su lado se encuentran los defensores de la Revolución, y los más ilustres se llaman Gabriel García Márquez y José Saramago. Pero sobre todo existen los muchos cubanos y amigos de Cuba, que desean para la isla una «transición» como la española después de la muerte del Dictador, que rechazan las posiciones maximalistas de Miami (como de la FNA, Fundación Nacional Cubana-Americana del –recientemente fallecido– Jorge Mas Canoso), y que por supuesto condenan la política de búnker que ejerce el Máximo Líder por ser irreal, irresponsable e ilusoria. Quieren que las fuerzas progresistas tengan más poder y mando dentro del Gobierno, piden libertades democráticas y exigen una transición que debe comenzar ya mismo y no después de la muerte de Fidel Castro.

En 1999, 40 años después del comienzo de la Revolución y diez después de la Caída del Muro, entre el 15 y el 20% de los cubanos vive en el exilio, sobre todo en Miami. Y se dice que probablemente un tercio de los intelectuales vive en el extranjero –sea diáspora o exilio. El ensayista y crítico de arte Iván de la Nuez (*La Habana, 1964), ahora en Barcelona, ha resumido brillantemente el desgarramiento de los cubanos en su libro: *La balsa perpetua. Soledad y conexiones de la cultura cubana* (1998).

Existen varias tentativas de construir algunos puentes entre la Isla, la Diáspora y el Exilio –como la revista *encuentro de la cultura cubana*, que aparece cuatro veces por año desde 1996 y suele dar una visión panorámica de lo que pasa y se publica en La Habana, Miami, España y otros lugares como Francia, Venezuela o México. La revista *Mariel* da a conocer desde 1985 sobre todo textos de los «Marielitos». *La gaceta de Cuba* se publica en La Habana y ha demostrado últimamente ser muy exigente con los textos que publica. Por ello hoy se encuentran en sus páginas los más interesantes jóvenes narradores –entre los cuales algunos resultan ser excelentes descubrimientos. El certamen anual del «cuento» tiene alto prestigio y ha presentado textos notables. *Tema*, una revista ya bastante longeva, ofrece discusiones teóricas y arduos debates, y se ha convertido en una plataforma internacional. Ahora se imprime como *joint-venture* en Colombia. También salieron hasta la fecha dos números de la revista *Diásporas*, editada por Rafael Sánchez Mejías, que presentó a los más jóvenes narradores y poetas de la isla. Él mismo vive ahora con una beca del programa de la Unión Europea, *Ciudades de refugio*, en Barcelona. Existen revistas en Suecia, México, España,

EE.UU., y todas quieren ofrecer plataformas intelectuales, presentar a nuevos escritores, establecer algún puente e informar sobre Cuba.

Aparte de poder imprimir un texto narrativo o ensayístico en una revista como *La Gaceta de Cuba* o *El caimán barbudo* –y estas dos publicaciones tuvieron que recortar también el tiraje y reducir la frencuencia de publicación–, cada escritor anhela la publicación de su libro. Y esto es hoy sumamente difícil para los autores de la isla, ya que no hay suficiente papel. Cuba producía en 1989 ca. de 4000 títulos, entre los que un 60% eran libros escolares. En 1995 se imprimieron unos cinco millones de libros, de los cuales el 80% estaba destinado a la exportación. En 1996 las novedades fueron menos de 200, un año después 287, lo cual equivale a unos 5-7 millones de libros por año. Con estas cifras Cuba sigue ocupando un destacado lugar en la producción de libros *per capita* –tres (España cuatro, EE.UU. seis)–, y a ello hay que añadir los seis millones de libros escolares. Los editores cubanos hacen ahora esfuerzos para firmar acuerdos de *joint-ventures* con sus colegas de otros países como Argentina, Colombia, Venezuela, México y también con España. Los gastos de impresión corren a cargo del editor extranjero, y los cubanos hacen todo lo demás. Los ganadores de los *Premios Casa de las Américas* están publicados mayoritariamente en *joint-ventures* y, debido a la falta de medios, los premios se conceden cada dos años. Cada año hay premios, pero no en todas las disciplinas. Las estrecheces se notan por todas partes, son omnipresentes. Empezar en estas circunstancias una nueva colección «La Novela» en la editorial Letras Cubanas (6-8 títulos anualmente) resulta toda una hazaña, ojalá con posibilidades de poder continuar. La selección de los primeros títulos demuestra seriedad y buena calidad. Esta colección está subvencionada por el Fondo Cubano del Desarrollo para la Educación y Cultura con la idea de que dentro de un par de años prevalezcan en las editoriales cubanas los criterios de mercado, es decir, se logre que tengan beneficios para luego invertirlos libremente en nuevos títulos o reediciones, algo inimaginable hasta la fecha. Esta declaración de principios se ha repetido mucho en la última Feria Internacional del Libro y significaría un gran cambio, ya que supondría el final del actual sistema editorial, hasta la fecha totalmente dirigido, controlado y financiado por el Estado. El escritor Abel Prieto (*1950), Ministro de Cultura desde 1997 y antes Presidente de la UNEAC, se muestra muy abierto a cualquier idea e iniciativa liberalizadora, apoya invitaciones y viajes al exterior, propone cambios burocráticos y está muy interesado en todo tipo de *joint-ventures*, en aperturas intelectuales. Por ello se ve muy apoyado por los autores y artistas cubanos.

Éstos son algunos de los problemas de la isla en cuanto a la publicación de libros. Pero también los escritores de la diáspora, que buscan una posibilidad de dar a conocer sus obras en Francia, Suecia, EE.UU. o Alemania, inclusive en

Miami, tienen problemas. Ellos intentan contactar con agentes literarios o presentan sus obras en los múltiples concursos editoriales, pero no resulta fácil, ya que sus lectores viven sobre todo en Cuba, y sus libros no llegan allá. Los españoles no han demostrado gran curiosidad por la literatura cubana en los últimos veinte años, y sólo recientemente parece surgir un modesto cambio de actitud, desde que algunas novelas de la disidencia o del exilio ganaron un premio, venta importante y/o crítica elogiosa. Pero muchas de estas novelas de éxito parecen estar escritas para complacer las exigencias del lector europeo/norteamericano: presentan clisés en lugar de calidad.

Aun así aumentó el interés en los dos últimos años. Zoé Valdés (*1959) tuvo un gran éxito con su novela *Te dí la vida entera* (Planeta, Barcelona 1996), ya que resultó finalista del más importante premio comercial de España, que se beneficia de una campaña de publicidad extraordinaria y presenta las dos obras premiadas con un marketing y una distribución admirables. Con estos esfuerzos de comercialización siempre se logran grandes ventas. Planeta coloca 200.000 ejemplares en todas las librerías del país, sobre todo en las grandes superficies como «El Corte Inglés». Daína Chaviano (*1951) recibió en el mismo año el *Premio Azorín*, del mismo grupo editorial, pero su novela *El hombre, la hembra y el hambre* es una novela construida con dosis de sexo, oposición política, ganas de exilio, prostitución y hambre, en proporción idónea como para gustar a lectores poco exigentes. Yo diría que es una obra fabricada, dominada por el oportunismo de su autora y destinada al consumo superficial. Eliseo Alberto (*1951) ganó junto con Sergio Ramírez el *Primer Premio de Novela Alfaguara* en 1998, dotado con 175.000 US dólares, que llevó a su autor por todos los países de América Latina en viaje de promoción. *Caracol Beach* narra la vida agitada de un grupo de jóvenes, y la vida nocturna de la pequeña ciudad donde viven. Cuba es sólo un recuerdo, ya que sus padres habían escogido el exilio. Alexis Díaz-Pimienta (*1966), representante de la diáspora (vive entre La Habana y Almería), ganó el *Premio Alba* con su novela *Prisionero del agua* (Barcelona, 1998), donde narra el intento de fuga de unos balseros. David Mitrani (*1966) recibió el *Premio Anna Seghers* de apoyo a los jóvenes creadores por su novela *Ganedén*, en la cual trabaja. Él describe el encuentro entre dos viejos amigos de infancia: uno, que regresa del exterior; el otro, que se había quedado en la isla. Alberto Guerra (*1961), que había ganado el *Premio Gaceta de Cuba* por su cuento «Los heraldos negros» (y otros premios para otros cuentos), acaba de recibir la beca de apoyo de la Fundación Alejo Carpentier por poder terminar su primera novela, *Tiempo recobrado*, en la que intenta encontrar un sentido en el trabajo de tres jóvenes escritores a finales de este siglo.

Esta enumeración demuestra cuán importantes son los premios y becas para los escritores cubanos. Por una parte, alivian la vida cotidiana, las necesidades materiales; por otra, son un estímulo y dan a conocer al autor y a la obra. Julio Travieso (*1940) había recibido en 1966 el *Premio Mazatlán* de México por su gran fresco narrativo *El oro y el polvo*, y en 1998 el *Premio de la Crítica Cubana*, cuando por fin la novela pudo ser publicada en La Habana. Es una historia ambiciosa y voluminosa, en la que cuenta la vida de una familia cubana a través de seis generaciones –desde aproximadamente 1800 hasta 1960. Explica bien el desarrollo de la vida cubana, el mestizaje y el sincretismo, los cambios económicos y políticos. En 1999 fue publicada también en España, y una traducción italiana será publicada a finales de año.

Cuando un autor sale publicado en una editorial literaria de peso, como Leonardo Padura (*1955) con sus novelas «policíacas», que nos muestran a un simpático detective tratando de aclarar los crímenes y misterios de La Habana, o Abilio Estévez (*1954) –ambos en Tusquets, Barcelona–, puede tener mucha suerte con la crítica, contar con la ayuda de libreros, tener más facilidades para las traducciones. La publicación en una buena editorial suele ser más eficaz que la mayoría de los premios editoriales. Tanto Padura como Estévez serán traducidos a varios idiomas en los próximos dos años. Tusquets reedita también toda la obra de Reinaldo Arenas. Mayra Montero (*1952), nacida en Cuba, pero que vive desde niña en Puerto Rico, también pertenece a la escudería Tusquets.

Los editores españoles parecen tener ahora más confianza en las posibles ventas de autores cubanos. Anagrama ha publicado *Las palabras perdidas* (1991) de Jesús Díaz (*1941), y en 1998 *Trilogía sucia de La Habana* de Pedro Juan Gutiérrez (*1950). Una pequeña casa, Olalla de Madrid, intentó la suerte con una serie de nuevos textos cubanos, entre los cuales destaca el volumen de Pedro de Jesús (*1970), *Cuentos frígidos* (1998), por su calidad literaria y la audacia de sus contenidos. Otros títulos fueron equivocados, y tal vez por esta mezcla arbitraria de buenos y malos el experimento no llegó a alcanzar ni siquiera la docena de títulos antes de tener que cerrar.

Otras dos editoriales muy pequeñas –Ed. Colibrí, en Madrid, y Ed. Casiopea, en Barcelona–, en parte con apoyo de un mecenas, en parte corriendo un alto riesgo de supervivencia, intentan publicar con mesura y cuidado algunos ensayos y novelas de indudable calidad. Destaca sobre todo la selección de Ed. Casiopea, que de momento se puede recomendar en su totalidad –hay ensayos, narrativa, antologías tanto de la isla, como del exilio y de la diáspora. Intentan ofrecer un espacio a los autores de Miami, algo audaz en el panorama español. Ojalá pueda continuar esta atrevida aventura editorial.

Los problemas para poder publicar quedan quizá más patentes con la siguiente enumeración. La primera novela de Joel Cano (*1966, diáspora), *El maquillador de estrellas*, acaba de salir en París (Bourgois); Juan Manuel Prieto (*1962, diáspora) ha publicado su primera novela, *Enciclopedia de una vida en Rusia*, en una pequeña editorial de México, donde vive. La segunda novela, *Lavidia*, fue publicada en 1999 por Grijalbo en España y México, y los derechos de traducción son controlados por Grove-Press, Nueva York, que editará la versión inglesa. Jorge Camacho (*1956, exilio) sólo ha podido publicar su novela *El rabo del mono* en Francia (Actes Sud), donde vive. Existe también una edición portuguesa, pero falta la española.

En Miami se conoce sobre todo la obra de Carlos Victoria (*1950) y de Guillermo Rosales –ambos son «marielitos» y ambos son desconocidos en España. Rosales, muerto hace poco, dejó con *Boarding Home* (1997) una novela impactante. Carlos Victoria acaba de ver traducida al francés *La ruta del mago*. Dos editoriales de Miami se preocupan mucho de la literatura del exilio: Ediciones Universal y la colección «Letras de Oro» de la Universidad de Miami, que también concede un modesto premio del Iberian Studies Institute. Varias editoriales pequeñas, las reputadas *small presses* de los EE.UU., así como algunas editoriales de universidades –Texas, Arizona, Florida– publican obras de los *hispanics*, y recientemente algunas grandes editoriales de Nueva York –Farrar/Straus/Giroux, Knopf, Penguin– editan ciertos libros de los *hispanics* tanto en español como en inglés. El interés continúa aumentando.

También hay cubanos que cambiaron de lengua –como Eduardo Manet (*Rhapsodie Cubaine*, 1997), que vive en París desde los años sesenta. Cristina García (*Dreaming in Cuban*, 1995) y Oscar Hijuelos (*The Mambo Kings Play Songs of Love*, 1989), que emigraron a los EE.UU. siendo niños, escriben en inglés. Ellos dicen sentirse tanto cubanos como franceses o norteamericanos, no tienen tal vez la doble nacionalidad, pero sí la doble cultura.

Varias antologías de narradores cubanos aparecieron durante la década de los noventa, y algunas tuvieron un notable éxito, como *A Labbra Nude* (1995) y *Vedi Cuba e Poi Muori* (1997), ambas de Feltrinelli, Italia, en las que se presentaron muchos jóvenes escritores, si bien sólo de la isla. En España salió *La isla contada* (1996), y en los EE.UU. un volumen con textos solamente de autoras, *Cubana* (1998). En Alemania conocemos el volumen *Der Morgen ist die letzte Freiheit*, publicado con motivo de la invitación cursada a unos veinte autores por Haus der Kulturen der Welt (Casa de las culturas del mundo) en Berlín, recopilado por Thomas Brovot y Peter B. Schumann (1995). Las tres últimas publicaciones presentan textos tanto de la isla como del exilio. Durante la última Feria Internacional del Libro en La Habana (Febrero de 1998) se publicó el volumen

Poco antes del 2000. Jóvenes cuentistas cubanos en las puertas del nuevo siglo, en el cual llama la atención que no existen escritoras. ¿Tal vez por haber sido publicadas un par de años antes en la colección *Cuentistas cubanas contemporáneas* (1996 y 1998)?

Resumiendo, hay que decir que las posibilidades de publicar son difíciles tanto para los autores de la isla como de la diáspora y del exilio. En la isla esta dificultad se debe a la gran falta de papel y la larga lista de espera (y salir adelante a veces no sólo depende de la calidad, sino también del oportunismo político), así que resulta muy comprensible el fuerte deseo, más bien la necesidad vital, de publicar en el extranjero. Los escritores de la diáspora intentan encontrar una editorial o un agente literario en el país donde viven, o en España. Los autores del exilio tienen facilidades en Miami, pero circular y conquistar lectores fuera de este *ghetto* resulta muy difícil. Publicar en España sigue siendo la Meca para todos –pero obviamente son muchos más los que quieren que los que pueden publicar.

Gracias a las antologías y algunas ediciones de novelas, el lector curioso puede informarse y hacerse una idea de la literatura cubana de los años noventa. Pero es una tarea complicada, que requiere suerte para encontrar las informaciones dispersas, y tenacidad y empeño para juntarlas. En el fondo es una tarea de hormiga: investigar quién vive dónde y quién publica dónde y quién hace circular manuscritos por diskette y quién concursa y quién tiene problemas y no puede publicar por motivos de censura o por falta de calidad. En todas las editoriales españolas circulan hoy manuscritos cubanos, y muchos parecen estar escritos con enorme prisa sin que se note algún trabajo literario, sólo parecen obedecer a las imaginarias tendencias de un mercado que pide sexo, droga, «jineteras», descripciones patéticas de la miseria cotidiana, tormentas del exilio u otros temas de oportunismo político. Iván de la Nuez dice en su ensayo «Registros de un cuerpo en la intemperie»: "Por lo general, los éxitos cubanos suelen necesitar el aderezo de condimentos bucólicos, adecuados para turistas y regados hasta la exageración por la banalidad, la pandereta y los lugares comunes"[1]. Eso se vende... y las pruebas son de todos conocidas.

Al lado de este oportunismo literario existen, por suerte, los trabajos de innovación, seriedad y búsqueda de muchos autores jóvenes de la isla, que intentan hablar de los nuevos problemas del «período especial», de la pérdida de tantas ilusiones, de la adaptación a un nuevo modelo económico con claros rasgos capitalistas –aun cuando el capitalismo oficialmente sigue sin existir. Las rupturas sociales, las inquietudes existenciales, los cambios dolorosos –reflejar todo esto

---

[1] Nuez 1999, p. 130.

en buenos libros es un reto, una tarea pendiente. De la diáspora y del exilio vienen también muchos textos interesantes y de calidad, todo lo cual nos permite afirmar, que los autores cubanos se cuentan en esta década entre los más prolíferos y sorprendentes. Podemos esperar con cierta confianza que en un futuro próximo aparezcan algunas nuevas novelas verdaderamente buenas. Como si la famosa y muchas veces repetida frase de Lezama Lima volviera a cobrar actualidad: «Sólo lo difícil es estimulante.» Si esto es cierto y necesario para escribir buenos libros, entonces los cubanos tienen un gran futuro: sus dificultades son muchas. Esperemos pues sus nuevas obras.

Referencias bibliográficas

Nuez, Iván de la: *La balsa perpetua. Soledad y conexiones de la cultura cubana.* Barcelona 1998.

Nuez, Iván de la: Registros de un cuerpo en la intemperie. En: *encuentro* 12/13 1999, pp. 123-135.

Padura Fuentes, Leonardo: Intervista. En: *Le Monde* (17.10.1998).

Vázquez Montalbán, Manuel: *Y Dios entró en La Habana.* Madrid 1998.

Testimonio y melodrama: en torno a un debate actual sobre *Biografía de un cimarrón* y sus consecuencias posibles

Monika Walter (Berlín)

"Por eso digo que no quiero morirme, para echar todas las batallas que vengan."[1] ¡Qué instante cuando apareció en la historia de la literatura de este siglo un libro con esta frase final y, sobre todo, pronunciada por este narrador! La voz textualizada de un cubano que fue de verdad un cimarrón anciano, o sea, un ser humano que hasta este momento no había hablado nunca por sus propias palabras en la literatura, se transformaba rápidamente, a partir de su publicación en 1966, en una verdadera sensación mundial. Y eso no sólo porque una izquierda europea celebrara por un momento eufóricamente el pedido de la palabra literaria de este *outsider* rebelde –esclavo, mambí, labrador: como una memoria de resistencia por fin documentada y elevada desde un oscuro abismo social, una lejanía histórica poco captable y una otredad cultural profunda. Fue una sensación mundial no sólo porque una latinoamericanística comprometida pronto declararía el *Cimarrón* texto canónico de un modo narrativo que reemergía en esta época: el testimonio.

No cabe duda de que este *Cimarrón* correspondía perfectamente con el «espíritu» de una época que engendró la creencia en lo practicable de las revoluciones y con ello en las posibilidades de una transformación radical de las leyes históricas –una creencia poco o muy justificada, ¿quién puede juzgarlo hoy día ya con certeza definitiva? Pero, en primer lugar, este Esteban Montejo pudo representar el mito de los hacedores de la revolución cubana: este hombre que bajaba desde su refugio en la montaña a las ciudades de la costa para participar enseguida en la Guerra de Independencia Cubana. Se parecía tanto a estos combatientes atrevidos y solitarios, a los legendarios *barbudos* que aprovecharon con acierto una oportunidad histórica y realizaron un verdadero golpe de suerte por el cual pudieron desequilibrar radicalmente el régimen político existente.

Hoy día nos encontramos, posible o seguramente, ante las «rebajas» de esta revolución cubana. ¿Resulta entonces pura casualidad que en el mismo instante

---

[1] Barnet 1966, p. 212.

Janett Reinstädler/Ottmar Ette (eds.):
Todas las islas la isla. Nuevas y novísimas tendencias en la literatura y cultura de Cuba.
Frankfurt a.M. – Madrid: Vervuert – Iberoamericana 2000, pp. 25-38.

histórico el *Cimarrón* parezca estar a punto de caer de lo alto de su mito revolucionario? Con todo, hasta ahora no hay sino un hecho incontestable: desde hace dos años *El Cimarrón* y su autor han caído en una crítica muy particular. ¿Qué ha sucedido?

La piedra de escándalo es un artículo publicado por el historiador Michael Zeuske en la revista holandesa *Nieuwe West-Indische Gids* de 1997 bajo el título de «A Re-Reading of Miguel Barnet's Biography of Esteban Montejo». En el mismo año este texto salió de forma ligeramente cambiada y ampliada en la revista alemana *Grenzgänge*, llevando el título: «Der *Cimarrón* und die Archive» («El *Cimarrón* y los archivos»). Michael Zeuske, un especialista de fama internacional en el terreno de la historia cubana y caribeña de la esclavitud, tropezó casualmente, como siempre ha subrayado, durante investigaciones en el Archivo Provincial de Cienfuegos con "notarial records" sobre un cierto Esteban Montejo. Hacemos hincapié ya en este momento que Barnet en su «Introducción» a la *Biografía de un cimarrón* remarca su propio trabajo en este mismo Archivo:

> Acudimos a libros de consulta, a biografías, de los municipios de Cienfuegos y Remedios y revisamos toda la época con el propósito de no caer en imprecisiones históricas al hacer nuestras preguntas. Aunque por supuesto nuestro trabajo no es histórico.[2]

La estrategia retórica que maneja Barnet en este párrafo sirve para cumplir un doble propósito: tanto confirma la cercanía histórica y la precisión documental del relato como le niega al mismo tiempo su carácter historiográfico propiamente dicho. Estas frases aparentemente poco vistosas de la «Introducción» adquieren una dimensión casi especular, teniendo en cuenta los documentos que Zeuske encontró en Cienfuegos. Se trata de "payrolls of veterans of the War of Independance from 1903, which record their respective rights to be paid for their service."[3]

En estos "payrolls" aparece el nombre de Esteban Montejo tanto como en registros notariales del año 1904, donde se testimonia el pago de 224 pesos a Montejo por parte de un cierto Guzmán. Pero ¿quién era entonces este Guzmán?

> During the first years of the new Republic, Eduardo Guzmán was a landowner and a famous *cacique político* in the Lajas-Cruces region [...]. Moreover, Guzmán had close connections to the circle of political figures centered around Major General José Miguel Gómez [...]. Gerardo Machado, later to become president and dictator, likewise belonged to this group [...]. It is very likely that in 1904 Esteban Montejo maintained a patron-client relationship with Eduardo

---

[2]   Barnet 1966, p. 10.
[3]   Zeuske 1997, p. 268.

Guzmán, which, in effect, meant that he had an important link to a powerful *compadre*.[4]

Que Montejo aparezca mencionado en estos documentos como un «agricultor», es un primer detalle ya bastante notable, porque significa que el Montejo de 1902 no era un labrador simple y pobre, sino más bien un pequeño propietario rural. Más instructivo aún: Zeuske agrega en este contexto:

> This suggests that Guzmán was in a special position of trust and perhaps patron to the former *mambí* Montejo. Such contracts not only testify to financial relations, but also to client-patron networks.[5]

Surgen entonces algunas preguntas desconcertantes: ¿el legendario *Cimarrón*, lejos de figurar como un simple trabajador pobre y audaz, se revela como un posible cómplice de este cacique de mala fama, además de como amigo de un dictador venidero? ¿Esteban Montejo como pactante de una clientela histórica sumamente desacreditada? Por vertiginosas que parezcan estas contradicciones, podemos partir de un hecho innegable: Barnet conoció por lo menos una parte de los documentos o se enteró de su contenido por las entrevistas celebradas con Montejo.

Más aún: Zeuske encontró un "second body of sources [which] comprises newspaper reports from 1912."[6] Éstos testimonian la participación de Montejo en la «guerra de razas» y su estancia en la cárcel. Montejo trabajaba dentro del *Partido Independiente de Color*, el primer partido «negro» de Cuba fundado en 1908. Este mismo partido sería prohibido dos años más tarde y Zeuske explica el fondo del conflicto:

> The Cuban independistas around José Martí and Antonio Maceo hat outlined a program of a Cuba para todos y con todos. Equality of the «races» was one, if not the essential social focus of this program. After 1902, Cuban blacks demanded that this program be implemented.[7]

La «guerra de razas», que estalla como rebelión contra tal prohibición, desembocó en un fracaso total de los rebeldes, pero hoy día y también a la luz de los hallazgos interpretados por Michael Zeuske, es un acontecimiento histórico que se revela no sólo como una expresión enigmática de un odio racial por parte de los «blancos», sino al mismo tiempo como una señal de conflictos raciales mucho más profundos, hasta de cierto racismo al revés o separatismo por parte de

---

[4] Zeuske 1997, pp. 271, 273.
[5] Zeuske 1997, p. 269.
[6] Zeuske 1997, p. 269.
[7] Zeuske 1997, pp. 269, 272.

los negros que reivindican a su manera el derecho "for racial equality in the political arena."[8]

En todo caso, los documentos encontrados en los Archivos de Cienfuegos se refieren a un espacio de tiempo que no constituye ya el objeto del libro de Barnet. La *Biografía de un cimarrón* termina en torno al año 1902. Este vacío curioso de casi sesenta años de la vida del protagonista-informante no ha pasado inadvertido a los estudios testimoniales, tal y como Elzbieta Sklodowska subraya:

> De hecho varios críticos de *Biografía de un cimarrón* (Luis, Vera-León) han reparado en los silencios referentes a las cuestiones raciales en Cuba, sobre todo en su etapa revolucionaria. Estos «capítulos fantasmas» [...] ponen en duda la objetividad del editor mencionado con tanto ahínco en los paratextos del mismo Barnet.[9]

Zeuske ubica estas supresiones en el contexto más amplio de la ideología formulada por los portavoces de la Revolución Cubana:

> The Cuban Revolution of 1959 had, even more radically than the Wars of Independence of 1895-98, taken up the cause of equality of the «races». From the official viewpoint of fraternity of all men, the *guerra de razas* of 1912 was interpreted as a brutal atavism committed by a number of officers and veterans of the Wars of Independence, who saw themselves as «white», and as an inexplicable outburst of bloodthirstiness on the part of Cubans in general [...]. From this point of view, it is difficult to imagine the heroic and revolutionary Montejo, as Barnet's adaption depicts him in the 1960s, supporting the uprising of the PIC.[10]

Por lo tanto, el historiador alemán no juzga los manejos de Barnet con el menor asomo de arrogancia de quien lo sabe mejor por su distancia histórica: "Barnet's main achievement, which consists in making the problem of former slaves in Cuba known to a worldwide literary audience and raising its consciousness on the topic, is undiminished."[11]

De este modo Zeuske formula su crítica principal al procedimiento de Barnet de una manera sumamente cautelosa:

> No cabe duda de que Barnet compiló la biografía bajo un discurso histórico poderoso, y este hecho habla en favor de ciertas supresiones que hizo entonces en aquella época. La lechuza se levanta siempre en el crepúsculo, y los historiadores nacidos más tarde y en condiciones mejores de investigación como con

---

[8] Zeuske 1997, p. 272.
[9] Sklodowska 1992, p. 140.
[10] Zeuske 1997, p. 273.
[11] Zeuske 1997, p. 274.

enfoques diferentes, pueden acusar fácilmente los «errores» hipotéticos de la generación anterior.[12]

No obstante, al final de su texto aparece un consejo inequívoco dirigido directamente al escritor cubano:

> But perhaps Barnet would consider writing a new epilogue for the next edition or translation of *Cimarrón*, or perhaps publishing the long announced second volume about Montejo, so that the discussion can move forward.[13]

Jugando con la metáfora, cabe decir que ya hace mucho tiempo que se levantó la lechuza y que el crepúsculo puede simbolizar el paisaje político y cultural profundamente cambiado hoy día que empujará no sólo a los intelectuales de orientación izquierdista a analizar y a reevaluar los presupuestos de su quehacer.

¿Cómo reaccionó Miguel Barnet a la publicación del alemán? Su respuesta se publicó en el mismo número de *Nieuwe West-Indische Gids*, donde salió también el texto de Zeuske. El título de esta respuesta suena muy elocuente: «The untouchable Cimarrón». En primer lugar, Barnet corrobora plenamente la exactitud de todos los documentos citados por Michael Zeuske:

> Yes, it is all true and I knew about it, not only from the archives, but from the lips of Esteban Montejo himself. Because my relationship with Esteban Montejo was a symbiotic, emotional, and profound one [...]. Yes, he was a friend of Guzmán, and Guzmán gave him money [...].[14]

¿De qué manera explica Barnet «la otra cara» descubierta de su protagonista? "Esteban Montejo was a victim of corruption. He was a victim of racism during the Republic. He was a victim of his own history. And of his own legend."[15] No obstante, se trata una historia

> [...] which he forgets with his sensibility, with his talent, with his worth and his sense of liberty (rather than patriotism, of spiritual liberty, of liberty from the more personal point of view).[16]

De repente están coexistiendo dos Cimarrones sin que el autor dé una explicación convincente de lo factible de tal conexión.

Por un lado, aparece el *Cimarrón* en cuanto leyenda de rebelde en sus primeros cuarenta años de vida; por otro, surge el *Cimarrón* como protagonista de un melodrama con su esquema típico de intriga entre víctima y traidor para los sesenta años sobrantes.

---

[12] Zeuske 1997, p. 132.
[13] Zeuske 1997, p. 274.
[14] Barnet 1997, p. 284.
[15] Barnet 1997, p. 285.
[16] Barnet 1997, p. 285.

En la medida en que Barnet contrapone diametralmente su método narrativo al procedimiento científico de Zeuske, no le plantea ningún problema de argumentación tal escisión entre un *Cimarrón* melodramático y un *Cimarrón* rebelde. Según Barnet, el historiador buscaría al testigo vivo de la historia, al hombre de carne y hueso; no obstante:

> He is a value, an inspiration, the spirit of the Maroon, the implacable spirit of the rebel. And that spirit lives in me. I am not talking about spiritism – I am not a spiritist – but it is a spirit of combat and struggle that lives in me.[17]

A lo que Barnet está aquí aludiendo, ya está expuesto en sus propios ensayos teóricos acerca de la novela-testimonio. Explicando su modalidad narrativa, el cubano combinaba siempre dos métodos de trabajo que ya se encuentran en la base de la investigación etnográfica moderna. Por un lado, subraya:

> Todo el contenido etnográfico de *Biografía de un cimarrón* es verificable. Las notas y acotaciones que introduje afirman esto. La historia es tan real como la vida misma, a pesar de que no es un libro histórico, sino el estudio de un carácter dentro de una época.[18]

Por otro lado, habla de un proceso de «desprendimiento» o de «despersonalización»: "uno es el otro ya y sólo así podrá pensar como él, hablar como él, sentir entrañablemente los golpes de vida que le son transmitidos por el informante, sentirlos como suyos."[19]

Esta suerte de identificación casi indecible, que se realizara por encima de todas las diferencias étnicas y culturales, se engendra dentro de las operaciones de "la poesía, el misterio de este tipo de trabajo. Y lógicamente, esta puerta abierta, enorme, que le permite a uno penetrar a la conciencia colectiva, el nosotros."[20]

Barnet coloca este argumento de simbiosis misteriosa en el debate actual. Es precisamente tal intuición poética la que le lleva a barruntar, más que otra persona, la *mythical dimension* en la vida de su informante. Se trata de una dimensión que nunca se capta en clave de una simple cronología: "Sometimes one day in the life of a person is more important that ten years: one day. That is why the book has a mythical arrangement instead of a chronological one."[21]

En el caso del *Cimarrón*, este momento míticamente descifrado de su vida abarca, según Barnet, la biografía hasta 1902.

Sin embargo, lo que importa en esta argumentación es la consecuencia que Barnet está sacando:

---

[17] Barnet 1997, p. 287.
[18] Barnet 1983, p. 38.
[19] Barnet 1983, p. 36.
[20] Barnet 1983, p. 7.
[21] Barnet 1997, p. 286.

I believe that when people possess that mythical dimension, they become *noli me tangere*, untouchable. The myths and legends go beyond history and its categories. They can only be explained from a poetic point of view. To try to explain Esteban Montejo today, from this position, on the basis of archival documents – taken to throw light on the subject – on a specific, public, general life, to use sweeping terms, seems to me to betray the mentality of a lawyer, o of a provincial historian – which is very valid, by the way.[22]

¿Por qué esta evocación de un *noli me tangere* del *Cimarrón*? No cabe duda de que Barnet está en lo cierto al defender lo intocable de un mito de resistencia que se refiere no sólo a Esteban Montejo sino a la vez a tantos otros *marrons* o *maroons* del Caribe, los cuales de verdad representan, como pocas otras figuras de la historia mundial, la inaceptabilidad radical de un injusto régimen establecido.

Pero el protagonista de una «novela-testimonio» representa al mismo tiempo un mito que tiene dos fuentes narrativas mucho más comprobables que los mitos de otras épocas: al *Cimarrón* como «gestor» de un patrimonio narrativo popular y a Barnet en cuanto gestor profesional ("el griot") de los relatos de su «informante-interlocutor». Además: aunque sin escribir explícitamente historiografía, el mismo Barnet acentúa siempre la verificabilidad histórica de su libro. Por lo tanto causaría mucho daño al *Cimarrón* arrancarle de sus raíces históricas y al mismo tiempo, ubicarlo sin más en "not history as an archive, as documentation, as factography, but history as resonance – the music, the background of history."[23]

Esta curiosa contraposición hace surgir la sospecha de que la mención del *noli me tangere* apunta más a la intocabilidad de la propia visión poética y, con ella a lo intocable de su propia decisión de callar principalmente la segunda mitad en la vida de Montejo. Porque "the rest is ordinary life".

No extraña entonces que la escritura de una segunda parte de la *Biografía de un cimarrón* se transforme en algo completamente indiscutible. La segunda parte, bajando definitivamente al nivel de los detalles cotidianos poco carismáticos, no puede ofrecer sino un objeto a la perspectiva historiográfica o antropológica: "What does this add to the book? That is the historical and anthropological point of view."[24]

En todo caso, la reacción no poco vehemente frente al artículo escrito por Zeuske revela el curioso manejo que Barnet hace del *Cimarrón*. ¿Qué da a Barnet esta certidumbre nunca cuestionada de que el Montejo posterior a 1902 figuraría sólo como víctima y que su vida podría etiquetarse solamente de "ordi-

---

[22] Barnet 1997, p. 282.
[23] Barnet 1997, p. 287.
[24] Barnet 1997, p. 285.

nary"? ¿Y qué significa "ordinary" propiamente? No cabe duda de que el tiempo posterior a 1902 se caracteriza principalmente por la llegada del héroe a la vida cotidiana, a esa época que Michel de Certeau llama "el orden verdadero de las cosas", donde se trata en primer lugar "de modificar las cosas según los propios propósitos, sin hacerse ilusiones sobre el hecho de que cambia algo fundamentalmente a corto plazo."[25]

No obstante, Barnet no formula de forma clara su interés por reinterpretar narrativamente, a la luz de la experiencia histórica actual y posiblemente junto con historiadores y antropólogos, los conflictos que subyacen en la vida de su informante, o sea, por entablar un nuevo diálogo con la versión del relato de su informante, grabado en las famosas cintas hasta ahora no accesibles para la investigación.

Por esta postura que adopta Barnet actualmente, adquiere un nuevo acento todo su método narrativo de la novela-testimonio. Elzbieta Sklodowska ha trazado claramente los límites del autor implícito en el modelo del diálogo testimonial. Según su opinión, el autor de un testimonio o de una novela-testimonio parte de un presupuesto siempre escamoteado: "que estas formas de habla no entienden la importancia de su propio decir."[26] Lo que significa que los textos testimoniales "pueden formularse solamente por medio de una exégesis escolar y ordenación discursiva profesional."[27]

Además se trata de una posición que el mismo Barnet acentuaba siempre en sus ensayos teóricos: "Tenemos que ser la conciencia de nuestra cultura, el alma y la voz de «los hombres sin historia»."[28]

Por supuesto que no podemos interpretar estas frases sólo en clave de presiones ideológicas. Ni siquiera los análisis críticos de Sklodowska han podido descubrir y explicar completamente el método narrativo de Barnet. Suena paradójico, pero Barnet, que ha escrito tantos textos con respecto a la novela-testimonio, no ha descubierto de verdad su propio método narrativo. Ya es sintomático que inicie su ensayo más famoso sobre el asunto, «La novela-testimonio: socioliteratura», con unas frases muy elocuentes: "La palabra que define, que pretende concluir, que limita, es una trampa. Es constricción, freno, derrota. Nada más controvertible, más engañoso y opresivo que la definición de la novela."[29] El lector puede interpretar esta afirmación como una señal de que no hay que tomar

---

[25] Certeau 1983, p. 73.
[26] Sklodowska 1992, p. 116.
[27] Sklodowska 1992, p. 116.
[28] Barnet 1980, p. 142.
[29] Barnet 1983, p. 11.

tan en serio todas las definiciones que sigan a esta primera afirmación, sino más bien leerlas tácticamente.

Lo que significa sondear más a fondo los vacíos que surgen entre los argumentos contradictorios y contrapuestos. Se trata de una técnica retórica, con la cual el autor sabe borrar sutilmente todas las huellas que podrían traicionar su verdadera opinión. Pienso, por ejemplo, en contradicciones que surgen entre el mito del *Cimarrón*, en cuanto «modelo ideal» del revolucionario, y el mito del marginado individualista del *Cimarrón* como "patrón relativo o ámbito, sólo un punto de partida"[30]; o en la contradicción entre un reclamar el discurso realista, con su pretensión de representar lo típico de toda una época –en el sentido de que autor y protagonista están afirmando: "Yo soy la época"–, y un concepto de novela como "variante de relato. De los relatos de los viejos *griots*, de los chamanes, de los sacerdotes y de los juglares."[31] Lo que apunta hacia la novela no concebida como ruptura de la práctica narrativa tradicional y estilizada como «cámara natal del individuo» (Benjamin), sino como un "arte integral que no separaba la realidad de la fantasía, la política de la religión; arte que imita la vida y vida que imitaba al arte, ambos complementándose."[32] Y me refiero a la contradicción entre las puestas en escena etnográficas y poéticas del testimonio.

Leyendo la respuesta actual de Barnet, tengo la impresión de que de este nuevo concepto "integral" de novela, que presupone una cooperación igualitaria entre autor profesional y narrador popular, no trasciende sino el ademán del poeta-gestor que está defendiendo y salvando sus propias creaciones poéticas.

Y de repente me veo en una situación comparable a la de Miguel de Unamuno que, como es bien sabido, se propuso defender a Don Quijote contra su propio autor, Miguel de Cervantes. ¿Qué pensar entonces de la posibilidad lúdica de invertir igualmente la relación entre informante y autor y defender al *Cimarrón* contra su mismo gestor? Un juego de inversión que, además, considero como un aspecto importante de mi propio trabajo de autocrítica en cuanto investigadora del testimonio.

Lo que quiero insinuar con esta inversión apunta a que hay que tomar en serio un arte de contar que domina el *Cimarrón* perfectamente, y no sólo por la mediación de su interlocutor, un arte de contar o arte integral que siempre conlleva la memoria de un saber de las prácticas cotidianas, precisamente lo que Barnet denomina un poco vagamente como "la manera de nuestro informante de acercarse a las cosas."[33] Por su parte, Sklodowska agrega: "Con todo, nos damos

---

[30] Barnet 1983, p. 25.
[31] Barnet 1983, p. 11.
[32] Barnet 1983, pp. 11s.
[33] Barnet 1966, p. 11.

cuenta de que Montejo no narra sin más sino que crea su version de los hechos."[34]

Hoy día sabemos muchos más detalles sobre el ademán narrativo, por el cual
se expresa el «espíritu de cimarrón» de Montejo, que también queda profundamente impregnado por más conflictos y dramas personales que los anteriormente
revelados en el libro de Barnet. Entre ellos sobresale la experiencia del fracaso
y, con él, el saber en torno a los límites de la resistencia o de la experiencia de
la propia corruptibilidad de los poderosos.

Lo que el *Cimarrón* confesó realmente durante su encuentro, grabado por
Barnet, queda escamoteado hasta el día de hoy. No obstante, muchos aspectos
de la conflictividad en la vida de Montejo se hacen transparentes en la manera
cómo Barnet la recreó en su libro. Pienso en el «patrón relativo y ambiguo» de
la postura que el protagonista adopta frente a cualquier situación existencial,
una postura astuta, escéptica, chistosa, tan desencantada como creyente en mila-
gros, que hace estallar cualquier «rimbombancia» hueca y unilateral. Esta práctica narrativa nos lleva directamente al «arte de disfraz» de una práctica narrativa popular y con ello a las estrategias populares de resolver o soportar simplemente los problemas y dramas de la vida. "Cada hombre debe aprender a ser
reservado"[35], dice Montejo, lo que significa no jugar nunca con cartas vistas y
tener siempre en cuenta la complejidad de las apuestas, una divisa que es tan
válida para el prójimo como para el interlocutor del testimonio.

Con la mirada del *outsider* e individualista, Montejo repiensa, con una intensidad ejemplar, los códigos de su propia cultura, tanto religiosa como narrativa:
"Hay cosas que yo no me explico de la vida"[36]; y en cuanto observador de su
ambiente actúa con una distancia extraordinaria frente a sus percepciones y vivencias. Entretanto, ¿quién ha dignificado ya sistemáticamente la calidad de et-
nógrafo de este testigo? Desempeñan un gran papel en este contexto las técnicas
narrativas de credibilidad que monta Montejo y que no tienen que ver mucho
con las estrategias de verdad del gestor. Se trata de técnicas para testimoniar la
verdad que no presuponen de entrada la repulsión de otras verdades, pues de
una manera narrativa diferente a la de Barnet, Montejo no calcula ya dentro del
relato de la vida –su «manera deshilvanada»– las estrategias retóricas para con-
vencer a un público específico.

Considerando en todos sus aspectos los documentos analizados por Zeuske,
adquiere una dimensión muy particular la crítica radical que hace el *Cimarrón* de

---

[34] Sklodowska 1992, p. 134.
[35] Barnet 1966, p. 120.
[36] Barnet 1966, p. 15.

los poderosos y de los vacíos que dejan en su discurso historiográfico oficial, vacíos que no tocan solamente el núcleo de los oscuros compromisos que hizo la joven república cubana en sus negocios con los Estados Unidos: "Yo estoy seguro que el día que se descubra la maraña que hay oculta se va a acabar el mundo."[37]

Por fin, ¿no podemos imaginarnos a un Montejo que, en vista de todos los debates en torno a los hallazgos actuales, nos sonriera con indulgencia? Nunca tuvo en gran aprecio los archivos, ese refugio de falsificaciones de la historia, tanto colectiva como individual, como se demuestra ya con el cambio de su verdadero nombre en el Archivo: "El verdadero era Mesa, lo que sucedió fue que en el archivo me lo cambiaron y lo dejé así"[38].

¿Y el *Cimarrón* como cómplice de dictadores venideros? ¿Corruptibilidad o arte de disfraz? No resulta fácil responder a la pregunta adecuadamente, pero, al tener en cuenta todo el ademán narrativo del testimonio, ¿cómo excluir la posibilidad de que Montejo aprovechara con astucia una buena oportunidad, que ensayara hacer un golpe de suerte? Y además de lo analizado, en el quehacer del protagonista, en esta misma práctica narrativa y tan rica de los cuentos fantásticos adoptados por otros narradores populares, repercute siempre escamoteada la «capacidad» ficticia de transformar las incertidumbres de la historia en espacios descifrables, así como la capacidad de manejar la inevitabilidad de situaciones y sondear en ellas el margen de lo posible. De esta manera, es Barnet quien está plasmando al protagonista en toda su ambigüedad, tanto simbolizando la inaceptabilidad rebelde de las injusticias en regímenes injustos, como representando las tácticas de oposición sutil y astuta dentro de una conformidad multifacética a las maniobras del poder.

Contrario a la puesta en escena retórica del «espíritu de cimarrón» revolucionario en la «Introducción», Barnet descubre en el texto precisamente mucho de este componente de narratividad popular en la cual se engendran las tácticas cotidianas de la lucha vital, tanto las diversas formas de esperanza como las experiencias desencantadas, tanto la simulación astuta como la profunda sinceridad.

Y al mismo tiempo Barnet sabe plasmar fundamentalmente, y de nuevo contra la tesis de identificación poética y misteriosa con su informante, muchos elementos de la reserva escéptica que caracteriza la postura de Montejo y con ella algo de la opacidad fundamental en su cultura de cimarrón, negro, gente de abajo o subalterno. Más allá de las puestas en escena ideológicas de otra época, una segunda parte del *Cimarrón* podría plantear de una manera nueva la cuestión por la

---

[37] Barnet 1966, p. 192.
[38] Barnet 1966, p. 16.

poética de un arte popular de contar, que abarcaría mucho más que el mero encuentro con la alteridad étnica y social.

No resulta casual que en América Latina este enfoque de las formas narrativas de una cultura popular haya devenido un nuevo refugio del pensamiento utópico. Me refiero en este contexto a los autores de una «nueva teoría cultural» que publicaron sus textos a partir de los años ochenta.[39] Tengamos en cuenta que el proyecto de una comunicación masiva etiquetada de antiburguesa, que apoyó también la novela-testimonio de Barnet, fracasó definitivamente no sólo por el derrumbe del experimento socialista, sino también por el poderoso auge de una industria cultural en la América Latina de los años 80. Desencantados por el callejón sin salida del pensamiento izquierdista de la cultura, con su mecanismo conceptual de exclusiones obstinadas de culturas y medios de comunicación de masas, pensadores como Nestor García Canclini, Jesús Martín-Barbero o Joaquín Brunner, empezarían a ocuparse seriamente del «secreto» de la popularidad de ofertas mediáticas, como es el caso del éxito espectacular de la telenovela.

Frente a este cambio de los planteamientos y enfoques de la teoría cultural, Martín-Barbero, por ejemplo, se interesa no sólo por la continuidad vital de matrices narrativas de una oralidad tradicional en el formato melodramático de la telenovela, sino también, y sobre todo, por «la otra cara de la comunicación», es decir, por el espacio hasta ahora poco sondeado del consumo popular de los medios o de las culturas de masas.

Siguiendo los enfoques de un Michel de Certeau, este consumo mediático no se concibe –en estas teorías culturales– como una manipulación pasiva de las masas, y por tanto fatalmente eficaz, sino que se redescubre más como una suerte de «creatividad muda», como un manejo que combina en forma de «bricolage» los elementos de las ofertas mediáticas, que se hacen evidentes en cierta narratividad de la práctica cotidiana, con el terreno ya mencionado arriba de un manejo diferente de las cosas, cambiándolas según los propósitos propios, sin hacerse ilusiones sobre la variabilidad de la situación real.[40] Se trata entonces de cambios mínimos que, no obstante, muestran ya gestos de oposición, de las posibilidades de actuar en el porvenir.

El *Cimarrón* rebelde y el *Cimarrón* melodrámatico ¿no constituyen entonces una oposición fundamental?

El «espíritu de cimarrón» sondeado profundamente en una segunda parte del libro podría explicar esta conexión hasta ahora no aclarada a fondo entre las dos caras del protagonista, lo que apuntaría a precisar un aporte importante, a con-

---

[39] Cf. Herlinghaus/Walter 1994.
[40] Cf. Certeau 1984, p. 73.

cebir una «cara» más completa de la experiencia histórica y de sus estrategias de elaboración narrativa, y esto no sólo en la Cuba de este siglo. Por supuesto que no cabe duda de que esta segunda parte resultaría también un ensayo para enriquecer la investigación testimonialista por medio de un enfoque intelectual productivo.

Los estudios testimoniales están desgarrados hoy día entre una crítica del carácter ideológico del proyecto testimonial, caracterizado por una conciencia netamente premoderna –según Sklodowska: "en el sentido de que no incorpora sus propias dudas y no reconoce la relatividad de sus propios planteamientos"[41]– y una crítica ampliamente matizada del ideologema testimonial como espacio de solidarización entre los intelectuales y subalternos; por un John Beverley o Georg Guggelberger que, no obstante, siguen defendiendo "la posibilidad de desarrollar prácticas de solidaridad desde ese centro global de producción de conocimientos del imperialismo que es la universidad."[42]

Sklodowska considera estas estrategias de argumentación como una proyección de dilemas intelectuales y añade:

> A diferencia de [...] Beverley, optamos por considerar el testimonio como un avatar del discurso liberal que aprovecha la hibridez de formas discursivas posmodernas para expresar el compromiso socio-político y las aspiraciones estéticas e ideológicas de las élites progresistas postcoloniales.[43]

¿*Cimarrón* contra Barnet? Con mi juego de inversión quería problematizar una tercera posibilidad de enfoque, o sea, impedir un proceso de canonización del *Cimarrón* que apuntan hacia su entrada triunfante y definitiva –como clásico intocable y por lo tanto de museo– al Olimpo mítico de las obras maestras literarias. Yo opto por una popularidad redefinida y vitalizada de Esteban Montejo por la cual queda dignificada más que antes su propio arte de contar su vida y el saber inherente a su narración, sobre los manejos de aprovechar las oportunidades rebelándose, oponiendo, jugando, conformándose:

> Y yo me paso la vida diciéndolo, porque la verdad no se puede callar. Y aunque mañana yo me muera, la vergüenza no la pierdo por nada. Si me dejaran, ahora mismo salía a decirlo todo.[44]

---

[41] Sklodowska 1992, p. 15.
[42] Beverley 1992, p. 8.
[43] Sklodowska 1992, p. 87.
[44] Barnet 1966, p. 212.

Referencias bibliográficas

Barnet, Miguel: *Biografía de un cimarrón*. La Habana 1966.

Barnet, Miguel: *La fuente viva*. La Habana 1983.

Barnet, Miguel: The intouchable Cimarrón. En: *New West Indian Guide/Nieuwe West-Indische Gids* LXXI, 3-4 (1997), pp. 281-289.

Beverley, John: Introducción a «La voz del otro»: Testimonio, subalternidad y verdad narrativa. En: *Revista de crítica literaria latinoamericana* XVIII, 36 (1992), pp. 7-18.

Certeau, Michel: *L'Invention du quotidien*. Paris 1980.

Dill, Hans-Otto/Gründler, Carola/Gunia, Inke/Meyer-Minnemann, Klaus (eds.): *Apropiaciones de realidad en la novela hispanoamericana de los siglos XIX y XX*. Frankfurt a.M. 1994.

Franzbach, Martin: Entre la novela y el testimonio: Miguel Barnet. En: Dill, Hans-Otto/Gründler, Carola/Gunia, Inke/Meyer-Minnemann, Klaus (eds.): *Apropiaciones de realidad en la novela hispanoamericana de los siglos XIX y XX*. Frankfurt a.M. 1994, pp. 327-337.

Guggelberger, Georg M. (ed.): *The Real Thing. Testimonial Discourse and Latin America*. Durham, London 1996.

Herlinghaus, Hermann/Walter, Monika (eds.): *Posmodernidad en la periferia. Enfoques latinoamericanos de la nueva teoría cultural*. Berlin 1994.

Sklodowska, Elzbieta: *Testimonio hispanoamericano. Historia, teoría, poética*. New York 1992.

Yúdice, George: Testimonio y concientización. En: *Revista de crítica literaria latinoamericana* XVIII, 36 (1992), pp. 207-227.

Zeuske, Michael: The *Cimarrón* in the Archives: A Re-Reading of Miguel Barnet's Biography of Esteban Montejo. En: *New West Indian Guide/Nieuwe West-Indische Gids* LXXI, 3-4 (1997), pp. 265-279.

Zeuske, Michael: Der *Cimarrón* und die Archive. Ehemalige Sklaven, Ideologie und ethnische Gewalt in Kuba. En: *Grenzgänge* IV, 8 (1997), pp. 122-139.

La poesía afrocubana y el concepto de la identidad cultural

Hans-Otto Dill (Berlín)

En un balance finisecular de la literatura cubana del siglo XX no puede faltar la parte afrocubana, la cual es el más importante movimiento literario entre el modernismo de Martí y Casal y el trascendentalismo de Lezama Lima, y un potente vínculo literario entre los países del Caribe, con muy favorable acogida en España, como muestran la carta entusiasta de Miguel Unamuno a Guillén y los «sones» de inspiración guilleneana de García Lorca y Rafael Alberti. Pero mientras que los trascendentalistas Lezama Lima, Eliseo Diego y Fina García Marruz seguían escribiendo e influyendo, la poesía afrocubana ya se extinguió, según Mansour, hacia 1940.[1] De ahí que muchos panoramas críticos de la poesía negra prácticamente se limiten a la década del treinta, o describan preferentemente la narrativa reciente sobre tema negro, como Gordils (1976) o García Barrio (1978), Prieto González (El «tema negro» en la poesía de la Revolución Cubana, 1988), Pereira (Raza en la obra de Nicolás Guillén después de 1959, 1983) y las páginas de Morejón en Nación y mestizaje en Nicolás Guillén, 1982, sobre el Guillén posterior a 1959.

Pero la poesía afrocubana ha sobrevivido hasta hoy en día, aunque cambiando de tema, estructura y recursos. Para examinar esta literatura neoafrocubana hay que recordar los aspectos más sobresalientes de la poesía afrocubana «clásica».

Los temas preferidos eran los siguientes: (1) la discriminación racial y la protesta política contra ella; (2) la condición social del negro pobre del «solar»; (3) la perspectiva y mentalidad del negro, o sea, la presentación del negro no desde fuera, sino desde dentro, con su propia visión del mundo; (4) la sexualidad de la negra y mulata; (5) el sincretismo afro-católico con invocación de las deidades «afro»; (6) las fiestas (cumbanchas) del solar con su música negra; (7) el lenguaje cotidiano del negro pobre con su español deformado.

---

[1] Mansour 1973, pp. 9-10.

Janett Reinstädler/Ottmar Ette (eds.):
Todas las islas la isla. Nuevas y novísimas tendencias en la literatura y cultura de Cuba.
Frankfurt a.M. – Madrid: Vervuert – Iberoamericana 2000, pp. 39-48.

Más allá del «tema negro», por sí mismo extraliterario, y de las tematizaciones que de él se derivan, la poesía afrocubana «clásica» se define por sus estructuras y recursos propios, elementos del folklore oral y musical afrocubano recogidos y adaptados a la poesía culta por vía de transculturación, lo que la convierte en hecho literario, escuela, estilo, escritura. La literarización de *son* y *rumba* constituye el fenómeno estético más relevante de esta poesía. Además hay que señalar la transformación de deidades yorubas en símbolos, alegorías o figuras retórico-poéticas; el empleo de palabras africanas o supuestamente africanas y carentes de significado (*sóngoro cosongo*, de Guillén), inspiradas en letanías ululares de la santería, caracterizadas por eufonía y ritmo «afro» (falsamente llamadas *jitanjáforas*, que no son de orígen negro, sino que, provenientes de la *poesía pura* de Mariano Brull, fueron puestas en circulación por Alfonso Reyes); la repetición de palabras y sintagmas típicos de la música y poesía oral-ritual yoruba; e imitaciones vocales de instrumentos de música (maracas, bongó, güiro). Un ejemplo es *Cánto negro*, de *Sóngoro cosongo* de Guillén (1931):

¡Yambambó, yambambé!
Repica el congo solongo,
repica el negro bien negro;
congo solongo del Songo
baila yambó sobre un pie.[2]

¿Qué queda de este repertorio clásico «afro»?

Constatamos en primer lugar una inversión de la relación entre poesía y prosa, que explica la ya aludida preferencia de la crítica por la narrativa reciente. En la década clásica del negrismo la mayoría de las obras eran líricas, la prosa (*¡Écué-Yamba-O!*, de Carpentier, 1933; *Pedro Blanco el negrero*, de Lino Novás Calvo, 1933; *Los cuentos negros*, de Lydia Cabrera, 1940), menos frecuente y conocida. En la posguerra, y sobre todo después de la revolución, han aparecido, en cambio, muchas obras narrativas (y algunas dramáticas) sobre el «tema negro». La razón es el auge de la narrativa en general, pero también el enfoque «político» e «ideológico» de la revolución. Miguel Barnet (*Biografía de un cimarrón*, 1966), Manuel Granados (*Adire y el tiempo roto*, 1967), Antonio Benítez Rojo (*Recuerdos de una piel*, 1968), Gustavo Eguren (*Algo para la palidez y una ventana sobre el regreso*, 1969) y otros, presentan la discriminación o como un problema del pasado prerrevolucionario o en proceso de desaparición gracias a la revolución. Si el racismo como problema mental apareciese originado por las contradicciones de la sociedad clasista, éste desaparecería al resolver la revolución dichas contradicciones. A la descripción de este proceso

---

[2] Guillén 1972, p. 122.

épico –de enormes cambios de la sociedad– e individual –con graves conflictos psicológicos– se presta más la narrativa, sobre todo la novela, que la poesía.

El aspecto etnocultural y antropológico, el mundo religioso (los mitos, rituales y el folklore de los ñáñigos, abakuá, carabalí, yoruba, de la santería) aparece interiorizado por los protagonistas negros en *Los niños se despiden* (1968), de Pablo Armando Fernández, *La última mujer y el próximo combate* (1971), de Cofiño y *Un mundo de cosas* (1982), de Soler Puig. Las más de las veces el conflicto central, ocasionado por la revolución, es la contradicción entre la cultura racional, científica, moderna, occidental, incluyendo una ideología laica y ateísta, y las creencias o «supersticiones» ancestrales, irracionales, tradicionales, «atrasadas» de los negros, obstáculos mentales para el avance de la revolución. Conflicto a veces mortal, que se agudiza con la divulgación masiva, con la alfabetización, con la propagación de una concepción científica y materialista del mundo, que trae consigo graves problemas psicológicos, llevando incluso al suicidio, a personas mitómanas, como en *Cuando la sangre se parece al fuego* (1975), de Cofiño. También obras no-revolucionarias (Carlos Felipe en su pieza de teatro *Requiem por Yarino*, 1960 y Severo Sarduy en *Cucuyo*, 1990) describen los efectos destructores y alienantes de la afromitología.

El cambio de la poesía a la narrativa va acompañado de la renuncia a los recursos poéticos heredados del folklore «afro» oral y musical relativos al verbo, ritmo, métrica, rima y asonancia, afines a la oralidad y al verbo escuchado. Muchos recursos líricos «afro» había empleado ya Carpentier en la novela *¡Écué-Yamba-O!*, escrita entre 1927 y 1933, en pleno auge de la poesía negra. La narrativa posrevolucionaria se atiene más a los modelos narrativos de Faulkner y Hemingway (Cofiño) que se prestan para conformar procesos psicológicos de protagonistas en pugna entre racionalismo y afromitología. A veces el monólogo interior es interrumpido por elementos «afro»; en *La última mujer y el próximo combate*, por leyendas orales en forma de viñetas –fragmentos del discurso subversivo negro frente al discurso oficial blanco.

Pero también en el período comprendido entre 1960 y 1990, menos considerado por los críticos, casi siempre ocupados en describir el negrismo poético de los años 30, hay una poesía «afro», neoafrocubana, distinta en tema y textura de la poesía negra de los años 30.

Guillén pasa del negrismo (*Motivos de son*, 1930) y mulatismo (*Sóngoro cosongo*, 1931, *West Indies Ltd.* 1934) a una poesía social y política «comprometida» desembocando en una poética en la que «lo negro» está integrado en «lo entero» humano sin color alguno (*El Son entero*, 1947). Después de la revolución vuelve a veces al tema negro, sin recurrir a sus afrocubanismos formales de los años treinta –son, rumba, jitanjáfora, ritmo esdrújulo–, adquiriendo

una textura moderna, casi posmoderna. En *El diario que a diario* (1972), en-
samblaje de diferentes tipos de textos –documentales, parodias de textos ajenos
y citas (de Martí, de González de Berceo)–, el problema racial se invierte, fin-
giendo humorísticamente una discriminación del blanco por el negro, con trata,
comercio y venta de esclavos blancos por blanqueros negros, en vez de negreros
blancos. Su fin es hacer sentir a los blancos lo duras que son la esclavitud y la
discriminación. Ironiza sobre el racismo subconsciente, pese a su extinción legal en casi todos los países americanos. Un ama negra ofrece en un anuncio
periodístico a su esclavo blanco a trueque de un repuesto de automóvil y un animal doméstico:

> Se cambia un blanco libre de tacha
> por una volanta de la marca Ford
> y un perro,
> Casa Mortuaria de la Negra Tomasa,
> junto al Callejón del Tambor
> (segunda cuadra después de la plaza)
> darán razón.[3]

En *La rueda dentada* (1972) Guillén polemiza contra el poeta soviético Evgeni
Yevtuchenko, que había declarado, con motivo del asesinato de Martin Luther
King, que el pastor norteamericano tenía la piel negra, pero el alma blanca –
racismo inconsciente expresado por los simbolismos de color de la tradición europea, identificando lo negro con lo malo y lo blanco con lo bueno. Guillén in-
siste en el valor positivo de todo lo negro, de la noche, del carbón, del infierno,
del alma negra de Luther King.

Los más jóvenes poetas no tematizan la discriminación. El más productivo
escritor neoafrocubano, con diez libros en su haber, no es un poeta de la Isla,
sino de la diáspora. Se demuestra así que, contra lo que comunmente se cree,
hay también poesía negra cubana entre los emigrantes. José Sánchez-Boudy
(1929), exiliado en Estados Unidos, retoma en sus poemarios los elementos tradicionales de la poesía afrocubana de 1930: situaciones (escenas cotidianas, callejeras), personajes (negros y mulatos frescos e inocentes, pícaros, prostitutas,
limpiabotas, matones, amantes) y lenguaje (del solar y hampa habaneros), con
el elogio tradicional de la sexualidad de la negra y la mulata, y de la sensualidad
negra en general. Pero recoge sólo algunos de los elementos estructurantes del
afrocubanismo clásico: ritmización, repetición, falsa jitanjáfora. No recurre a
formas lírico-musicales (son, rumba), sino, excelente versificador, al endecasí-
labo u octosílabo rimado, al romance, soneto y décima –contrapunto criollo del
son «afro».

---

[3] Guillén 1973, p. 378.

Campana poemita de rocío.
Acuara Ochún de caracoles verdes
que el cundiamor palpita en mi casimba
agua de mi cayo en flor de espuma.
El Malecón cantando, sin la bruma.
Tú eres tú, bullir de caracoles,
Habana de mis soles.[4]

Hasta escribe odas para cantar a las deidades afrocubanas: a la Virgen de la
Caridad del Cobre (Oshún), a la Virgen de Regla (Yemayá), a Santa Bárbara
(Changó) –rasgo erudito, lectura de Fernando Ortiz transformada en poesía.
Faltan los aspectos sociales (pobreza, desahucio, solar de La Habana Vieja) y
políticos (discriminación), que daban a la poesía negra clásica frescura, pi-
mienta y protesta al estilo de Villon, Baudelaire y Brecht. Es la pintura un tanto
idílica de un mundo sin contradicción hecha por un exiliado nostálgico. "Su
obra folklórica es de añoranza a un pasado cubano en el orden literario y cultural."[5]

Erudición, pero erudición de un investigador, de un especialista en la materia,
es la que muestra Barnet, igualmente blanco, íntimo conocedor del mundo afrocubano por sus propios trabajos etnológicos y sus conversaciones con santeros,
experiencias que se reflejan en poemas afrocubanos de *La piedrafina y el pa-*
vorreal y *La sagrada familia.* En «Ebbo para los esclavos» nos dice:

¡A leyo!
　　　Kini bá wó
Eleggua cuida la puerta
en camisa de zarza blanca
para que el diablo no se meta[6]

El tema afrocubano desaparece paulatinamente en sus obras posteriores para
diluirse en *Carta de noche* en un «Envío a Estebán Montero» (1966), protagonista negro muerto de su libro *El cimarrón.* Lo «afro» está en Barnet siempre
como objeto, no como sujeto. Está interiorizado por personajes afrococubanos
con los cuales el «yo» lírico no-africano, plenamente occidental, entra en relación dialógica. Es un discurso versolibrista, moderadamente moderno, sin los
tradicionalismos hispanocriollos de Sánchez-Boudy ni las estrofas afrocubanas
clásicas, pero sí con imágenes y metáforas afrocubanas. Barnet alude poco a la
discriminación y a la situación social de sus personajes afrocubanos inmersos
en su pensamiento mágico. El mundo afro aparece como parte integrante del
ambiente cubano general, complemento del elemento blanco.

---

[4] Sánchez-Boudy 1987, p. 36.

[5] Gordils 1976, p. 110.

[6] Barnet 1963, p. 17.

Nancy Morejón escribe, acorde con su socialización en la década del 60, poesía de muchacha, de estudiante, de intelectual revolucionaria, estructuralmente
más moderna que la de Barnet, con reminiscencias de Joyce, Picasso, Neruda y
Ducasse. Aparece el tema negro en recuerdos biográficos (familia, infancia y
casa de los padres de color) y en forma de evocación de algo casi olvidado –de
las *orishas* afrocubanas de la familia y de *eleggúa*, dios de los caminos, personi-
ficación de su problemática personal. No aparecen los tradicionales afrocubanismos como son la música, el baile y el ritmo, y, en *Richard trajo su flauta*,
son sustituidos por alusiones al jazz y al «filín», música cubana de moda en
aquel entonces. Es la visión de una intelectual occidental de piel negra que
evoca la memoria colectiva negra. Los aspectos políticos y sociales reaparecen
integrados en una dimensión histórica –más intelectual y feminista– en el poema «Mujer negra», con resonancias de «Tengo», de Guillén. El yo lírico se
identifica con la negra traída de África, como negra y como mujer, en un recuento de su camino a través de la trata, esclavitud y discriminación ("A cuánta
epopeya mandinga intenté recurrir."[7]), recuento que incluye también la carrera
revolucionaria de la mujer negra que lucha en las guerras mambisas contra
España y en las guerrillas contra Batista, para bailar finalmente "alrededor del
árbol que plantamos para el comunismo."[8] Este poema narrativo desprovisto de
elementos culturales afrocubanos y reminiscencias rítmicas afrocubanas pertenece tanto al discurso histórico-político como al poético.

Eloy Machado, llamado *El Ambia*, poeta «loco», escribe otra variedad de poesía afrocubana posrevolucionaria, sin tradicionalismo hispánico, imitación de
sones o rumbas, y sin la erudita evocación de las deidades yoruba. La musicalidad afro se expresa en alusiones a músicos negros amigos del yo lírico:

> Ibba-e al obaylu
> hasta el ilé de Oyá.
> Ojalá, dijo el camino,
> sea yo
> ese obaylu
> sonorífico.
> Ojalá, dijo también
> el revuelo,
> sea yo
> el de esas manos prodigiosas
> que adoran el tambor.[9]

---

[7] Morejón 1975, p. 119.
[8] Morejón 1975, p. 120.
[9] Machado 1994, p. 21.

No escribe para lucirse como negro, no escribe para un público al que quiere decir: yo soy afro. Emplea muchas palabras indescifrables, aparentemente africanas, poco conocidas: no le importa no ser comprendido. Faltan compromiso social y político, alabanza de la revolución castrista o denuncia de la discriminación racial. Refleja con espontaneidad e ingenuidad la vida cotidiana de negros urbanos, ni torturada ni idílica. Parece que le importa un bledo lo que piensa el blanco; expresa solamente lo que tiene adentro. Este poeta negro es el único de los mencionados que no proviene de gente blanca, de burgueses acomodados o de intelectuales de color. Ha sido transportista, su socialización ha sido el ambiente afro-popular con sus ritos y ritmos. Su poesía reproduce sus adentros afrocubanos. Machado ha adquirido, sólo posteriormente, la cultura alta, que se expresa en invocaciones líricas a Cintio Vitier o Lezama Lima. Escribe sin la técnica poética de los años 30 ni el tradicionalismo de Sánchez-Boudy, con la modernidad estructural Morejón o Barnet, pero con más desenvoltura.

El surgimiento de la poesía neoafrocubana plantea otra vez el problema de la identidad cultural cubana. Según Guillén, en su prólogo a *Sóngoro cosongo* (1931), el mestizaje de africano y español constituye en cultura y literatura lo cubano, la cubanía, la cubanidad, vale decir, la identidad cultural del cubano:

> Diré finalmente que éstos son unos versos mulatos. [...] Por lo pronto, el espíritu de Cuba es mestizo. Y del espíritu hacia la piel nos vendrá el color definitivo. Algún día se dirá: «color cubano». Estos poemas quieren adelantar ese día.[10]

Morejón retoma en 1982 esta tesis, no por casualidad en un libro sobre Guillén con el título significativo *Nación y mestizaje en Nicolás Guillén*, basándose en el concepto de *transculturación* acuñado por Fernando Ortiz.[11] Sostiene: "Nación y mestizaje, pues, son caras de una misma moneda, causa y efecto."[12] Guillén logró "la «mulatidad», el tratamiento de la africanía como parte integral de la cultura cubana."[13]

Guillén tenía ya en *West Indies Ltd.* (1934) una visión de conjunto del Caribe basada en el factor demográfico-cultural afrocaribeño y en el mestizaje: "Dice Jamaica/ que ella está contenta de ser negra, y Cuba ya sabe que es mulata!"[14] Morejón, en su libro citado, Portuondo (La «negritud» en las literaturas antillanas, 1980) y Carpentier (La cultura de los pueblos que habitan en las tierras del

---

[10] Guillén 1972, pp. 113-114.
[11] Morejón 1982, pp. 23-24.
[12] Morejón 1982, p. 325.
[13] León 1977, p. 110.
[14] Guillén, op. cit., p. 136.

mar del Caribe, 1981) extienden esta identidad mulata a todo el Caribe, inclusive al anglófono y francófono, concepto que apenas si se refleja en las pocas historias de la literatura caribeña.

La hipótesis de la identidad cultural basada en el mestizaje, vigente para la cultura general, es problemática para la cultura literaria. La poesía neoafrocubana es una corriente entre otras; ni siquiera la mayor parte de la obra poética de Nancy Morejón o Miguel Barnet pertenece a ella. La poesía pura de Brull o Florit y el trascendentalismo de Lezama Lima son criollos, pero no tienen nada que ver con negrismo o mestizaje. Su poesía es enteramente blanca. Lezama nunca cultiva son o rumba, pero sí la décima guajira-blanca. En su ensayo sobre la literatura cubana del siglo XIX (en *Confluencias*) rechaza explícitamente la literatura negra como mala y enemiga de la integración nacional de Cuba, por ser contraproducente, por provocar como reacción un racismo blanco intransigente. El único personaje negro en *Paradiso* (1966) es un cocinero: la cultura culinaria cubana sí es mulata, pero no lo es la literaria. Parecida opinión expresa Cintio Vitier en la primera edición, la prerrevolucionaria, de su monumental obra *Lo cubano en la poesía* (1958). La historia literaria parece dar la razón a Jorge Mañach, que se pronunció tanto contra el camino de Harlem, vale decir, contra la segregación racial al estilo norteamericano, como contra el mestizaje enarbolado por Guillén. Pregunta:

> [...] entre la solución norteamericana de «paralelismo» (segregación) y la solución cubana de «coincidencia» (mestizaje) ¿no habrá una solución intermedia que elimine de cada cual los prejuicios y reúna, en cambio, las ventajas?[15]

Hay, por ende, tanto literatura cubana mulata como literatura cubana blanca.

Más que el concepto de mestizaje de Guillén o Morejón –que si expresara identidad nacional cubana tendría que expresarla en cada manifestación literaria– vale la noción de heterogeneidad (forjada por Arguedas y Cornejo Polar para definir la cultura andina y criolla del Perú), de coexistencia de las tradiciones literarioculturales en Cuba: la afrocubana, negra o mulata, y la blanca, culta y eurocriolla.

Pero aunque los negros, El Ambia y Morejón, cultivan el tema negro y los blancos, Lezama Lima y Eliseo Diego, nada tienen que ver con negrismo o mulatismo poético, no se puede vincular la preferencia por el patrimonio afro o por la tradición eurocriolla a la pertenencia a una determinada raza. Hay que rechazar el error vulgar de que los poetas negros cultiven el elemento afro como si fuera una herencia de la sangre o de la socialización, y que por los mismos

---

[15] Mañach 1939, p. 117.

motivos los blancos hereden automáticamente la tradición criolla-occidental. No hay una inclinación forzosa de la sangre o de la raza por una determinada cultura. El ejemplo de Guillén, jefe de la poesía negra, es elocuente: a pesar de ser mulato, su socialización cultural de hijo de senador no tenía nada que ver con tradiciones «afro». Su cultura básica era exclusivamente hispánica: Siglo de Oro, romanticismo español y modernismo rubendariano. Conoció por vez primera en La Habana a la edad de 22 años la música afro y fue entonces cuando recordó que de niño en Camagüey había escuchado en el jardín de al lado la canción de una muchacha de color que bien pudo haber sido un «son» afro. Culturalmente el mulato Guillén fue siempre –ni siquiera sabía bailar son o rumba, pero admiraba los conciertos de piano de Beethoven– un criollo blanco. No había heredado el patrimonio «afro» ni lo había conocido en su socialización. Su recurso a la poesía negra y su conocimiento y adaptación de la tradición «afro» fue motivado por su aspiración político-civil de mulato discriminado para luchar por medio de la poesía por la emancipación. Frente a estos intelectuales mulatos y blancos con socialización eurooccidental, El Ambia tiene una socialización «afro» desde su más tierna infancia, en contacto diario con la tradición afro y la vida de los negros de condición humilde. Pero no la tuvo por ser negro, sino por ser negro de origen popular, no-intelectual.

El desarrollo cultural de la intelectual negra de origen burgués Morejón no difiere mucho del de Guillén ni del de Barnet. El abogado Sánchez-Boudy, con su apego a la tradición africana y con sus personajes casi siempre negros, es como Barnet un blanco puro cuyo padre era un español insular. Se dedicó por nostalgia y por voluntad estética al tema y género afrocubanos. La tradición etno-cultural no se hereda, se elige.

Referencias bibliográficas

Barnet, Miguel: *La piedrafina y el pavorreal.* La Habana 1963.

Barnet, Miguel: *La sagrada familia.* La Habana 1967.

Barnet, Miguel: *Carta de noche.* La Habana 1982.

Carpentier, Alejo: La cultura de los pueblos que habitan en las tierras del mar Caribe. En: Carpentier, Alejo: *La novela latinoamericana en vísperas de un nuevo siglo y otros ensayos.* México D.F. 1981, pp. 177-189.

Coulthard, George J.: Rechazo de la civilización europea y búsqueda del alma negra en la literatura antillana. En: *El pequeño Universo de la Facultad de Humanidades* 11 (1980), pp. 113-134.

García Barrio, Constance D. de: The Black in Post-Revolutionary Cuban Literature. En: *Revista Interamericana* VIII, 2 (1978), pp. 263-296.

Gordils, Janice Dorís: *La herencia africana en la literatura cubana de hoy.* New York 1976.

Guillén, Nicolás: *Obra poética* 1920-1958, tomo I. La Habana 1972.

Guillén, Nicolás: *Obra poética* 1958-1972, tomo II. La Habana 1973.

León, René: *La poesía negra de José Sánchez Boudy.* Miami, Florida 1977.

Lezama Lima, José: *Confluencias.* La Habana 1970.

Machado, Eloy (El Ambia): *El callejón del suspiro.* La Habana 1994.

Machado, Eloy (El Ambia): *El oriaté.* Buenos Aires [s.a.].

Mansour, Mónica: *La poesía negrista.* México D.F. 1973.

Mañach, Jorge: *Pasado vigente.* La Habana 1939.

Martínez de Alicea, Ada Hilda: Presencia de lo negro en la poesía afroantillana. En: *Horizontes* XXXIII, 65/66 (10.1989-4.1990), pp. 5-12.

Morejón, Nancy: *Richard trajo su flauta y otros argumentos.* La Habana 1967.

Morejón, Nancy: Mujer negra. En: *Casa de las Américas* XV, 88 (enero-febrero 1975), pp. 119-120.

Morejón, Nancy: *Nación y mestizaje en Nicolás Guillén.* La Habana 1982.

Pereira, Joseph R.: Raza en la obra de Nicolás Guillén después de 1959. En: *Sin nombre* XIII, 3 (1983), pp. 36-48.

Portuondo, José Antonio: La «negritud» en las literaturas antillanas. En: *Letterature d'America.* XI, 4 (1980), pp. 193-204.

Prieto González, Alfredo: El «Tema negro» en la poesía de la Revolución Cubana. En: *América Latina* VIII, 126 (1988), pp. 72-76.

Sánchez-Boudy, José: *Afro-Cuban Poetra de Oshún a Yemayá.* Traducción, estudio, notas y edición por Claudio Freixas. Miami, Florida 1978.

Sánchez-Boudy, José: *ACUARA OCHUN DE CARACOLES VERDES (poemas de un caimán presente), Canto a mi Habana.* Miami, Florida 1987.

Una emblemática afroamericana del Eros: Ricardo Porro, Nancy Morejón, Reinaldo Arenas

Ineke Phaf (Berlín)

Uno de los aspectos más interesantes de la cultura contemporánea de Cuba es el enfoque en la expresión afroamericana, tanto en las artes plásticas como en la literatura. Por lo tanto, el propósito de mi contribución será el de detallar esta trayectoria emblemática con el ejemplo de obras del arquitecto Ricardo Porro, de la poeta dibujante Nancy Morejón y del novelista Reinaldo Arenas. A lo largo de este análisis, la relación con los Estados Unidos se presenta con una relevancia particular. Prueba que su importancia extraordinaria en la última década de este siglo no es exclusivamente política sino más bien un intercambio bilateral específico.

En los años anteriores a 1959, Cuba se manifestó como un país inspirador incluso muy querido para los norteamericanos. Ernest Hemingway y otros hombres famosos, como el diseñador Raymond Loewy (1893-1956), pasaban todo su tiempo libre en la isla en busca de inspiración profesional. En el *I love Lucy Show* de los años 50, el músico cubano Desi Arnaz se presentaba como la primera estrella latina de televisión en el papel del marido de Lucille Ball. Y, al mismo tiempo, los cubanos eran símbolo de tolerancia étnica para los afroamericanos. James A. Porter (1905-70), por ejemplo, profesor de arte de la Universidad Howard en Washington D.C., pintó el canvas en óleo *In a Cuban Bus* en 1946, cuando estuvo en Cuba con una beca de la Fundación Rockefeller. Este canvas es el único de sus cuadros en el que Porter elige Cuba como tema al retratar dos guajiros en el interior de un vehículo público. Uno de ellos es blanco y aparece sentado con su gallo sobre las rodillas en la parte delantera del ómnibus; detrás de él, el guajiro negro toca la guitarra mientras canta mirando por la ventana. Ante sus ojos se desenvuelve un paisaje con cielo nublado y cerros, sobre cuyas lomas se extiende una ciudad barroca con iglesia y casas de muros blancos. Porter, quien acababa de publicar su libro *Modern Negro Art* (1943), logró que *In a Cuban Bus* se convirtiera en uno de sus lienzos más conocidos. Ilustra, por ejemplo, la portada del catálogo de una exposición de su pintura en

Janett Reinstädler/Ottmar Ette (eds.):
Todas las islas la isla. Nuevas y novísimas tendencias en la literatura y cultura de Cuba.
Frankfurt a.M. – Madrid: Vervuert – Iberoamericana 2000, pp. 49-58.

1993, así que es lógico suponer que el tema continúe ejerciendo su atracción. Esto se explica por el debate sobre la historia afroamericana en los Estados Unidos, en el que el tema del ómnibus se presenta como un tropo subversivo. En un volumen compilado para la enseñanza, *Civil War to Civil Rights: The Quest for Equality* (1993), Marsha Jean Darling revisa las acciones contra el sistema de la segregación, en particular por parte de las mujeres. La más conocida de ellas es Rosa Parks:

> Rosa Parks's treatment and actions in December 1955, effectively triggered a mobilization and grass-roots level activism for civil rights unparalleled in America's history. Beginning as a bus boycott in the wake of Rosa Parks's arrest for refusing to move to the back of the Cleveland Avenue bus in Montgomery, Alabama, the protests quickly grew.[1]

En Cuba, por el contrario, la segregación nunca existió a nivel oficial. Sin embargo, a partir de la abolición, se desarrollaba un periodismo con ataques sistemáticos a los prejuicios discriminadores, lo que hoy día es tema de investigación. En *Our Rightful Share* (1995), la historiadora Aline Helg presenta los resultados de sus indagaciones sobre el papel de los afrocubanos en el proyecto de la independencia de Cuba. En particular, el peso de la Revolución haitiana, que coincidió en Cuba con la modernización de la explotación azucarera –introducción de la máquina de vapor y la intensificación del trato esclavista–, y que provocó que las culturas de origen africano fueran adquiriendo su connotación de barbarie, pobreza y crueldad en la mentalidad criolla. Helg demuestra el esfuerzo enorme por librarse del peso traumático del pasado en el espacio público, ya que la «amenaza» haitiana seguía revelándose como una realidad imaginaria. Gertrudis Gómez de Avellaneda (1814-1873), por ejemplo, la autora de la primera novela abolicionista americana, *Sab* (1841), vivió durante su juventud en Puerto Príncipe y en su propia familia "ese terror de lo que había pasado en Haití y Santo Domingo."[2]

En vistas de este trauma, es posible considerar a Ricardo Porro –responsable de la construcción de la Escuela de Arte Plástica, en Marianao, al nordeste del Vedado de La Habana, entre 1961 y 1965– como el arquitecto que puso fin a este prejuicio. Porro era el supervisor del plan de construcción de las Escuelas Nacionales de Arte en Marianao, antes sede de las familias más ricas y de la mafia. Había extensos terrenos bellos ocupados por el Country Club. Debido a una iniciativa del mismo Fidel Castro, se decidió realizar aquí un proyecto de construir cinco Escuelas de Arte (Plástica; Danza Moderna; Arte Dramático; Ballet; Música) en 1960. El arquitecto e historiador norteamericano John Loo-

---

[1] Darling 1993, p. 134.
[2] Cf. Lezama 1993, p. 155.

mis, en su libro *Cuba's Forgotten Art Schools. Revolution of Forms* (1999), observa que la Escuela de Arte Plástica es "the one most often identified with the complex."[3] Describe la primera impresión que le causó esta escuela:

> My first introduction to the Escuelas Nacionales de Arte came from a lecture by J. Max Bond, Jr., in which he presented Ricardo Porro's Escuela de Arte Plástica, spoke about its African references and how it in turn had influenced his own Dr. Martin Luther King Center for Social Change in Atlanta.[4]

No sorprende esta asociación con Martin Luther King y su rol histórico, ya que Porro suele reclamar el carácter negro novedoso de su edificio. Loomis lo enfatiza y recuerda que Porro, en el artículo «El sentido de la tradición» publicado en 1957, insistió en la distinción entre una arquitectura española y otra criolla. Al regresar a Cuba desde el exterior –y con él Alicia Alonso, Alejo Carpentier, Nicolás Guillén, Wifredo Lam, Heberto Padilla, entre otros más– en el momento en que la mayoría de los arquitectos cubanos estaba saliendo del país, en agosto de 1960, Porro concibió el diseño de la Escuela de Arte Plástica como "the expression of beginnings – the beginning of my creative life and the beginning of the Revolution."[5] En su opinión, el catolicismo criollo había sido incapaz de dar relieve a la fuerza de la espiritualidad afro-cubana. Porro intentó así hacer una arquitectura negra, crear un edificio que se apropiaba de una negritud nunca antes presenciada en la arquitectura cubana: "While it had been given a presence in the paintings of Lam, to draw from Cuba's African culture in architecture was a radical step."[6] A Porro le inspiraba la idea de una ciudad que se convierte en Eros –como en el poema sobre Eupalinos, de Paul Valéry (1871-1945), en el que el arquitecto modela su templo de acuerdo con las formas del cuerpo de una mujer bella recién encontrada en Corinto. A su vez, Porro transforma los contornos de la Escuela de Arte Plástica en el cuerpo de una mujer negra con sus cúpulas y capillas, corredores con columnas, construcciones de acueducto, y escultura redonda de papaya abierta. Por consiguiente, la Escuela paga tributo a la creatividad manifestándose en su papel de constancia erótica y protectora del espacio público, como monumento de homenaje a la afrocubanía.

Este erotismo natural, construido además sin aplicar procedimientos industriales, ha sido objeto de muchos debates que perduran hasta hoy día. Loomis los extiende hacia el Norte, donde su «revolución de formas» celebra un éxito considerable. El público lamenta –con Loomis– el hecho de que, en la actualidad, el edificio que alberga los talleres de pintura y escultura de los estudiantes

[3] Loomis 1999, p. 57.
[4] Loomis 1999, p. XXVI.
[5] Loomis 1999, p. 57.
[6] Loomis 1999, 57.

se encuentre muy deteriorado. Parece querer señalar que no existe una percepción del valor simbólico extraordinario de esta ruina postmoderna en la historia cultural de Cuba. En los Estados Unidos, esta dimensión plástica llama mucho más la atención, como lo ponen de relieve el libro de Loomis y otros –como *Narratives of African American Art and Identity* (1998), la reedición del libro clásico de Porter en 1992, *Arte y cultura negros en el siglo XX* (1998; 1ª ed. en inglés 1997) de Richard J. Powell. En Cuba, por el contrario, este mismo enfoque afroamericano viene tropezándose tradicionalmente con la mentalidad criolla. Lo documenta otro antecedente igualmente polémico como el de Porro. En octubre de 1931 publicó Nicolás Guillén, con sus ganancias de la Lotería Nacional, el volumen *Sóngoro Cosongo*, en cuya introducción opina que "una poesía criolla entre nosotros no lo será de un modo cabal con olvido del negro"[7]. Este volumen aparece año y medio después del éxito de los *Motivos de son*, a los que inmediatamente pusieran música orquestas y solistas del país entero. Mirta Aguirre, en su ensayo «Maestro de poesía» (1962), articula la diferencia de *Sóngoro Cosongo* con respecto a la publicación anterior de Guillén:

> Y lo que se produjo fue lo que se presentía en [el primer poema] «Llegada». Algo que no era ya el negro que no sabía inglés. Algo donde lo negro empezaba a ser otra cosa. Un canto como un «músculo bajo la piel del alma»; una risa capaz de madrugar sobre los ríos y los pájaros. Allí venía una voz de anchos espacios libres, de aliento sin alcohol y sin maracas. Trópico sin conga, sin sandunga, sin chéveres achulados, en cuya sangre dolorida podía navegar el recuerdo del negro Manzano pero donde no cabía ya Papa Montero.[8]

Sóngoro Cosongo contiene el poema «Pequeña oda a un negro boxeador cubano», sobre Kid Chocolate, el "nombre deportivo del boxeador cubano Eligio Sardiñas que por esa época conquistó dos campeonatos mundiales en los EE.UU."[9] La oda se publica por primera vez en el *Diario de la Marina*, el 29 de diciembre de 1929, registrando un asalto en Broadway, en el Norte "fiero y rudo". El acto performativo de Kid Chocolate, que luce "negro mientras aplaude el bulevar", equivale a "hablar en negro de verdad"[10]. Siguiendo este hilo, Guillén introduce en «Llegada» la trayectoria transatlántica de la naturaleza africana hacia un paisaje urbano en las Américas. Un estreno tan provocador de esta relación intrínseca y familiar en la cultura americana no quedó sin comentarios. Una serie de textos documenta las divergencias surgidas alrededor de este concepto, probando que la conmemorización del origen afroamericano era percibida como una erupción, un cataclismo. Reacciones como las de José An-

---

7 Guillén 1974, p. 176.
8 Aguirre 1974, p. 161.
9 Guillén 1974, p. 485.
10 Guillén 1974, p. 181.

tonio Ramos, Miguel de Unamuno, Alejo Carpentier, Rubén Martínez Villena, Jorge Mañach, Emilio Ballagas y Juan Marinello aparecen en la *Recopilación de textos sobre Nicolás Guillén* (1974), y son un testimonio del paso del negro folklórico a un personaje protagonista en la representación poética de Cuba.

Con estos ejemplos «escandalosos» de Porro y Guillén se perfilan los contornos del dinamismo plástico-literario entre la presencia negra y la mentalidad criolla. A ellos habría que añadir otras contribuciones pioneras como las de Lydia Cabrera, Alejo Carpentier, Wifredo Lam o Fernando Ortiz. Todos ellos son contemporáneos y, en algunos casos, colaboradores de la revista *Orígenes*, editada de 1944 a 1956 por José Lezama Lima, en la que se inscribe el interés por la literatura y las artes plásticas como concepción fundacional. En el primer número de otra revista de Lezama, *Espuela de plata*, de 1939, el coeditor introdujo sus reflexiones sobre el aspecto africano. El Padre Ángel Gaztelu, amigo entrañable de Lezama, escribe el comentario «Sobre un poema de Lactancio Firminiano», un africano convertido al cristianismo en el siglo III y que escribió en latín. En la opinión del Padre, en «Itinerarium», a lo largo de un viaje de Africa a Nicomedia, Firminiano se distingue del estilo virgiliano de la época por lucir con una naturaleza que contiene "una efusión y vehemencia nueva, vigor africano, pasión un tanto desbordada que al contacto con la savia cristiana adquiere la forma por estructura teológica, una belleza más fuerte y un enraice más transcendental"[11]. Sin duda, este «vigor africano» en contacto con la «savia cristiana» constituye igualmente uno de los rasgos principales de cubanidad en la novela *Paradiso*, de Lezama. La publicación a principios de 1966 provocó otro escándalo, como lo demuestra el mismo Porro al recordar una conversación telefónica con Lezama en aquellos días:

> Lezama tomaba siempre partido. Siempre. Era un hombre muy justo, muy de pasión. Lezama era un hombre mucho más inteligente que los otros pero era apasionado hasta el fondo. Y se hubiera arriesgado a cualquier cosa por defender una idea en que él creía. Ahora, me acuerdo que cuando salió el libro *Paradiso* en Cuba en este momento había una reacción muy fuerte en contra del libro. Este libro se publicó porque Lezama era una de estas cargas públicas que nadie sabía qué hacer con él. Y en medio de todos estos trabajos voluntarios que hacer alguien dijo que sí, sí, publícalo, esto no va a leer nadie. Y el libro se publicó y la gente empezó a leerlo y fue el escándalo absoluto. Escándalo total, al extremo que yo estoy en mi casa y llamo a casa de Lezama. Acababa de leer el libro. Y estaba la mujer. Y dije: yo quisiera hablar con José Lezama Lima. Y me dice: de parte de quién; y digo: de Ricardo Porro. Me dice: bueno, usted puede dejar su teléfono. Y yo le dije: sí, tal es mi teléfono. Y ella: no puede venir al teléfono ahora. Yo le dije: no tiene importancia señora, porque todo lo que le quería decir era que acabo de leer su libro y me pareció maravilloso. ¡Que no le moleste! A dos minutos, ni dos minutos, el teléfono suena en mi

---

[11] Gaztelu 1939, p. 5.

casa, y es Lezama Lima. Y dice: Ay Ricardo, que alegría me da lo que estás diciendo. Y entonces, por primera vez –Lezama no tuteaba a nadie– por primera vez me tuteó. A él le emocionó que le llamara y él me dijo: Mi mujer ha tomado esta actitud porque la cantidad de gente que me llama para insultarme por el libro es muy grande.[12]

Porro debe referirse en este caso a la fecha en la que Lezama estaba escribiendo su ensayo, «Paralelos. La pintura y la poesía en Cuba (en los siglos XVIII y XIX», publicado en la revista *Casa de las Américas*, en 1967, y firmada con fecha del 19 de abril de 1966. Precisamente en aquellos días se vivió el momento de mayor persecución de los homosexuales, así que los pasajes dedicados al placer homoerótico en *Paradiso* causaban mucho dolor de cabeza. Ya se ha mencionado con frecuencia la orientación patriótica de la familia de Lezama. En «Paralelos», después de haber presentado una serie de ejemplos poéticos y plásticos, Lezama termina con una observación al respecto, al formular un paralelismo alrededor del tema de la lucha independentista. Al referirse al *Diario* de José Martí, de 1895, hace mención de un cuadro de Juana Borrero de 1896, pintado poco antes de su muerte en el exilio, en Cayo Hueso:

> [...] hay una página arrancada. Me detengo absorto ante ese vacío. Pero mi perplejo se puebla, ahi están, uno tras otro, los tres negritos de Juana Borrero. La página arrancada ha servido de fondo a la sonrisa acumulativa e indescifrable del cubano.[13]

El tópico de esta página arrancada es hartamente conocido. Se trata de la desaparición misteriosa de algunas páginas del *Diario* de Martí, en las que se supone que Martí había anotado sus observaciones después de haberse entrevistado con Antonio Maceo, el general negro más importante de su ejército mambí. Lezama reemplaza este vacío en su imaginación con los tres «negritos», comentando que para él, aquellos representan un «continuo de la sonrisa». Al integrarlos en el concepto de una familia de la sonrisa que viene de los tiempos de Leonardo da Vinci, Lezama presenta el cuadro de Borrero como el único cuadro genial del siglo pasado, por llenar el hueco de las «páginas arrancadas» con una presencia configurativa en la cultura criolla.

A finales de este siglo, dos obras vuelven a concentrarse en estos aspectos homoeróticos y étnicos, en el margen del motivo de una lucha liberadora, señalados por Lezama con dos décadas de anticipación. De manera lógica, por lo tanto, Lezama actúa en *Paisaje célebre*[14] de Nancy Morejón, así como en *El color del verano o Nuevo «Jardín de las Delicias»*[15] de Reinaldo Arenas como el

---

[12] Cito en Phaf 1997.

[13] Lezama 1967, p. 65.

[14] De los años 1987-1992; 1. ed. 1993; cito en Morejón 1996.

[15] De los años 1989-1990; cito en Arenas 1999.

pater familias por excelencia. En ambos libros, el motivo se halla enmarcado en una iconografía flamenca y rebelde frente al Barroco de la Contrarreforma. *Paisaje célebre* se concibe como una paráfrasis del lienzo *Paisaje con la caída de Ícaro* (1554) de Pieter Bruegel el Viejo. La novela de Arenas se basa en el tríptico *Jardín de las Delicias* (1496) del Bosco, objeto predilecto de Felipe II en el Escorial.

Morejón tiene fama como especialista en Guillén. Sin embargo, el «tercer estilo» vivazmente erótico de Lezama dejó un impacto profundo en su obra.[16] En su libro de ensayos, *Fundación de la imagen* (1988), Morejón presenta la impresión que Lezama dejó en ella en 1963:

> Su personalidad, a la cubana, se desplegó mientras nos convencía, entre bocanada y bocanada de humo, de las bondades curativas de la hoja de yagruma. Lo oímos hablar por primera vez, con sus asmáticas pausas aspiradas, de su sistema poético. Explicó sus diáfanas ideas acerca del genitor por la imagen, el genitor telúrico, el genitor subterráneo, la vivencia oblicua.[17]

De manera paralela, en *Paisaje célebre* (1996), la autora aplica el imaginario bruegeliano a una urbe cubana y su naturaleza frescante del Caribe, conectando la iconografía flamenca del Barroco con el proyecto modernista de finales del siglo pasado, refiriéndose explícitamente a Juana Borrero y Julián del Casal. Las mismas tendencias literarias constituyeron para Lezama una meta prioritaria, mientras estaba elaborando su paradigma postcolonial erótico en poesía y prosa.[18] El erotismo, en el caso de Morejón, se inscribe en el personaje de la «mujer negra», en la primera persona del singular. El poemario *Richard trajo su flauta y otros argumentos* (1967) la sitúa como muchacha en la primera década revolucionaria, en la Habana Vieja, dentro del marco de una crónica familiar autobiográfica en el barrio Los Sitios. En *Paisaje célebre*, la protagonista es escritora y dibujante que divide su tiempo entre La Habana Vieja y el Vedado. Se propone plasmar en su poesía una nueva ciudad renacentista, con la ayuda de Benvenuto Cellini, con un aparecer homoerótico tan fresco y natural como el paisaje del Caribe. El medio ambiente urbano se le aparece como un "paisaje frente a mis ojos,/ como después de una batalla"[19], de modo que el libro termina explicando este factor con el poema «Marina», de una mujer que se enfrenta a los barcos fondeados en el malecón durante el período de la opción cero. La superación del bloqueo abismal entre el Norte y el Sur es el hilo conductor en este

---

[16] Cf. Phaf 1999, p. 520, 523, 528.
[17] Morejón 1988, p. 137.
[18] Cf. Phaf 1990, p. 268.
[19] Morejón 1996, p. 98.

poemario, razón por la cual muchas composiciones se dedican a conmemorar la presencia de los migrantes conocidos.

Para Arenas, a su vez, el «paisaje en ruinas» de La Habana Vieja sirve como escenario para el desfile del carnaval de julio de 1999. En su *Nuevo «Jardín de las Delicias»* Lezama aparece en función de maestro de ceremonias al pronunciar una conferencia magistral. Se trata de una obsesión enigmática resumida en la pregunta: "¿ACABABA DE EYACULAR O NO EL JOVEN *GIOVANETTO* FLORENTINO QUE HABÍA POSADO PARA EL *DAVID* DE MIGUEL ÁN-GEL?"[20] La conferencia da una respuesta definitiva no dejando duda alguna al respecto. El centro paradisíaco para la *vita nuova* reside en la "fruta de Adán", "el divino atributo", o "el dardo de Eros", de modo que "ambos gladiadores" coinciden en sus "explosiones seminales" florentinas y orgiásticas.[21]

La novela de Arenas, "escrita y publicada sin privilegio imperial"[22], se caracteriza, por su tono dramático, como una batalla contra el tiempo, contra la muerte próxima e inevitable del autor. Arenas, que se suicidó en 1990, dejó este manuscrito –entre otros más– redactado en un estilo hiperbólico y exhibicionista, de éxtasis y exageración. El autor habla del esfuerzo que le cuesta terminar una pentagonía, la que "además de ser la historia de mi furia y de mi amor es una metáfora de mi país"[23], antes de que muera. Explica la relación con sus propias etapas autobiográficas: *Celestino antes del alba* (1967), sobre un niño sensible durante la prehistoria política de la isla; *El palacio de las blanquisimas mofetas* (1973), centrado en la vida de un escritor adolescente durante la tiranía batistiana; *Otra vez el mar* (1982) sobre el desengaño de la Revolución; y *El color de verano o Nuevo «Jardín de las Delicias»* de 1999, de la que se publicó una versión abreviada en 1991, trata de la visión subterránea de un mundo homosexual que culmina en una explosión carnavalesca y ciclónica en el momento en que agoniza el sistema de la tiranía revolucionaria. El último libro, *El asalto*, es una "suerte de árida fábula sobre la casi absoluta deshumanización del hombre bajo un sistema implacable."[24]

La visión del Bosco en el cuarto tomo de la pentagonía es una parodia de la literatura cubana de los últimos dos siglos. Fiel a su estilo de una "escritura de la memoria"[25], la novela es una enciclopedia disfrazada, dentro de la cual el papel de Guillén es el de Nicolás Guillotina, "semejante a un inmenso perro bull-

---

[20] Arenas 1999, p. 298.

[21] Arenas 1999, p. 298.

[22] Arenas 1999, p. 5.

[23] Arenas 1999, p. 262.

[24] Arenas 1999, p. 263.

[25] Cf. Ette 1992.

dog acompañado del brazo de Nancy Mojón."[26] Los actores de la fiesta de Arenas se cambian invariablemente de nombre y de sexo, presentándose en los papeles y quehaceres más diversos. En el momento supremo, la Reina de Holanda pronuncia una conferencia en favor de la liberación de los homosexuales, en contra de la condenación del placer de los «ejércitos clandestinos», de los que la Reina de las Arañas expone luego su clasificación interna. Arenas enfatiza repetidas veces la gran atracción del negro a partir del punto de vista *gay*. Es preciso llamar la atención sobre este hecho pues el lector percibe una gran divergencia con el Norte, donde ni siquiera al autor se le ocurre imaginar que pueda producirse esta atracción. El libro contiene más fragmentos críticos contra el Norte, ya que en aquel país se define el placer de escribir, igual que el placer del sexo, a través de la cuenta bancaria. Por consiguiente, no se pone en duda el origen sureño del *Nuevo Jardín de las Delicias* con sus hipérboles e hipérbatos, parecidos al gusto erótico de Guillermo Cabrera Infante, Severo Sarduy o Manuel Puig. Estos autores acompañan a Arenas al internarse "en estas páginas con el fin de meterme en la cárcel"[27], metáfora más significativa de la vida cubana contemporánea.

En resumen, lo que se puede desprender de estos ejemplos de Porro, Morejón y Arenas es un esfuerzo sistemático de construcción de una emblemática resistente contra los prejuicios criollos del pasado y presente. La lucha liberadora y el exilio; los triunfos de Kid Chocolate en el «Norte rudo» en 1929; la primera etapa romántica de la Revolución en los años sesenta; el impacto del bloqueo durante la opción cero en los años noventa. Todos estos momentos históricos forman una red de connotaciones que trata de combatir la segregación erótica y étnica con las armas del arte. La iconografía flamenca del Barroco, de una Contrarreforma renacentista, se conecta de esta manera explícita o implícita con los Estados Unidos, por lo que este aspecto de las relaciones bilaterales, en lo que se refiere a la literatura, promete ser uno de los aspectos más relevantes en relación con esta emblemática provocadora. Algo que la crítica tendrá que investigar en el futuro.

Referencias bibliográficas

Aguirre, Mirta: Maestro de poesía. En: Morejón, Nancy (ed.): *Recopilación de textos sobre Nicolás Guillén*. La Habana 1974, pp. 159-170.
Arenas, Reinaldo: *Celestino antes del alba* [1967]. Buenos Aires 1968.

---

[26] Arenas 1999, pp. 324 y 395.

[27] Arenas 1999, p. 15.

Arenas, Reinaldo: *El palacio de las blanquísimas mofetas*. Caracas 1980.

Arenas, Reinaldo: *Otra vez el mar*. Barcelona 1982.

Arenas, Reinaldo: *El asalto*. Miami 1991.

Arenas, Reinaldo: *El Color del Verano o Nuevo «Jardín de las Delicias»* [1989-1990]. México 1999.

The Art Gallery and the Department of Art History and Archaeology University of Maryland, College Park: *Narratives of African American Art and Identity. The David C. Driskell Collection*. San Francisco 1998.

Darling, Marsha Jean: Civil War to Civil Rights: The Quest for Freedom and Equality. En: Azevedo, Mario: *Africana Studies. A Survey of Africa and the African Diaspora*. Durham 1993, pp. 117-143.

Ette, Ottmar (ed.): *La escritura de la memoria: Reinaldo Arenas. Textos, estudios y documentación*. Frankfurt a.M. 1992.

Gaztelu, Ángel: Sobre un poema de Lactancio Firminiano. En: *Espuela de plata* (agosto-septiembre 1939), pp. 4s.

Guillén, Nicolás: *Obra poética 1920-1958*. Vol. I. Ed. Ángel Augier. La Habana 1974.

Helg, Aline: *Our Rightful Share. The Afro-Cuban Struggle for Equality, 1886-1912*. Chapel Hill 1995.

Lezama Lima, José: Paralelos. La pintura y la poesía en Cuba (en los siglos XVIII y XIX). En: *Casa de las Américas* VII, 41 (marzo-abril 1967), pp. 46-65; y en: Capote, Leonel: *La visualidad infinita*. La Habana 1994, pp. 66-106.

Lezama Lima, José: Conferencia sobre Gertrudis Gómez de Avellaneda. En: González Cruz, Iván: *Fascinación de la memoria. Textos inéditos de José Lezama Lima*. La Habana 1993.

Loomis, John A.: *Cuba's Forgotten Art Schools. Revolution of Forms*. Princeton 1999.

Morejón, Nancy: *Richard trajo su flauta y otros argumentos*. La Habana 1967.

Morejón, Nancy (ed.): Recopilación de textos sobre Nicolás Guillén. La Habana 1974.

Morejón, Nancy: Mujer negra. En: *Casa de las Américas* 88 (1975), pp. 119-120.

Morejón, Nancy: *Nación y mestizaje en Nicolás Guillén*. La Habana 1982.

Morejón, Nancy: A propósito de José Lezama Lima. En: *Fundación de la imagen*. La Habana 1988, pp. 135-149.

Morejón, Nancy: *Elogio y paisaje* [1989-1990]. La Habana 1996.

Phaf, Ineke: «Ah que tú escapes»: Das Katzenmotiv bei José Lezama Lima. En: Beutler, Gisela (ed.): *«Sieh den Fluß der Sterne strömen». Hispanoamerikanische Lyrik der Gegenwart. Interpretationen*. Darmstadt 1990, pp. 246-268.

Phaf, Ineke: Fidel y Altmann. ¡Me da mucha gracia! Entrevista con Ricardo Porro en París, el 10 de noviembre de 1997. Manuscrito.

Phaf, Ineke: El Cuaderno de Nancy Morejón. La Habana 1967-1993. En: Große, Sybille/Schönberger, Axel (eds.): *Dulce et decorum est philologiam colere: Festschrift für Dietrich Briesemeister zu seinem 65. Geburtstag*. Band I. Berlin 1999, pp. 515-534.

Porter, James A.: *Modern Negro Art* [1943]. Introduction David C. Driskell. Washington D. C. 1992.

Porter, James A.: *James A. Porter. Artist and Art Historian. The Memory of the Legacy*. Washington D.C. 1993.

Powell, Richard J.: *Arte y cultura negros en el siglo XX*. London 1997.

El Otro habla:
la escritura femenina en el cuento cubano

Diony Durán (La Habana/Rostock)

"Para resolverme a dar a usted este cuaderno es preciso que le estime a usted tanto, tanto, que no le crea un hombre, sino un ser superior."[1] Así decía Gertrudis Gómez de Avellaneda a Ignacio de Cepeda en la posdata de su confesión autobiográfica. Abrir el corazón, confesar los sentimientos íntimos, contar, requería de un lector cómplice con una mirada "superior" a la de un hombre. En ese sentido, la genocrítica y las teorías sobre la escritura femenina actual han tematizado un viejo anhelo y exponen un problema que no es simplemente de escritura, sino de recepción, como afirma Lola Luna en su libro *Leyendo como una mujer la imagen de la mujer*:

> Podríamos afirmar por tanto que las mujeres son representadas de una manera diferente a los hombres –no porque lo femenino sea diferente de lo masculino– sino porque se asume que el espectador ideal es masculino y la imagen de la mujer está diseñada para agradarle.

Y agrega:

> El sentido atribuido a la imagen de la mujer depende pues, no sólo del nivel de lectura, sino también de una doble convención de lectura patriarcal que se convierte en signo sexuado para un receptor idealmente masculino y en signo modélico para una receptora mujer.[2]

Conciliar ambas miradas, para identificar el sentido del signo como sexo y como modelo, es un reto para la lectora ideal que disponga de ese diapasón: hombre-mujer, lector-lectora. Es también una lección para ganar autoridad, legitimando el discurso femenino con un espectro amplio de identificación en los receptores. Este camino, demasiado resumido para contener las profusas teorías que rondan el análisis de género, no deja de ser tentador para realizar un acercamiento al cuento cubano escrito por mujeres en la Isla en los últimos años. En esos cuentos obran fuertes tensiones en la escritura que pueden ser parte de una estimativa de

---

[1] Gómez de Avellaneda 1981, p. 50.

[2] Luna 1996, p. 27.

Janett Reinstädler/Ottmar Ette (eds.):
Todas las islas la isla. Nuevas y novísimas tendencias en la literatura y cultura de Cuba.
Frankfurt a.M. – Madrid: Vervuert – Iberoamericana 2000, pp. 59-67.

autoconsideración y recepción que opera en relación con los contextos socioculturales y con el propio aprendizaje de los estudios de género.

En Cuba, el condicionamiento de una mirada crítica para la literatura femenina desde ese aprendizaje de género es relativamente reciente, aunque se anoten estudios anteriores sobre figuras femeninas como sobre la propia Avellaneda o Dulce María Loynaz, en un horizonte de lectura en el cual aún no se problematizaba el canon y la historiografía literarios. Esta posición crítica era imprescindible para realizar un estudio arqueológico de la literatura femenina y su historización. En la segunda mitad de la década de los 80 se produce un redescubrimiento de la creación femenina que atrae la atención sobre la radionovela, el cine, la pintura y la literatura cubanos, al unísono con el auge de estudios sobre el tema y el estímulo que estos recibían desde las asociaciones, ONG, talleres, y los numerosos congresos que tenían lugar en Latinoamérica, siguiendo diversas escuelas y también estudios propios.[3]

Significativamente, el tema mujer, su liberación social, independencia económica, actividad productiva y su eficacia como individuo social, había sido ampliamente estimulado como un programa de la Revolución y, en ese sentido, abundan los estudios socio-culturales y políticos sobre sus resultados y características. El objetivo «ser social», que enunciaba el programa social liberador del país y su teórica marxista, se centraba en un sistema de aprendizaje y de realización que proponía un emparejamiento de género y un acceso desprejuiciado a los centros de trabajo y de la ciencia.

En la historia de los estudios de género se puede leer esta perspectiva como un feminismo de partido, que pone en función de objetivos altos, históricos, nacionales e ideológicamente determinados, la reflexión femenina y su actuación práctica y, al propio tiempo, una perspectiva de clase y raza que ensancha la consideración genérica. La sutil reflexión sobre las calidades de la subjetividad de la mujer y su diferencia no estuvieron ausentes en la creación artística, pero no fueron efectivamente anotadas por un registro o archivo de la crítica y en ese sentido, no se institucionalizaban como un factor de calidad. Ésta no es más que una anotación epidérmica, que no pretende abundar en otros factores esenciales, –lo que sería motivo de otra ponencia más centrada en lo sociológico-cultural. Sin embargo, en alguna medida explica el tránsito hacia una indagación en la subjetividad creadora de la mujer, subrayando sus elementos propios y relacionándolos con su propia estimativa.

---

[3] El PIEM (Programa Interdisciplinario de Estudios de la Mujer) del Colegio de México ha sido un lugar de intercambio y aprendizaje para estudiosas cubanas de género. En 1990 y 1991 se produjeron encuentros cubano-mexicanos sobre la literatura femenina en la Casa de las Américas y en el Colegio de México, respectivamente.

En otro orden, esta reflexión se inicia con la propia autoconsideración de la literatura cubana en sus primeros congresos,[4] que anotó temas generales diversos de género literario, para realizar un balance que abarcaba la producción literaria en los años de la Revolución. El tema de la mujer no estuvo ausente. Luisa Campuzano, a quien correspondió presentarlo, fue muy incisiva cuando propuso el título, bajo el que luego publicaría en 1988: «La mujer en la narrativa de la Revolución. Ponencia sobre una carencia». Datan precisamente de finales de los 80, otros estudios debidos a Susana Montero (1989) y Nara Araújo (1983 y 1997), iniciadoras en el campo de la literatura de abordajes de género. También se podrían señalar otras estudiosas en los medios masivos de comunicación o la pintura, que al unísono realizaban aprendizaje y crítica en talleres y debates sobre el tema.

Al mismo tiempo, diversas instituciones de altos estudios emprendieron investigaciones de género en la literatura cubana, al tiempo que la Casa de las Américas creaba un departamento de estudios de literatura femenina, y la Universidad de La Habana fundaba la Cátedra de la Mujer con carácter interdisciplinario.

En esta última década del siglo, la institucionalización de las investigaciones de género, su entrada en los altos estudios, indicaba una reconsideración del canon literario cubano y de sus discursos históricos. Esta discusión se produce dentro de las coordenadas discursivas de un debate sobre la Posmodernidad y la literatura del «postboom» que también asaltó los espacios culturales cubanos desde la década del 80, posiblemente con retardo, pero que resulta un indicador para apreciar la ampliación del espacio de polémica y de intercambio. Debates entre centro y margen, temas antes tabú, hombrecillos chaplinescos, épica de baja intensidad, entre otros tantos estatutos que ingresan a la literatura en los últimos años, actúan no sólo como influencia y capacidad de modernización de la narrativa, sino como convención de autoridad que facilita otro discurso, otra posición crítica y la legalidad de la voz femenina.

Estos discursos operaban al unísono con los cambios particulares que se producían o repercutían en Cuba desde finales de la década pasada, como el proceso de «rectificación de errores y tendencias negativas» que acometió el gobierno cubano en todas las jerarquías del país, las tensiones en torno a la *Glasnost* en la Unión Soviética, la caída del Muro de Berlín y los centros del socialismo, las causas judiciales contra la droga entre altas autoridades militares cubanas, «el período especial» decretado ante la crisis socio-económica, las emigraciones masivas, la emergencia de zonas de violencia y prostitución, la doble moneda, la

---

[4] El «Coloquio sobre literatura cubana: 1959-1981», que se realizó entre el 22-24 de noviembre de 1981, en la Ciudad de La Habana, se propuso una revisión crítica de la producción literaria entre 1959 y 1981.

entrada de capitales extranjeros, en fin, los índices de un cambio estructural en medio de la difícil e histórica situación cubana con los Estados Unidos de Norteamérica.

Todo ello creó condicionamientos en el discurso narrativo que actuó bajo el presentimiento o la constatación de que la realidad no era monolítica ni perfecta y que sobre ella se obraba más adecuadamente con los lenguajes posmodernos, para abordar la dramática cotidianidad, las zonas de conflicto, lo diverso, la interdiscursividad de un diálogo también múltiple. En el cuento cubano se produce una renovada conciencia crítica indagatoria y desprejuiciada que los va desplazando del centro hacia la periferia en un movimiento continuo que aún perdura en los más jóvenes y recientes cuentistas.

El estado de gracia que podía favorecer al héroe de la confrontación armada y la alta discusión en defensa del país, que alentó los cuentos llamados «de la violencia» en la década del 60, cedía al héroe que postulaba otra jerarquización de valores y asentaba la capacidad épica del relato en la captación de una épica de lo cotidiano en un espacio social de constantes cambios y profusamente polémico. El cuento que crea un golpe de efecto en el discurso de la narrativa breve en 1990, «El lobo, el bosque y el hombre nuevo», de Senel Paz,[5] nace de esa coyuntura sociocontextual y literaria, y tiene tanto del camino abierto por Manuel Puig con *El beso de la mujer araña* (1976) y la narrativa del «postboom», como de las certezas de un discurso crítico que se ampliaba audazmente condicionado por la propia y múltiple realidad.

Diferentes antologías y estudios siguieron el itinerario del cuento cubano y lo promovieron en medio de grandes dificultades editoriales. Entre los críticos, Salvador Redonet Cook fue un promotor, difusor, colector que dio a conocer a los «novísimos», como los denominó entonces.[6] En algunas de esas antologías se puede notar la ausencia total de escritoras, como en la de 1997, *Poco antes del 2000*, compilada por Alberto Garrandés.[7]

La constatación de la ausencia de la voz femenina y su defensa puede encontrarse en la antología que realizó Mirta Yáñez junto con Marilyn Bobes, *Estatuas de sal* (1996), para presentar los textos vivos de una selección de narradoras, desde la Condesa de Merlín hasta hoy, incluyendo cubanas residentes fuera de

---

[5] *Premio Internacional Juan Rulfo* de la Radio Francia Internacional, el Instituto de Cultura y la Casa de América Latina de París en 1990. A su vez este cuento fue la base para el guión del filme cubano *Fresa y Chocolate* (de Tomás Gutiérrez Alea, 1993).

[6] Entre otros han trabajado sobre el cuento cubano Salvador Bueno, Ambrosio Fornet, Salvador Arias, Rogelio Rodríguez Coronel, Marilín Cámara, Leonardo Padura, Francisco López Sacha, Arturo Arango, Alberto Garrandés, Sergio Chaple.

[7] Las antologías de cuentos han sido lo suficientemente favorecidas, como para que cualquier lista sea abrumadora y requiera en este caso un trabajo diferente y referativo.

Cuba, con una perspectiva unificadora. El éxito de la antología fue inmediato, y este año (1999) ha aparecido una segunda edición, al tiempo que la editorial norteamericana Beacon Press acaba de publicar *Cubana*, otra antología del cuento escrito por mujeres en Cuba, que ha realizado también Mirta Yáñez, mientras ya tiene en prensa una tercera para España.

La intensa labor de crítica, promoción y compilación efectuada por Mirta Yáñez, así como su propia obra narrativa, se inscriben en los trabajos iniciáticos de las estudiosas antes señaladas, y evidencian que actúan dentro de la narrativa breve, organizando el cuento escrito por mujeres como una *serie*, historiando las etapas y realizando ajustes generacionales y, en alguna medida, al propio tiempo que describen, enumeran y califican, se produce también una escritura con ira, evidente en el prólogo de Mirta Yáñez a *Estatuas de sal*, en tanto que se pronuncia desde un «déficit» de atención y recepción.[8]

Las cuentistas no han sido ni son tantas. Ésta podría ser una afirmación también válida para otros países de Latinoamérica, si se piensa por ejemplo en la obra tutelar y mucho tiempo solitaria de Clarice Lispector en Brasil. Resulta significativo que Luisa Campuzano anote en su cuidadoso estudio numerosos títulos de narrativa infantil y testimonial entre 1960 y 1980, lo que desde otra perspectiva se puede leer como una dedicación de la subjetividad femenina a una escritura maternal o confidencial y de reafirmación de la identidad, sin contar con las narrativas femeninas para radio y televisión, que problematizarían el análisis con una nueva dimensión, pero sugestiva desde las actuales aperturas del canon literario.

Aún dentro de las carencias editoriales, a partir de la década de los 80 aparecieron libros o cuentos antologados o en revistas especializadas, promovidos muchas veces por los concursos literarios de la Unión de Escritores y Artistas de Cuba, Casa de las Américas, Revista *UNIÓN* o *Revolución y Cultura*.

María Elena Llana (*1936), que desde 1965 no publicaba un libro de cuentos, dio a conocer en 1983 *Casas del Vedado*; Evora Tamayo (*1940), ese mismo año, *Fumando en pipa y otras costumbres*; y Chely Lima (*1957), junto con Alberto Serret, *Espacio abierto*.

Entre 1987 y 1989 publicaron libros Excilia Saldaña (*1946), Rosa Ileana Boudet (*1947), Mirta Yáñez (*1947), Daína Chaviano (*1957), Aida Bahr (*1958) y Verónica Pérez Konina (*1968). Todas ellas, menos Verónica Pérez

---

[8] Ver "Y, aunque la prosa de Dulce María Loynaz o la de Lydia Cabrera no han sido todavía suficientemente publicadas o divulgadas, su lectura de trasmano da prueba de que la reflexión filosófica, el dominio del mundo objetivo, la recreación de los mitos o la fantasía no son «sólo para hombres», como antaño lo fuera el Teatro Alhambra. La búsqueda de la identidad ha sido una inquietud y un desafío para todos, y dentro de esos desvelos, las narradoras cubanas como la bíblica *Mujer de Lot*, aun corriendo el riesgo de convertirse en estatuas de sal, han abierto los ojos y miran... y cuentan." Bobes/Yáñez 1996, p. 38.

Konina, tenían una obra publicada como narradoras, actividad que en muchos casos compartían con el periodismo y la poesía. En los últimos años se dieron a conocer como narradoras a través de libros: Marilyn Bobes (*1955), Josefina de Diego (*1951), Nancy Alonso (*1951) y Adelaida Fernández de Juan (*1961). Esta presentación, seguramente incompleta, sólo quiere ser ejemplar. Otras escritoras de cuentos no han alcanzado a publicar un libro propio y sólo aparecen en antologías y revistas, como es el caso de Ena Lucía Portela (*1972), cuya garra narrativa la hace aparecer como una promesa de la literatura cubana.[9]

El espectro temático es muy amplio, pues las escritoras se adentraron en el cuento policiaco, fantástico, la ciencia ficción, las tradiciones afrocubanas, el internacionalismo, las relaciones de pareja, la familia, el sexo, experiencias movilizativas de la alfabetización, las becas, la recogida de café, la emigración. A pesar de las diferencias generacionales y los cambios experimentados en Cuba, en ellas prevalecen los motivos de la experiencia y la prueba, y una defensa de valores morales y afectivos, sobre todo, defensa de la autenticidad, enfoque con el que litigan enfrentándose a la hegemonía del poder patriarcal. Cerco que opera sobre la escritura con condicionamientos genéricos e ideológicos.

En todo caso, las narradoras han mantenido una reflexión cautelosa que asegura en primera instancia los términos de su liberación femenina. En el horizonte temporal de 1975, Mirta Yáñez, en su libro *Todos los negros tomamos café*, creaba a una narradora intradiegética, de lenguaje borbotante y combativo, con la que remoraba, posiblemente diez años antes, el momento de salir del mundo privado hacia el público, que ofrecía como espacio de formación la Revolución:

> Y si despúes la regla, la menstruación se retrasa un mes, dos meses, qué va a pensar la familia de esta hija que ha corrido la amenaza de perder la honra por ir a un trabajo voluntario. Porque aunque no se diga, la honra ni se toca, ni se ve, sólo se pierde. Y dónde buscarla, dónde ir, dónde reclamar. No será la primera que muy modosita ha salido de su casa y ha regresado, en el mejor de los casos, con una barriga. Entonces, qué espanto. La familia completa le ha virado la espalda. Los vecinos se han dado gusto murmurando, la niña se ha convertido en la comidilla del barrio. ¿A esto qué argumento oponer? ¿Cómo puedo saber yo en agosto si la regla vendrá puntual en octubre, en diciembre, en todos los meses sucesivos? ¿Qué contratos puedo darle a mi madre para poner a buen recaudo la honrilla de la familia? Qué acuerdo tan extraño firmar para ir sola-

---

9 Sobre los nombres mencionados: Evora Tamayo (*1940): *Fumando en pipa y otras costumbres* (1983); Excilia Saldaña (*1946): *Kele-Kele* (1987); Rosa Ileana Boudet (*1947): *Este único reino* (1988); Mirta Yáñez (*1947): *La Habana es una ciudad bien grande* (1980), *El diablo son las cosas* (1988); Nancy Alonso (*1951): *Tirar la primera piedra* (1995); Josefina Diego (*1951): *El reino del abuelo* (1993); Marilyn Bobes (*1955): *Alguien tiene que llorar* (1995); Gina Picart (*1956): *La poza del ángel* (1990); Chely Lima (*1957): *Monólogo con lluvia* (1980), *Espacio abierto* (1983); Daína Chaviano (*1957): *Amoroso planeta* (1982), *Cuentos de hadas para adultos* (1986); Aida Bahr (*1958): *Hay un gato en la ventana* (1984), *Ellas de noche* (1989); Adelaida Fernández de Juan (*1961): *Dolly y otros cuentos africanos* (1994); Verónica Pérez Konina (*1968): *Adolesciendo* (1988).

mente a la recogida de café. Romperse el alma trabajando cuarenta y cinco días, y todavía asegurarse de tener todas las funciones en su sitio, con todas las glándulas que respondan a tiempo. Ninguna deficiencia en el organismo que provoque las iras de una familia decentísima como la mía. Combatir las miradas suspicaces de los temibles vecinos de mi madre. Qué manera de joderle la vida a uno, me digo.[10]

Los cuentos de este libro, como es el caso del que se cita, revelan el tránsito del universo privado al público y, experiencia y prueba, comienzan con el debate familiar. Madre, familia, moral y opinión ajena, ofrecen los términos de sentido dentro de una diégesis que refiere apasionadamente la salida del mundo privado al público, aún a costa del desarraigo de la madre. Significativamente el mundo materno opera en este cuento como centro estructurador del espacio privado de la hija y a su vez, como oponente y lugar de debate y negación.

Todos los negros tomamos café es un libro que ejemplifica ese tránsito femenino hacia una épica colectiva de realizaciones sociales. Como los demás libros de Mirta Yáñez, también éste ofrece con claridad el tránsito del tiempo y el sutil cambio de perspectiva que se ajusta a un nuevo contrato de escritura, en el cual el enjuiciamiento puede convertirse en un ajuste de cuentas. En su libro de 1988, *El diablo son las cosas*, una mujer adulta evalúa su vida con acento confesional y autorreflexivo. Reconoce su éxito social, su profesionalismo, pero se pregunta por sus sueños y apetencias más íntimas:

Cuando llegué a la casa tuve tiempo de pensar dos cosas más. Ésta es una de ellas: en una escala de tren, veinte años atrás no fui capaz de aprehender el mensaje correcto. Y ésta es la otra: me había pasado embistiendo la vida, sin verla. Estuve en un cónclave científico en Canadá y no escuché las cataratas; cuando visité París, olvidé la buhardilla de Juan Cristóbal; en Leningrado no me alcanzó el plan para recorrer el Palacio de Invierno; prefería mi automóvil a las balsas, los trineos y los camellos; en cuanto a las palomas de la Plaza de San Marcos, reconozco que me dieron bastante quehacer para evitar que mancharan mi vestido nuevo [...].[11]

En este caso, un nuevo contrato se establece, el cual impide el regreso al universo privado, una vez afirmada en su profesionalismo; regresa a su espacio interior como una complementación del espacio público, ajustando su subjetividad, interrogándola, dándolo preeminencia. La defensa de su imaginario produce un reajuste entre el pasado y el presente, lo soñado y la realización. Una vez realizadas las pruebas de la formación profesional y social de esa mujer, no necesita confirmar su independencia como individuo social, sino su espiritualidad femenina, trazada en relación con una cultura libresca de infancia, desde la cual modeló sus metas y organizó, en parte, sus valores espirituales.

---

[10] Yáñez 1976, pp. 83s.

[11] Yáñez 1988, pp. 42s.

En ese cambio de perspectiva hacia el interior, sin abandonar el espacio público, se inscribe el libro de Marylin Bobes, *Alguien tiene que llorar*, el cual ausculta los temas ocultos, los problemas de sexo, la arquitecta frustrada por la construcción en serie de edificios, la envidia entre amigas, hasta la muchacha que se casa con un francés sin amor, por salir de Cuba, mientras confiesa en una carta su propio dilema entre la añoranza de su país y la imposiblidad de seguir en él:

> Si en Cuba hubiera cosas y se acabaran los apagones sería un país mil veces mejor que este Tulús, lleno de gente egoísta y mala, que lo miran a uno por lo que tiene y no por lo que vale [...].[12]

Estos conflictos pertenecen no sólo a las conquistas de género, sino de la época literaria y social y revelan un discurso crítico en la narrativa breve, expresado con realismo, linealidad y poca o ninguna experimentación. En ellos los juicios sobre la realidad social pasan por la criba de los sentimientos en sujetos con conflictos por consideraciones existenciales y socialmente determinadas.

Posiblemente uno de los cuadernos más recientes que acometen con acento testimonial y axiología bíblica la realidad es el de Nancy Alonso: *Tirar la primera piedra*, de 1997. La escritura es amarga y desgarrada, no se pregunta por los sueños, en este caso constata cómo han sido maltratados, ni por las profundas contradicciones morales y afectivas que se producen entre pasado y presente. En el último cuento, «El séptimo trueno», enlaza la frustración amorosa y la emigración masiva de los «balseros»: un sujeto femenino, confidencial e intimista, espera en la costa el regreso de la balsa frustrada mientras se convence de que "supe la respuesta a la pregunta: sí quedará la huella de esta historia porque voy a escribirla."[13]

En ese sentido, Nancy Alonso evidencia el impulso narrativo: el escribir como testimonio y memoria, como acto liberador en la escritura, se expresa en estos cuentos como una estrategia doble, para los dobles cercos que acechan la escritura femenina.

El discurso de estas narradoras asalta doblemente el cerco hegemónico, se hace sentir como escritura femenina y como juicio crítico sobre la sociedad cubana actual, aunque su asalto está juiciosamente medido por la posibilidad, como lo evidencia el hecho de que la mayoría de los libros hayan alcanzado premios o menciones en importantes concursos nacionales.

Otro cerco acecha a las narradoras cubanas de la Isla, y es el poco conocimiento que se tiene de su escritura en los círuclos literarios internacionales, a pe-

---

[12] Bobes 1995, p. 67.
[13] Alonso 1997, p. 79.

sar de sus éxitos, premios y esfuerzos de publicación, como los antes citados. El perfil de las narradoras cubanas se conoce fuera de Cuba por el que ofrecen algunas pocas que residen en el extranjero y que han alcanzado éxito editorial en un peligroso equilibrio con las demandas del mercado y los tópicos típicos del *boom* de la narrativa femenina, entre comida, música, sexo y narrar en contra, mostrando un lugar de emisión transgresor, que a la larga se va haciendo retórico.

Romper los sucesivos cercos, instalarse en la recepción, tal vez cómplice, de sus estrategias, son gestiones que se producen al unísono con la conformación de la serie del cuento femenino en Cuba para legitimar su presencia y su calidad y demandar el reconocimiento de su autoridad discursiva y su capacidad de narrar.

Referencias bibliográficas

Alonso, Nancy: *Tirar la primera piedra*. La Habana 1997.

Araújo, Nara (ed.): *Viajeras al Caribe*. La Habana 1983.

Araújo, Nara: *El alfiler y la mariposa*. La Habana 1997.

Bobes, Marilyn: *Alguien tiene que llorar*. La Habana 1995.

Bobes, Marilyn/Yáñez, Mirta (eds.): *Estatuas de sal*. La Habana 1996.

Campuzano, Luisa: La mujer en la narrativa de la Revolución. Ponencia sobre una carencia. En: Campuzano, Luisa: *Quirón o del ensayo y otros eventos*. La Habana 1988, pp. 66-104.

Garrandés, Alberto (ed.): *Poco antes del 2000*. La Habana 1997.

Gómez de Avellaneda, Gertrudis: *Diario de amor*. La Habana 1981.

Luna, Lola: *Leyendo como una mujer la imagen de la mujer*. Sin lugar, 1996.

Montero, Susana: *La narrativa femenina cubana*. La Habana 1989.

Yáñez, Mirta: *Todos los negros tomamos café*. La Habana 1976.

Yáñez, Mirta: *El diablo son las cosas*. La Habana 1988.

Yáñez, Mirta (ed.): *Cubana*. Boston 1998.

La re-escritura de la novela policíaca cubana

Martin Franzbach (Bremen)

Una de las consecuencias visibles que el «período especial» ha tenido para la literatura cubana es la re-escritura de la novela policíaca. Por ella entiendo una inversión radical de la ideología, hasta entonces afirmativa del sistema político, expresada por este género, para, en adelante, poder competir con un estilo y paradigmas nuevos en el mercado capitalista del libro.

Los propios autores, que, desde la tutela estatal de este género a comienzos de los años 70 –también un producto del «Quinquenio Gris»–, cumplieron una función eminentemente didáctica, critican ahora no sólo su obra anterior, y con ello indirectamente el sistema, sino que tratan de conquistar un puesto en la competencia del mercado internacional del libro. En cualquier caso, los libros de los autores –lo mismo de escritores que continúan viviendo en la isla o residen en el extranjero– que critican el sistema, ya no aparecen en su primera edición en el mercado cubano.

Estos textos son interesantes para la investigación por varias razones:

- revelan las restricciones políticas a que está sometido este género en Cuba;
- muestran también las posibilidades y limitaciones de la temática policíaca cubana para darse a conocer en el mercado internacional del libro;
- por último, en muy pocos casos hacen una referencia expresa a las utopías o, al contrario, participan en la destrucción de los mitos del socialismo cubano.

En los casi 28 años de existencia –hay que partir de unos 150 textos en prosa (novelas y cuentos) y de algunas obras de teatro policíacas– este género ha caído, según la opinión general, en varios callejones sin salida:

- Las pretensiones didácticas conducían, en las obras de calidad deficiente, a la creación de clichés simplificados y confrontaciones dudosas de héroes u organismos positivos o negativos. Así se formulaba ya, p. ej., en las condiciones para acceder al primer concurso de este género en 1972, convocado por el MININT: "serán un estímulo a la prevención y vigilancia de todas las actividades antisociales o contra el poder del pueblo."[1]
- Aunque la historia de la Cuba revolucionaria ofrecía una profusión de temas policíacos reales, tales temas se reducían en el fondo siempre a los mismos esquemas, o

---

[1] Cristóbal Pérez 1979, pp. 5s.

Janett Reinstädler/Ottmar Ette (eds.):
Todas las islas la isla. Nuevas y novísimas tendencias en la literatura y cultura de Cuba.
Frankfurt a.M. – Madrid: Vervuert – Iberoamericana 2000, pp. 69-77.

bien de novelas de espionaje (la CIA contra las organizaciones de masas cubanas siempre en estado de alerta) o de crímenes comunes.

- De esta forma, el «suspense» y el final de la historia tomaban un rumbo ya conocido de antemano, con lo que se perdían dos rasgos esenciales de la novela policíaca: el final abierto y la conservación del enigma hasta el último momento.

- El intento de ilusionar, a través de la lectura de literatura policíaca, a un número cada vez mayor de lectores por una literatura más ambiciosa, fracasó rotundamente porque el carácter predominantemente de pasatiempo de esta literatura le asignó la función de ser un objeto de fácil consumo.

El preludio al canto de cisne de la novela policíaca cubana tradicional fue la autocrítica de Daniel Chavarría y Justo E. Vasco (que hoy vive en Gijón, en España), los dos autores policíacos cubanos más conocidos, como aparece en el prólogo a su novela policíaca *Contracandela* (1995), basada en un episodio de *Primero muerto...* (1988), de ambos autores. *Contracandela* fue publicada en España gracias a la intervención de Paco Ignacio Taibo II.

En la autocrítica, digna de leerse, los autores exponen su opinión sobre la técnica de trabajo esquemática empleada por ellos hasta entonces y orientada según las instrucciones de aquellas instituciones que auspician los premios:

> [...] un enfoque didáctico de la lucha contra el delito en Cuba, así como un tratamiento laudatorio de las fuerzas que, en la isla, se enfrentan al delito y a los delincuentes.[2]

Al referirse a la edición cubana de *Primero muerto...*, Chavarría y Vasco citan las opiniones críticas de sus amigos:

> [...] el triunfo de la ley sobre Tony Santa Cruz, su captura, condena y ejecución, no significaban el triunfo de la justicia en su esencia ética. El personaje, que a lo largo de la novela comenzaba a dignificarse y a rechazar su animalidad de lumpen acorralado, era el único, y el menos culpable, en quien se centraba el castigo de la sociedad. En fin, Tony Santa Cruz era víctima del «enfoque didáctico» y el «tratamiento laudatorio de los agentes del orden».[3]

La novela *Contracandela* se divide en tres partes. En el centro de la obra figura el hallazgo de unos raros doblones de oro del año 1598 que rescata del fondo del mar el pescador Antonio (Tony) Santa Cruz, quien trata de venderlos a los EE.UU. a través de unos intermediarios. Sus esperanzas las tiene depositadas en Margaret Gaylord, una corresponsal de Miami, que, como «puta-asesina», no es sino un producto frustrado de la fantasía erótica de los autores. La segunda parte son las confesiones de Gaylord. Andrés Jesús Calahorra, el empleado corrupto de *Primero muerto...*, vuelve a aparecer en la novela. Su asesinato en la gruta submarina, a manos de Tony, es expuesto aquí con todo lujo de detalles.

---

[2] Chavarría/Vasco 1995, p. 7.

[3] Chavarría/Vasco 1995, p. 7.

El punto dramático culminante de la obra es la salida ilegal, en un yate, de Margaret, Tony y su madre, desde el puerto de Mariel para huir a EE.UU. Movida por la codicia, Margaret se desembaraza en alta mar de los cómplices de la conjura, pero Tony es después encontrado con vida y salvado. Al perder el habla, se le llamará en adelante, en la tercera parte, El Mudo, y es encarcelado 8 años por huir ilegalmente y asesinar a su madre. 11 años más tarde, en 1991, tras haberse casado con Elena, una jinetera, vuelve a los EE.UU. donde, después de haber rastreado hasta extremos increíbles la pista de Margaret y su amante, los asesina, vengándose así de su desengaño.

Las fuerzas de seguridad del Estado cubano están condenadas a la pasividad. Los personajes se toman la justicia por su mano y persiguen sus propios intereses. Con la pareja Tony Santa Cruz y Margaret Gaylord, los autores han conseguido crear un dúo de asesinos que no tiene parangón en la literatura policíaca cubana. En el centro de la obra aparecen única y exclusivamente los crímenes, que sólo son expiados por los interesados como en las novelas del oeste.

En la editorial barcelonesa Cims, Justo E. Vasco publicó en 1998 *Mirando espero*, una visión crítica de la Cuba oficial. El asesinado es un inválido, fumador de marihuana. El policía Rolando Cartaya es un desilusionado de una sociedad falsa e hipócrita, llena de contradicciones y sin perspectiva real.

El expresivo título *Mirando espero* simboliza la actitud de muchos cubanos: quien espera, desespera. Cuatro asesinatos en una zona muy pequeña de La Habana (el de un travestí que opera en la RDA, el de un zapatero que trafica con drogas, el de un ladrón y el de un fotógrafo porno) exceden a la inteligencia de Rolando Cartaya (1952-1994), un simple agente de la policía con una carrera frustrada, que finalmente es asesinado por el criminal invisible. Como consecuencia, su amante, la jinetera Ana Alicia, se suicida. En el cementerio de Colón, de La Habana, coinciden los dos cortejos fúnebres, tan dispares uno del otro: las palabras huecas de la funesta grandilocuencia burocrática, entre honores militares, pronunciadas por el capitán Rolando Cartaya, y la escena picaresca del mundo galante de la prostitución, que recuerda el final del film *Guantanamera* y que representa una parodia del eslogan «Socialismo o Muerte». Sólo la muerte le devuelve al individuo la libertad que le negó el socialismo:

> El coche fúnebre echó a andar lentamente, seguido por una comitiva de senos protuberantes, nalgas revoltosas, muslos que agredían la serenidad del cementerio al tensarse bajo las minifaldas de colores, cuerpos felinos incapaces de ocultar su destino de mercancía complaciente. Delante, donde deberían marchar los atribulados padres, caminaban dos jineteras visiblemente compungidas. Al final [...] seguían los chóferes de los taxis para turistas, amigos y compinches de negocios de la difunta. Más nadie [...]. Porque se puede ser puta sin

ser hijaeputa [...]. Y aunque la puta sea la hija, nada impide que los padres, incapaces de acompañarla en su último recorrido, sean los hijoeputas [...].[4]

El interés de la obra no está en descifrar quién es el asesino –pues la historia es narrada desde su perspectiva– sino cuándo será atrapado. Si en la novela policíaca tradicional de Cuba el malhechor recibe siempre su merecido castigo al final de la historia, aquí en cambio el asesino resulta vencedor sobre el aparato policíaco, huyendo astutamente a Miami mientras el funcionario muere violentamente.

Este texto es notable por varias razones: el mundo del jineterismo es descrito sin disfraces y revalorizado socialmente por la amistad de la jinetera con el capitán. Las fantasías grandilocuentes, eróticamente pródigas y machistas, suponen sin duda una concesión comercial al gusto del lector extranjero pero, a la vez, rompen con los tabúes de la gazmoñería que ha caracterizado hasta ahora la novela policíaca cubana.

Las descripciones sobre el doble discurso y la crítica de las estructuras del poder en Cuba ocupan un amplio espacio en la obra. El doble discurso es patente, en especial, cuando se hace alusión a la hipocresía de la élite burocrática, que predica una cosa y hace lo contrario. La delincuencia de esta élite está a la orden del día y reside en su corruptibilidad. Incluso la esposa del coronel se da a la prostitución y cae en las redes de la criminalidad, pero al caso se le echa tierra por encima en las altas esferas.

En la caracterización del mayor, el superior de Cartaya, se evidencia visiblemente la *dolce vita* de esta élite del poder:

> [...] uniforme bien planchado, limpiecito [...]. El Seiko en la muñeca izquierda, reluciente. Por el bolsillo de la camisa asoman dos habanos, de capa clara [...]. Y un leve efluvio de algún *after-shave* de buena marca.[5]

Por el contrario, el capitán Cartaya fuma simplemente *Populares*, aunque el mayor le ofrece un *Montecristo* superfino, que saca de una caja de madera tallada, que guarda en una gaveta. El CDR confirma incluso la extraordinaria biografía heroica de uno de los asesinados, un traficante de drogas: "fue revolucionario cuando Batista, puso bombas y quemó caña por Matanzas, fue oficial del Ejército Rebelde en el 59."[6] El pirotécnico define sarcásticamente el sistema: "Realismo socialista a pulso. Realismo, porque las cargas van a sonar sabroso, sabroso de verdad, y socialista porque no se puede repetir la toma más de una vez."[7]

---

[4] Vasco 1998, pp. 196s.
[5] Vasco 1998, p. 13.
[6] Vasco 1998, p. 16.
[7] Vasco 1998, p. 50.

También la crítica de las instituciones es inflexible: la información unilateral y sin matices de los medios de difusión que embrutecen al pueblo, la falsa petulancia del poder de la seguridad con un ejército inquisidor de «segurosos», el Partido Comunista ("esa cofradía aburrida, hipócrita y sumisa"[8]), los CDR y la política sexual:

> El mundo del sexo cubano, al menos el mundo oficial, había estado regido durante décadas por dogmas casi bíblicos: la población se dividía en hombres bien machos y mujeres bien hembras. Los demás, o no existían, o eran traidores a su sexo y, por consiguiente, poco confiables.[9]

Tampoco Vasco renuncia a un juicio severo de las UMAP:

> [...] ensayo de campos de concentración donde se mezclaban homosexuales, vagos habituales, bautistas, vaciladores sin oficio conocido, adventistas del séptimo día, oficiales castigados del ejército rebelde, testigos de Jehová, funcionarios sospechosos de malversación [...].[10]

La novela policíaca cubana, editada después de 1990 en su mayor parte en el extranjero, es muchas veces una réplica al género publicado en Cuba, tratando de esta forma de escapar al esquema y a la monotonía maniquea bien visible en los malos ejemplos de la novela policíaca aparecida en la isla. Sus textos se concentran en los nuevos crímenes de delito común (drogas, jinetería etc.) y cada vez menos en temas de espionaje, e incluso se critican los fenómenos sociales. Por otro lado, los autores consiguen, si bien sólo de cierta manera, crear temas y personajes realmente originales dentro del ambicioso contexto de la prestigiosa novela policíaca internacional.

Otro ejemplo de esta nueva orientación es la tetralogía *Las cuatro estaciones*, iniciada por Leonardo Padura Fuentes con *Pasado perfecto* (1991), a la que siguieron *Vientos de cuaresma* (1994, Premio de novela UNEAC, 1993), *Máscaras* (1997, Premio de novela Café Gijón, España 1995, Premio Dashiell Hammett, 1998) y *Paisaje de otoño* (1998). El autor, narrador, ensayista, periodista, guionista de cine y antologista, es una de las figuras más destacadas del mundo actual de las letras cubanas.

En la novela *Paisaje de otoño*, que cierra el ciclo de la tetralogía, Padura Fuentes describe todo el desengaño de su generación a través de la figura, parcialmente autobiográfica, del policía Mario Conde, un testigo de la sociedad de su tiempo. Mario Conde, el protagonista de las cuatro novelas, es

> [...] un apetecible soltero de treinta y seis años, ex policía, prealcohólico, pseudoescritor, cuasiesquelético y posromántico, con principios de calvicie, úlcera

---

[8] Vasco 1998, p. 119.

[9] Vasco 1998, p. 159.

[10] Vasco 1998, p. 161.

depresión y finales de melancolía crónica, insomnio y existencias de café, dispuesto a compartir su cuerpo, fortuna e inteligencia con mujer blanca, negra, mulata, china o árabe no musulmana, capaz de cocinar, lavar, planchar y, tres veces a la semana, aceptar sus buenas faenas de amor.[11]

Este antihéroe tiene que resolver en tres días un caso escabroso para poder obtener su baja en el servicio o la carta de liberación, porque quiere retirarse de la vida de policía. Su labor es buscar al asesino de Miguel Forcade Mier, el cadáver mutilado de un cubano con ciudadanía norteamericana que había venido a visitar a su familia en La Habana. En los años 60 Forcade Mier fue segundo jefe de la dirección provincial de Bienes Expropiados, y era subdirector nacional de Planificación y Economía cuando decidió quedarse en Madrid en 1978, en una escala de regreso de la Unión Soviética.

En el complot del asesinato están implicados su mujer Miriam, 20 años más joven que Forcade Mier, el hermano de ella, Fermín, y Adrián Rivero, el antiguo amante de su mujer. Los motivos del crimen son una estatua enterrada de un buda de oro, de valor incalculable, y los celos por parte de Adrián Rivero.

La decisión del simple agente Mario Conde de rechazar el sistema resulta de la comparación entre los privilegios de la antigua y la nueva élite en el poder, y el nivel miserable de vida de él mismo. La huida al extranjero de muchos funcionarios en el pasado y la del asesinado Miguel Forcade Mier tienen su paralelo en la huida de Conde hacia su vida privada, un «insilio» voluntario, con el fin de salvar su propia dignidad.

La corrupción de la élite en el poder, que, con "traiciones, fraudes, persecuciones, mentiras e imposturas de todo tipo"[12], había apoyado siempre esta farsa llamada Revolución, está descrita de modo estremecedor. Sobre todo la caza de brujas de los últimos años y el catálogo de los errores traumáticos cometidos por la Revolución y sus responsables, desde el sectarismo de los años 60 hasta la intimidación de la población por medio de las campañas de los años 90, le hace reflexionar desilusionadamente a Conde:

> Con gentes así había convivido el Conde, en la misma ciudad, en el mismo tiempo, en la misma vida, viendo a los Forcade, los Gómez, los Bodes desde la perspectiva diminuta a la cual lo habían confinado a él y a otros tantos pobres tipos como él, ellos arriba, los otros abajo, ellos entre lámparas de Tiffany's, cuadros de Matisse [...] residencias intercambiadas [...], millones potenciales y reales en sus manos y actuando como jueces implacables en los tribunales de la pureza ética, ideológica, política y social [...] y esos, «otros», maniatados y silenciados, sufriendo la enfermedad crónica e incurable de vivir en un solar [...].
> ¿Y tú, Mario Conde?[13]

---

[11] Padura Fuentes 1998, p. 237.
[12] Padura Fuentes 1998, p. 200.
[13] Padura Fuentes 1998, p. 201.

Esta comparación va más allá de cualquier frustración, sea profesional, personal o política, en el seno de una sociedad cerrada tanto interior como exteriormente. La conciencia de pertenecer a una generación de víctimas, manipulada por intereses ajenos y que hoy ha renunciado a seguir la línea del sistema, puede expresarse en la ira y la tristeza de una Zoé Valdés (*1959) o en el análisis resignado de Padura Fuentes (*1955):

> Porque tú sabes que somos una generación de mandados y ése es nuestro pecado y nuestro delito. Primero nos mandaron los padres, para que fuéramos buenos estudiantes y buenas personas. Después nos mandaron en la escuela [...] y nos mandaron a trabajar después, porque ya todos éramos buenos y podían mandarnos a trabajar donde quisieran mandarnos a trabajar. Pero a nadie se le ocurrió nunca preguntarnos qué queríamos hacer [...], sin preguntarnos ni una cabrona vez en la repuñetera vida si eso era lo que queríamos hacer [...]. Desde el círculo infantil hasta la tumba del cementerio que nos va a tocar, todo lo escogieron, sin preguntarnos nunca ni de qué mal nos queríamos morir [...]. Nos dijeron que históricamente nos tocaba obedecer [...].[14]

Este análisis de Mario Conde, lleno de amargura, se puede interpretar como una declaración de bancarrota de las consignas y lemas propagados por el socialismo, pero se puede valorar también como una reflexión sobre las alternativas para proyectar una vida futura más libre, sin coacción estatal. Mario Conde quiere retirarse a un *locus amoenus* para escribir: "Y porque quiero tener una casa frente al mar para ponerme a escribir. Quiero escribir una historia escuálida y conmovedora."[15] Re-escritura de la memoria. Escribir como terapia y superación del pasado, pero, a la vez, como legado destinado a las futuras generaciones para que no se repitan faltas y dogmatismos.

No en vano, paralelamente a la acción de la novela, aparece un ciclón sobre el Caribe que amenaza a Cuba, desatándose en toda su violencia al final del libro. La potencia destructora del ciclón obliga a crear un mundo nuevo. ¿Cómo será ese mundo para Cuba? ¿Y a qué se podría parecer? Sobre este punto, las opiniones discrepan. En algunas páginas de la novela se hace alusión, siguiendo el ejemplo de la religión, al diálogo del perdón, pero al final se dice: "No, mi hermano, hay cosas que no se pueden perdonar, y tú lo sabes..."[16]. De esta forma, la novela puede interpretarse como una radiografía de la impotencia de gran parte de la inteligencia cubana en la actualidad.

El hecho de que los autores cubanos más conocidos de la novela policíaca, como Chavarría, Vasco y Padura Fuentes, publiquen en la actualidad primero sus textos en el extranjero para garantizar así su supervivencia material, ¿no es

---

[14] Padura Fuentes 1998, pp. 25s.
[15] Padura Fuentes 1998, p. 228.
[16] Padura Fuentes 1998, p. 89.

un signo del fracaso de este género literario en Cuba? ¿No ha cavado esta literatura su propia fosa por la insistencia de su papel didáctico, afirmativo y siempre fiel a los principios de la Revolución?

Estos textos reflejan no sólo la liquidación del proyecto socialista de la Revolución, al renunciar a los principios igualitarios postulados, principios que jamás existieron en la Revolución, ni siquiera en su luna de miel; son testimonio además de la formación de una nueva sociedad clasista que, probablemente, germinó ya en los años 60 al sustituir el proletariado por el «hombre nuevo».

Como Herbert Marcuse expresó, la educación del «hombre nuevo» refleja

la necesidad de incorporar grandes masas de hombres incultos a un nuevo sistema social; la necesidad de crear una fuerza de trabajo bien formada y disciplinada que esté en condiciones de invertir fuerza legal ética en la eterna rutina de la cotidianeidad laboral y producir de forma cada vez más racional cantidades cada vez mayores de bienes materiales [...].[17]

Sería una tarea interesante comparar la crítica de la pérdida de valores de la Revolución cubana en la literatura de los años 90 con la crítica de la corrupción de la burguesía del «Ancien Régime», antes de 1959, en la literatura cubana de los años 60 y 70. Estoy pensando en textos como *La situación* (1965), de Lisandro Otero, en *La búsqueda* (1965), de Jaime Sarusky, en una trilogía de Noël Navarro, en narraciones y novelas de Julio Travieso, en *Nocturno de bestia* (1978), de Joaquín Santana, y otras obras.

La crítica de la degeneración de la burguesía aparece ejemplificada, además, en el fetichismo y endiosamiento de los bienes materiales, en la prostitución del cuerpo y en la forma de vida parasitaria. No es casual que circulen en Cuba en la actualidad parodias de los famosos poemas «Tengo» y «Los burgueses», de Nicolás Guillén. La poesía de Raúl Rivero, publicada en el extranjero, refleja de la forma más radical este desencanto.

Entretanto, en grandes sectores de la nueva clase revolucionaria se hacen patentes síntomas de la vieja clase depravada, de manera que sería necesario reescribir los versos de Nicolás Guillén, en «Los burgueses», incluidos en *La rueda dentada* (1972):

No me dan pena los burgueses
vencidos. Y cuando pienso que van a darme pena, aprieto bien los dientes y cierro bien los ojos.
Pienso en mis largos días sin zapatos ni rosa
[...]
Pienso en mis largos días con mi piel prohibida
Pienso en mis largos días
[...]

---

[17] Marcuse 1969, p. 225.

Pero además, pregúnteles.
Estoy seguro
de que también recuerdan ellos.[18]

Referencias bibliográficas

Cristóbal Pérez, Armando: *La ronda de los rubíes*. La Habana 1979.

Chavarría, Daniel/Vasco, Justo E.: *Contracandela*. Barcelona 1995.

Guillén, Nicolás: *Obra poética* (1958-1972). Vol. 2. La Habana 1974.

Marcuse, Herbert: Die Gesellschaftslehre des Sowjetmarxismus. Neuwied/Berlin ²1969.

Padura Fuentes, Leonardo: *Paisaje de otoño*. Barcelona 1998.

Vasco, Justo E.: *Mirando espero*. Barcelona 1998.

---

[18] Guillén 1974, pp. 289s.

Lo marginal en los novísimos narradores cubanos: estrategia, subversión y moda

Iván Rubio Cuevas (Oviedo)

En 1988 se publica en *La Gaceta de Cuba* un artículo de Salvador Redonet Cook en el que se cita a un grupo de nuevos autores que estaban dispuestos a tomar "el cuento por asalto"[1]. Era la primera referencia a los que, poco después, serían conocidos como los «novísimos». Nueve años más tarde, en una entrevista poco difundida y concedida a una revista de Buenos Aires, el mismo Redonet, ya convertido en el máximo valedor, editor y difusor de estos narradores, sorprendía al insinuar que la función de los novísimos quizás ya había sido completada y agotada:

> Según el crítico los novísimos ya cumplieron una función socio-cultural y como suele suceder, crearon su propia retórica. ¿Tan jóvenes?, podría preguntarse el lector. Y es que cuando el discurso literario se subordina a otros intereses termina ahogándose en los estrechos límites que se propuso.[2]

¿Qué ha ocurrido en esos diez años para que se produzca este cambio de actitud? Podemos comenzar por apuntar, de forma provisional, una causa: la idea de tomar el cuento por asalto se llevó a cabo durante más tiempo del que era necesario. Su ruidosa aparición sirvió para derribar con estrépito algunas puertas que estaban cerradas para ellos, pero una vez dentro, en escena, esas estrategias comenzaron a resultar gratuitas y previsibles. Ésta es una forma de decir que, con demasiada frecuencia, se ha abusado del carácter rupturista e iconoclasta de las propuestas narrativas de estos autores. Esta situación se percibe con nitidez al observar el tono empleado por la crítica literaria cubana al referirse a los novísimos. Ya el mismo nombre, si bien en un principio era provisional y trataba de diferenciarlos de los llamados «nuevos» narradores (Senel Paz, Arturo Arango o Abel Enrique Prieto, entre otros) nos proporciona un primer indicio de lo que se pretendía resaltar. Veremos cómo se extiende así una imagen que va a traer importantes consecuencias para la posterior consideración de su obra.

---

[1] Redonet Cook 1988, p. 5.
[2] Alonso Estenoz 1997, p. 4.

Janett Reinstädler/Ottmar Ette (eds.):
Todas las islas la isla. Nuevas y novísimas tendencias en la literatura y cultura de Cuba.
Frankfurt a.M. – Madrid: Vervuert – Iberoamericana 2000, pp. 79-89.

En la última década han aparecido más de cincuenta trabajos sobre los novísimos, incluyendo varias antologías tanto en Cuba, Venezuela, Perú o España. De esas cincuenta referencias, unas cuarenta se ocupan de su carácter novedoso, marginal, transgresor, de su condición joven o incluso adolescente, de sus temas *underground*, de su relación con la contracultura. Abundan calificativos como «iconoclastas», «irreverentes», «rupturistas» o «rebeldes». Un ejemplo de esta presentación nos lo puede proporcionar Luis Manuel García en el primer número de la revista dirigida por Jesús Díaz, *encuentro de la cultura cubana*:

> Los ultimísimos narradores que se han dado a conocer en los noventa bucean en una materia narrativa de reciente adquisición: la marginalidad, insinuándose en ellos (aún incipiente) una narrativa escrita desde cierta contracultura emergente. En ellos la drogadicción, la sexualidad como alucinógeno, la inadaptación, el *heavy rock* y la alienación, conforman una cultura friqui (*neo hippies*) que va a beber directamente de las fuentes de Henry Miller.[3]

Lo cierto es que también pudo influir en todo ello la actitud de los propios novísimos en sus primeras apariciones públicas. Muchos de sus componentes estaban vinculados al movimiento renovador que, desde las artes plásticas, había iniciado un programa de oposición iconoclasta a lo que ellos consideraban «arte establecido» o «institucional». Para ello empleaban ruidosas estrategias de difusión que, con frecuencia, terminaban en escándalo público e intervención policial. Aquí habría que incluir al *Grupo Arte Calle* con sus intempestivas apariciones en actos oficiales de la UNEAC, el *Proyecto Imán* con sus «acciones plásticas» callejeras en la esquina de G y 23 o el aún más polémico *Proyecto Objeto Esculturado* que acabó con la detención del artista Ángel Delgado. Dentro de los novísimos, el colectivo denominado *El Establo*, formado en 1987, se mostró muy cercano a estas acciones, desarrollando sus propias «establadas», *happenings* y otras actividades públicas destinadas, en primer lugar, a hacerse sentir. Ronaldo Menéndez, uno de los más conocidos componentes de este colectivo, reconoce el "tono enérgico, casi pueril"[4] de estas primeras apariciones.

¿Qué consecuencias les ha acarreado esta imagen? En primer lugar no hay que negar que esta irrupción ha despertado la inmediata atención y curiosidad por parte de sectores muy definidos como es el de los estudiantes y del público joven en general así como el de críticos entre los que podríamos citar a Salvador Redonet, Margarita Mateo o Arturo Arango.

Por otra parte, se les ha podido relacionar con movimientos más o menos cercanos en temas y propuestas literarias que se venían manifestando en otros ám-

---

[3] García 1996, p. 125.
[4] Menéndez 1995, p. 49.

bitos geográficos y con los que muestran ciertas afinidades. Me estoy refiriendo a las tendencias que se pueden considerar más contraculturales del *postboom*, como la *Novela de la Onda* mexicana o la llamada *moral walkman* chilena, así como a los europeos incluidos entre los *Jóvenes Caníbales* italianos o los narradores JASP españoles. También sería posible ampliar más el espectro y compararlos con autores de ámbitos postcomunistas con los que considero presentan importantes paralelismos: la narrativa de los rusos Vladimir Sorokin o Nikolai Psurtsev o la llamada «nueva escuela realista» china (*xin xieshi pai*).

Pero, sin duda, las consecuencias negativas son más numerosas e influyentes. Quiero referirme fundamentalmente a tres. En primer lugar, el llamar la atención con desmedida insistencia sobre la faceta más rupturista hace que otras tendencias de los novísimos queden ocultas bajo el aparato del *underground*, cuando lo cierto es que éstas cuentan con una mayor elaboración literaria. La segunda consecuencia es la del propio agotamiento de la referencialidad, del testimonio, al que se ven abocados tras erigirse en cronistas de la contracultura. En último lugar quisiera ocuparme de la comercialización de la etiqueta de «lo marginal» que se está extendiendo en Occidente y que lleva a estos autores a adoptar el rol de joven rebelde e iconoclasta para así seguir siendo incluidos en antologías u otro tipo de publicaciones.

Con respecto al primer punto, habría que decir que la dimensión vinculada a la transgresión, a la marginalidad, es una más dentro de su amplio proceso de renovación narrativa. Aún diría algo más: es quizás la menos interesante y con seguridad la menos lograda artísticamente ya que se suele servir de un realismo bastante plano y simple en el que la atención se dirige, sobre todo, a la materia descrita, a lo experiencial. Lo que ocurre es que, una vez más, lo ruidoso, lo llamativo, lo polémico, oculta tras su parafernalia los matices y los pequeños detalles. No obstante, varios críticos ya han ofrecido distintas clasificaciones de los campos temáticos transitados por estos autores así como de sus actitudes literarias y sus pretensiones artísticas, pero esos intentos suelen estar dominados por su provisionalidad y su carácter informal. Arturo Arango fue el primero que, en 1988, planteó la famosa, y habitualmente rechazada, distinción entre "violentos" y "exquisitos"[5] y, en 1994, "medio en broma y medio en serio"[6], si atendemos a las palabras de sus responsables, Francisco López Sacha y Arturo Arango hablaban de "iconoclastas", "rockeros", "tradicionalistas" y "fabulistas" en una confusa clasificación. Por mi parte, ya he ofrecido en alguna ocasión[7] un intento

---

[5]　Arango 1988, p. 10.
[6]　López Sacha 1994, p. 73.
[7]　Rubio Cuevas (en prensa).

de clasificación inspirado inicialmente en las líneas temáticas descritas por Salvador Redonet en la antología publicada en 1993. Con ciertas matizaciones creo que se puede hablar (muy brevemente) de:

a) Un deseo de experimentar hasta el límite con la materia verbal, tratando de llegar no ya a revelaciones lezamescas, sino a la constatación de su incapacidad para trascender su propia realidad (mostrándose así cerca del concepto de "derroche verbal" de Severo Sarduy).

b) La literatura como tema. Protagonismo de la metanarratividad y de las referencias a otros autores y estilos (ya sea en actitud de homenaje o de evidente parodia).

c) Reapropiación de viejos temas, como el de la contienda bélica, tratados ahora bajo nuevas perspectivas. La campaña de Angola y el desmoronamiento de los grandes valores provocan una revisión, una deconstrucción ya no sólo de esa literatura que exaltaba el combate, sino del propio sistema, del heroísmo.

d) Reflexión ético-filosófica a través de la concisión del microrrelato o de la fragmentación caótica, pero siempre mediante una serie de preguntas que no esperan ninguna respuesta satisfactoria (sobre todo si ésta procede de un discurso totalizante y paternalista).

e) Referencia a realidades inmediatas a través de mitos o temas universales procedentes de la literatura o de la mitología. Encontramos imágenes como la de la tripulación de Ulises que, obligada a taparse los oídos mientras su capitán sufre atado al mástil, trata de proseguir el camino sin escuchar los cantos de sirena procedentes de la costa (clara referencia a la situación actual de la isla y de su líder).

f) Exploración de los intersticios entre la realidad y la fantasía sin caer en la codificación del realismo mágico. Esta línea recibe una influencia directa del mundo de Virgilio Piñera.

g) Aparición de la ya consabida marginalidad, a través de referencias al *underground* cultural, y de las actitudes escandalosas con las que pretenden desafiar a una oficialidad a la que consideran estancada y agotada.

La variedad que acabamos de mostrar contrasta con la imagen unidimensional que parece extenderse de los novísimos y de sus creaciones. Es necesario tomar en consideración esta amplitud de temas y de propuestas para poder valorar en su justa medida el alcance de su renovación narrativa y superar los falsos e injustos encasillamientos a los que se ven abocados y a los que, irónicamente, ellos mismos contribuyen en cierto modo.

La segunda consecuencia a la que hacíamos referencia era el peligro de que estas narraciones se agotaran en su propia inmediatez y en su ya predecible afán transgresor. Ya vimos como la tendencia más difundida de los novísimos es la que se suele vincular con lo marginal (aunque, insistimos, se trata de una más dentro de su variada oferta). Los que cultivan esta veta se ven, en ocasiones, muy ceñidos a un realismo demasiado simple destinado a testimoniar el mundo *underground* del que se sienten cronistas. Esto hace residir el interés de sus obras en lo extraliterario, en lo experiencial y es el motivo fundamental de los reproches que la crítica les dirige. Arturo Arango es uno de los que más saña emplea a la hora de abordar este asunto:

> Se veían agotados territorios que parecieron muy promisorios en los 80, según lo anunciaban *Los últimos serán los primeros*. [...] la intencionalidad testimonial creó un limitado espectro de situaciones y personajes que ya poco tienen que revelar. Su circunstancialidad, como era previsible, fue implacable.[8]

El problema fundamental no reside tanto en las carencias propias del esquema testimonial como en el que se deriva de su posición, asumida como margen, y sus complejas relaciones con el centro. Estamos ante una situación que también es visible en otros movimientos teóricos que adoptan una condición de alteridad con respecto a un centro o canon dominante y frente al que enarbolan su diferencia y su deseo de voz propia. Las teorías feministas, postcolonialistas y *gays*, entre otras, han transitado por esa necesaria primera etapa de autoafirmación, de orgullosa aceptación como margen, pero también de binarismo y reduccionismo dicotómico. La raíz del problema está en su relación con ese centro ante el que tratan de situarse pero al que necesitan, al que tienen siempre presente, del que toman su discurso, sus jerarquías y sus estructuras y al que siguen considerando como tal, a pesar de que se le deconstruya parcialmente. El centro absorbe los márgenes, los tolera e incluso los promueve para justificar así su posición a través de una apariencia de flexibilidad. Nelly Richards lo explica así:

> La sintaxis fracturada de la postmodernidad llevó al centro a ser el primero en meditar sobre su crisis de centralidad y en reivindicar la proliferación transversal de los márgenes. La periferia –uno de estos márgenes ahora reintegrados al complejo retórico de lo desintegrado– se ve hoy forzada a rediagramar sus ejes de confrontación polémica debido a esa flexión perversa del centro que juega a arrebatarle su protagonismo de lo alterno, de lo contrahegemónico.[9]

El *status* del margen se ve entonces reducido a una imagen estereotipada y exótica, se comercia con su alteridad más externa y se rentabilizan al máximo sus estrategias de heterogeneidad, lo que provoca que estos movimientos vean muy cuestionada su declarada marginalidad y la posibilidad de voz propia. A este respecto han sido famosos los trabajos de Spivak (1988) o de Radhakrishnan (1993) que se preguntan si el subalterno tiene voz o sólo puede emitir la que el centro le impone, permaneciendo así enquistado como margen vistoso o,

---

[8] Arango 1995, p. 52.
[9] Richards 1992, p. 127.

en palabras de Baudrillard, "integrated and absorbed as parts of a universal harmony."[10]

Este tema no ha sido aplicado habitualmente a los novísimos narradores cubanos. Uno de los pocos que lo hacen es Jorge Ángel Pérez, que en un artículo de 1997 relativiza el carácter marginal de estos autores y rechaza el afán de novedad que pretenden transmitir.[11] Iván de la Nuez, en un libro imprescindible para comprender el estado actual de la cultura cubana, dedica un capítulo a lo que él llama "el apocalipsis oficial y los hijos de la utopía."[12] De la Nuez describe cómo varios grupos de artistas, desde la plástica y desde la literatura, se enfrentan a la institución situándose en los márgenes y, una vez allí, "operar o gratificarse en ellos."[13] Así, girando alrededor de «lo admisible», se aprecia que en algunos casos estos autores buscaban más "el espectáculo de la no-consumación"[14], el hecho de ser silenciados, que la emisión de los discursos artísticos. Lo que se evidencia entonces es la absoluta dependencia con respecto al centro (ahora en su rol de autoridad censora).

Éste es el agotamiento que se produce cuando lo marginal es el único argumento artístico y es a lo que hacía referencia Redonet en la cita inicial. Insisto: éste no es el caso de los novísimos como grupo, pero sí de un sector muy concreto que, como no podía ser de otra forma, fue el más amplificado. El fenómeno de la crisis del discurso contracultural ha sido igualmente resaltado en otros ámbitos en los que, como anteriormente citábamos, habían surgido movimientos afines al de los novísimos. Refiriéndose a la Europa del Este, Marcel Cornis-Pope señaló que: "the underground forms of «alternative» art have been removed and integrated into the mainstream"[15] y que, además, el momento en el que podían haber impactado ya ha pasado. Seda Pumpianski afirma lo siguiente sobre la Rusia actual y sus corrientes culturales:

> Está reconocido que el postmodernismo es una forma de cansancio del siglo XX, de sí mismo, un siglo que se abrió con muchas esperanzas puestas en el futuro y que se cierra con una parodia a todas las épocas anteriores de la humanidad. Pero aquí hay un momento clave [...] el siglo se cansó de sí mismo y ya se nota el cansancio de este cansancio.[16]

Los novísimos perciben esta situación y reaccionan ante la imagen que de ellos se extiende –y se espera. Tienen conciencia de que la estrategia de lo marginal,

---

[10] Baudrillard 1993, p. 127.
[11] Pérez 1997, pp. 24s.
[12] Nuez 1998, p. 58.
[13] Nuez 1998, p. 59.
[14] Nuez 1998, p. 63.
[15] Cornis-Pope 1995, p. 149.
[16] Pumpianski 1996, p. 12.

su rebeldía, les ha servido para darse a conocer, pero ahora es el momento de explotar al máximo todas las facetas y dimensiones que su narrativa presenta, de sacar partido a sus innegables logros artísticos. Se produce, lo que podemos llamar, el fin del periodo epatante y que es posible ilustrar con una muy comentada entrevista realizada a uno de los más conocidos autores novísimos, Ronaldo Menéndez, quien en 1997 rechazó la opción del testimonialismo, de lo experiencial:

> Ya deberíamos tener muy claro que fumar marihuana no es algo que literaria-mente asombre a nadie en el resto del mundo. El valor testimonial [...] quizás interese mucho a los historiadores y a los políticos, pero los escritores, por muy realistas o escandalosos que sean, saben que la literatura no cuenta con tan poca cosa.[17]

Ese mismo año, el propio Ronaldo Menéndez llama la atención sobre el agota-miento de esa vertiente temática de lo subversivo, de lo marginal, en la intro-ducción de una pequeña antología incluida en una revista de Lima:

> Hoy los novísimos [...] sufren las naturales inminencias del tiempo maduro: se plantea la enemiga interrogante de si es verificable cierto anquilosamiento te-mático, aquello que un día subvirtió ahora tiende a trasnocharse.[18]

Tras lo visto, no resulta demasiado sorprendente la similitud de estas afirmacio-nes con las realizadas por los críticos de la Europa del Este con respecto a la cri-sis del testimonialismo marginal en sus letras. Natalia Ivanova describe así el proceso visible en la Rusia actual:

> El período epatante se ha completado: aquello que chocaba al público –sean la violación de tabúes [...], el atentado contra el sistema de valores tradicionales o la parodia de la literatura rusa– ha llegado a ser un lugar común y una triviali-dad en la prosa de los que tienen entre 30 y 40 años.[19]

Los novísimos rechazan muchas de las imágenes con las que habitualmente son presentados por la crítica. Tratan de superar los estereotipos, el afán de nove-dad, las constantes referencias a su juventud, la insistencia en sus temas escan-dalosos y en sus personajes inadaptados. Lo hacen porque todo eso funciona como un aparato que construye un horizonte de expectativas que no desean sa-tisfacer. En esta dinámica es en la que debemos situar artículos como el que Amir Valle publicó en 1993 con el significativo título de «Abrir el compás de la crítica» y en el que se quejaba de la eterna condición de promesas para la próxima década que parecía perseguir a este grupo, a pesar de que llevaban casi diez años ganando premios y llamando la atención por su riqueza expresiva,

---

[17] Valle 1997, p. 22.

[18] Menéndez 1997, p. 46.

[19] Ivanova 1996, p. 31.

variedad temática y renovación narrativa. El ya citado Ronaldo Menéndez considera que las antologías y sus prólogos, a través de los cuales son conocidos, constituyen la "sombra desde la cual los Novísimos ganan el espacio y a la vez quedan establecidos dentro de los límites que este espacio les dicta."[20] En los últimos años han aumentado los esfuerzos de los novísimos por matizar la actitud que la crítica presenta hacia ellos, produciéndose así polémicas como la sostenida por Amir Valle y Jorge Ángel Pérez en 1997. La situación se plantea con gran nitidez en pasajes como el incluido en una narración de José Miguel Sánchez (conocido como Yoss) que viene a ser una historia del grupo que nos ocupa. Allí leemos: "Nadie habla, pero siempre terminan diciéndonos que los novísimos escritores frikis, qué raro. Y ya no somos tan jóvenes, ni tan novísimos, ni, en general, tan frikis."[21] Autores que habían hecho del *underground* uno de sus temas y ambientes más recurridos inician un nuevo período en el que parece dominar la reflexión y la interiorización ante un mundo *freak* que se muestra cada vez más falso y codificado, ya reducido a una colección de poses mecánicas con escasa capacidad de subversión. Ejemplos de esta nueva actitud podrían ser relatos como «La ficción más auténtica que la realidad Dulce Cannabis», de Ricardo Arrieta (1996), o «Elenaguerrilla», de Raúl Aguiar, en el que leemos:

> Adivino todo lo que sucederá a continuación: primero los tragos, con el fondo de la botella lleno de polvo de pastillas en suspensión, luego los besos y las caricias superprofundas, no importa que estemos frente al grupo, más tarde un cuchicheo al oído y la búsqueda de un lugar perfecto en su soledad, el alcohol y los sedantes nublando sentidos y los cuerpos regados por el suelo. Lo mismo de siempre. Quizás como pequeña variación ellas acceden a intercambiarse. Lo mismo de siempre. Todo este ritual invariable cada una o dos semanas, ¿realmente necesario?[22]

Sin duda alguna, lo mejor que los novísimos pueden hacer para superar los estereotipos y los encasillamientos es seguir escribiendo, continuar con el proceso de renovación narrativa en toda su variedad y alcance. No tenemos aquí espacio para ofrecer algo parecido a un panorama general de su producción y poder dar cuenta así de su riqueza temática y expresiva. Pero sí quisiera, al menos, nombrar a autores como Rolando Sánchez Mejías, con su experimentación literaria, sus juegos de referencias cruzadas y su desasosegante estilo; a Daniel Díaz Mantilla, sacando el máximo partido del caos, de la fragmentación, de la desorientación vital de sus protagonistas emplazados en un combate continuo con ellos mismos, con sus obsesiones y con su entorno, en el que la agobiante coti-

---

[20] Menéndez 1995, p. 54.
[21] Yoss 1994, s.p.
[22] Aguiar 1995, p. 19.

dianeidad constituye el único material épico; o a Ernesto Santana y la intensidad de sus microrrelatos, en los que dominan las preguntas, las interrogantes sin respuesta, que provocan la desazón generalizada y resaltan la imposibilidad de certidumbres ideológicas; a Jorge Ángel Pérez y su metanarratividad como proceso indagador literario y ontológico y también, cómo no, a Ronaldo Menéndez, Raúl Aguiar o Yoss, que siguen explorando los territorios de la marginalidad sin caer en simples codificaciones ni en exhibicionismos subversivos, sino ahondando en el escepticismo y en la ausencia de expectativas de una juventud alejada de los discursos grandilocuentes y del paternalismo, y que busca refugio en algo que sabe efímero y voluble pero que, al fin y al cabo, es su única posesión.

Con todo, no les resulta fácil desprenderse del testimonialismo, de la marginalidad. Por ejemplo, la única antología publicada en España con únicamente autores novísimos tenía el ruidoso subtítulo de *Cuentos cubanos sobre el SIDA* (ed. por Zajón Jomolca y Fajardo Atanes, 1997) y, aún más, la contraportada indicaba que los narradores formaban parte de un taller literario creado en un sanatorio con enfermos que habían contraído el virus (situación sólo aplicable a cinco de los dieciocho autores antologados). Vemos cómo lo marginal sigue funcionando como reclamo editorial en Occidente, pero es que en Cuba también se presta a una función extraliteraria. El régimen puede ofrecer una imagen de aperturismo al exterior permitiendo una cierta crítica interna y el tratamiento de temas como el de los balseros, la dolarización o las penurias económicas, eso sí, dentro de lo «revolucionariamente correcto». Éste es un fenómeno visible sobre todo en el cine, siendo su ejemplo más difundido el hito que supuso el estreno de *Fresa y chocolate*, así como en el ambiente de flexibilidad y autocrítica que se produce durante los días en los que se desarrolla el Festival de Cine de la Habana. En esta dinámica creo que se podría situar, ya en el campo literario, la concesión del Premio Casa de las Américas de 1997 a un novísimo Ronaldo Menéndez, por su libro de relatos *El derecho al pataleo de los ahorcados* en el que, muy lejos de su tono y calidad habituales, el autor pasa a tocar un poco por alto temas como el de las jineteras o el del SIDA.

Ésta es la difícil posición en la que actualmente se encuentran los novísimos. Tratan de desprenderse de unos estereotipos reduccionistas que les siguen siendo exigidos con demasiada frecuencia. Pero una lectura amplia y desprejuiciada debería permitirnos juzgarlos en su justa medida y reconocer su papel protagonista en la renovación –y subversión– de la narrativa cubana de las últimas décadas.

Referencias bibliográficas

Aguiar, Raúl: Elenaguerrilla. En: Aguiar, R.: La hora fantasma de cada cual. La Habana 1995. pp. 13-19.

Alonso Estenoz, Alfredo: Entre la crítica y los cambios de mirada. (Entrevista a Salvador Redonet Cook). En: Fresa y chocolate 2 (mayo-junio 1997), p. 4.

Arango, Arturo: Los violentos y los exquisitos. En: Letras Cubanas 9 (julio-septiembre 1988), pp. 9-14.

Arango, Arturo: Paisajes después de la lectura. En: La Gaceta de Cuba 3 (mayo-junio 1995), pp. 50-52.

Arrieta, Ricardo: La ficción más auténtica que la realidad Dulce Cannabis. En: Redonet Cook, Salvador (ed.): El ánfora del diablo. Veracruz 1996, pp. 58-61.

Baudrillard, Jean: The transparency of evil: essays on extreme phenomena. London 1993.

Cornis-Pope, Marcel: From aesthetic «resistance» to cultural reformulation: postmodern dialogics in Eastern Europe before and after 1989. En: Euresis 1/2 (1995), pp. 137-154.

García, Luis Manuel: Crónica de la inocencia perdida. La cuentística cubana contemporánea. En: encuentro 1 (verano 1996), pp. 121-127.

Ivanova, Natalia: Las letras rusas tras el declive ideológico. En: Cuadernos del Este 17 (1996), pp. 27-32.

López Sacha, Francisco: Tendencias actuales del cuento en Cuba. En: López Sacha, Francisco (ed.): La nueva cuentística cubana. La Habana 1994, pp. 61-79.

Menéndez, Ronaldo: El pez que se alimenta de su sombra. (De novísimos y crítica, hipótesis y tipologías). En: La Gaceta de Cuba 3 (mayo-junio 1995), pp. 53-55.

Menéndez, Ronaldo: De la plástica al cuento: interdefinición para una teoría de los campos. (Trabajo de Diploma. Facultad de Historia del Arte). La Habana 1995.

Menéndez, Ronaldo: En busca del templo perdido. En: Camión de ruta 11 (julio-agosto 1997).

Nuez, Iván de la: La balsa perpetua. Soledades y conexiones de la cultura cubana. Barcelona 1998.

Pérez, Jorge Ángel: Abuela, ¿qué pasaría? o la obra fantasma de cada cual. En: El Caimán Barbudo 282 (1997), pp. 24-25.

Pumpianski, Seda: Literatura rusa actual. En: Cuadernos del Este 17 (1996), pp. 9-18.

Radhakrishnan, R.: Postcoloniality and the boundaries of identity. En: Callaloo XVI, 4 (1993), pp. 750-771.

Redonet Cook, Salvador: Cuentística cubana entre paréntesis (1983-1987). En: La Gaceta de Cuba 1 (enero-marzo 1988), pp. 2-5.

Redonet Cook, Salvador (ed.): Los últimos serán los primeros. Antología de los novísimos cuentistas cubanos. La Habana 1993.

Richards, Nelly: Periferias culturales y descentramientos postmodernos. En: Casa de las Américas 186 (enero-marzo 1992), pp. 127-129.

Rubio Cuevas, Iván: La doble insularidad de los novísimos narradores cubanos. En: Actas del Congreso «La Isla posible» de la Asociación Española de Estudios Literarios Hispanoamericanos. Alicante (en prensa).

Spivak, Gayatri C.: Can the subaltern speak? En: Nelson, C./Grossberg, L. (eds.): *Marxism and the interpretation of culture*. Londres 1988, pp. 271-313.

Valle, Amir: Abrir el compás de la crítica. En: *Revolución y cultura* 1993, pp. 33-35.

Valle, Amir: Prefiero hablar de Kafka porque yo soy poca cosa (Entrevista a Ronaldo Menéndez). En: *El Caimán Barbudo* 282 (1997), pp. 22-23.

Yoss (pseud. de José Miguel Sánchez): Seis sesentaiséis (un cuento articulado), inédito, 1994.

Zajón Jomolca, Lourdes/Fajardo Atanes, José Ramón (eds.): *Toda esa gente solitaria. 18 cuentos cubanos sobre el SIDA*. Madrid 1997.

Mitos en quiebra: La Habana en la cuentística cubana finisecular

Janett Reinstädler (Berlín)

Las palabras por decir Habana son muchas.
Alessandro Riccio[1]

1. La Habana es diferente

La Habana no se parece a las otras grandes ciudades de América Latina. Cualquiera que, en los últimos años, haya viajado a la capital caribeña afirmará que a esta ciudad no la caracterizan ni la expansión demográfica ilimitada, ni una criminalidad excesiva o un desnivel social extraordinario; algo que, según Hans-Otto Dill, se explica "en razón de su desarrollo geográfico, demográfico, e histórico-cultural, y de su distinto régimen político-social"[2]. No obstante, las imaginaciones míticas de La Habana suelen presentarla como ciudad de superlativos, cuyos significativos cambian con el transcurso de su historia. Siempre es la que más: primero la más colonial, luego la más corrompida y más pervertida, y después la más socialista de todas. En la teoría de Roland Barthes los mitos del presente se explican como efectos de una fabricación discursiva que, a base de reducciones de contextos históricos, hace surgir imágenes harmónicas de esencias supuestamente eternas.[3] Partiendo de que la literatura no es tanto depositaria sino más bien creadora de mitos, sigue siendo de mucho interés para la crítica literaria el hecho de que la homogeneidad del mito siempre es indicador de una supresión de realidades más diferenciadas. Vista la historia reciente de la Isla, no sorprende que las imaginaciones en la literatura postrevolucionaria cubana presenten La Habana como una ciudad unida, igualizada, harmonizada, es decir, socialista. Ineke Phaf constata en 1986 que la realidad muy diversa de esta capital caribeña (p.e. los distintos sistemas de comunicación oficial, adaptada, privada, opositaria, etc.) no se refleja en la novela cubana que se ha escrito después de

---

[1] "Las palabras por decir Habana son [...] muchas: la capital, en la tradición literaria cubana, es una presencia constante y fundadora, una atracción, un mito seductor donde la fantasía no sobrepasa nunca de mucho la realidad, una ciudad vivida por sus letrados y no solamente soñada." Riccio 1989, p. 22.

[2] Dill 1992, p. 168.

[3] Cf. Barthes 1957.

Janett Reinstädler/Ottmar Ette (eds.):
Todas las islas la isla. Nuevas y novísimas tendencias en la literatura y cultura de Cuba.
Frankfurt a.M. – Madrid: Vervuert – Iberoamericana 2000, pp. 91-105.

1959. Unos años más tarde, Phaf añadirá que en el "Vedado, tradicionalmente el barrio intelectual, y su microclima cultural, reina un silencio sepulcral."[4] Desde entonces la sociedad cubana ha conocido cambios decisivos en todos sus sectores, un hecho que hemos expuesto más detalladamente en la introducción del presente libro. Son cambios que, como muestran los diferentes artículos aquí reunidos, han influido de forma significativa en todos los sectores de la cultura. Al mismo tiempo, la cuentística cubana[5] atestigua también modificaciones llamativas en las imaginaciones literarias de La Habana. Como se verá más adelante, la rica producción de la narrativa corta[6] ha dejado de presentar una imagen homogénea de esa ciudad como había constatado Phaf en 1986. Al contrario, durante la última década y media, se han desarrollado múltiples imágenes de una Habana postrevolucionaria que enfocan la diversidad de la vida en una ciudad en pleno cambio.

2. Habanecer

De haber leído el ensayo de Ineke Phaf citado más arriba, tal vez Luis Manuel García no hubiera escrito su libro *Habanecer*, pues Phaf subraya la imposibilidad de redactar hoy en día una enciclopedia artística de la ciudad.[7] La escritura de esa enciclopedia (efectivamente imposible, como se sabrá al final del libro) es lo que pretende *Habanecer*, un libro de 500 páginas, publicado en 1992 y premiado por la Casa de las Américas. Aunque el Premio Cuento sitúa el libro dentro de la narrativa corta, no resulta fácil determinar el género del texto. En su construcción, el libro se parece más bien a una novela posmoderna. Bajo el tema «La Habana» están colocados muchos elementos textuales más o menos entrelazados entre sí: el cambio continuo de perspectivas, géneros, temas y estilos; el ataque contra normas estéticas tradicionales, y la disolución de una acción linear convierten la lectura en un acto de paciencia. Además, el autor nos niega el acceso linear, ordenador de su texto (¿por la crítica literaria?), sustituyendo la numeración de las páginas por indicaciones de la hora exacta, con el fin de relatar minuciosamente las 24 horas del 28 de agosto de 1987. Además de estas «páginas tiempo» se encuentran también páginas de "tiempo archivado", reuniendo p.e. cartas escritas a mano y unos tests psicológicos. Y por último, se hallan "páginas sin tiempo", una especie de agujeros negros, distanciadas de las otras par-

---

[4] Phaf 1992, p. 180.

[5] Objeto de las siguientes observaciones son los textos publicados en la isla.

[6] Si esta prosperidad se realiza a pesar de las restricciones económicas del período especial o por ellas (pues la escasez de tiempo, debida a la necesidad de resolver los problemas existenciales, favorece la producción y el consumo de la narración corta), no es un tema a profundizar aquí.

[7] V. Phaf 1992, p. 180, trad. J.R.

tes del texto por una grafología diferente y unas reflexiones metaficcionales. Al inicio, estas meditaciones se centran en el proyecto de registrar la ciudad: "Urdir la ciudad, pensó, mediante historias que se trencen unas con las otras"[8]. Pero con el desarrollo de la escritura se demuestra que la búsqueda de huellas seguras de la ciudad es en vano. La urbe niega el acceso, pues ella sólo existe en las muchas y muy subjetivas proyecciones que sus habitantes o sus objetos hacen de ella. La consecuencia (muy posmoderna) es la siguiente: la ciudad narrada y la ciudad real se confunden cada vez más en el transcurrir del libro, el narrador se pierde dentro de la estructura laberíntica de una realidad discursiva:

> Le ocurrió varias veces confundirse: ir a su trabajo, asistir a una reunión o entregar un par de artículos en la ciudad del libro; artículos que más tarde, en la ciudad real, su jefe de redacción le reclamará, y que reaparecerán, dos días después del cierre, en el buró real de su real jefe de redacción. O perderse en la ciudad de su libro, donde las rutas tenían recorridos ligeramente distintos, donde las calles terminaban en el límite de la memoria y por eso adolecían de tantos callejones sin salida.[9]

Como resultado, el proyecto de una apropiación literaria de La Habana falla. El tiempo de la narración sobrepasa con mucho al tiempo narrado; los acontecimientos históricos se revuelven, llegando a encontrarse en un tiempo simultáneo eventos ya pasados y futuros. Al final del libro, el narrador no sólo pierde el control sobre la ciudad dentro de su texto, sino que no logra siquiera dominar el material de su texto. La ciudad hace suya lo escrito, arrancándole al autor las páginas, y a las páginas las palabras:

> Como si la ciudad lo estuviera esperando, cuando abrió los ojos, una ventolera contraindicada por las predicciones meteorológicas, arrebató del banco los papeles, arrebató de los papeles las palabras, y las palabras sueltas, los párrafos desarmados, volaron por toda la ciudad, cayeron en los lugares donde tendrían lugar; y la ciudad real hizo sitio a la ciudad de las palabras.[10]

Desde la perspectiva del narrador, La Habana es lo Otro, lo inalcanzable, lo cambiante, lo engañante y lo frustrante. En ella domina una atmósfera que también se transmite al lector, como lo subraya Reinaldo Montero: "Confieso que de *Habanecer* me queda el deslumbramiento [...] y un dejo de fatal infelicidad"[11].

Una muestra de la heterogeneidad urbana ofrecen también los contenidos de los diferentes fragmentos textuales. Se encuentran cuentos muy adaptados a la ideología oficial, como el que narra la victoria de un trabajador ejemplar en su

[8] García 1992, páginas sin tiempo.
[9] García 1992, páginas sin tiempo.
[10] García 1992, páginas sin tiempo.
[11] Montero 1994, pp. 126s. Es la única reseña del libro que encontré en las revistas de cultura más importantes de la isla (*Casa de las Américas, La Gaceta de Cuba* y *Unión*).

batalla contra la corrupción («Un héroe de la guerra»).[12] Otros cuestionan el sistema estatal de censura y registración estadística, presentando las reflexiones de un periodista sobre el libre albedrío, mientras su artículo se hace cada vez más global, afirmativo, inofensivo, siguiendo el lema del director: "seamos críticos, pero sin exagerar, critiquemos **lo que y del modo que y en el momento que y hasta dónde** se oriente criticar"[13]. Aparcen alusiones al procedimiento jurídico muy discutido de la «causa uno» del año 1989, el proceso de drogas contra Ochoa, el Coronel Martínez, de la Guardia y otros («El precio»[14]). Y, por último, *Habanecer* presenta a una de las protagonistas de la literatura habanera de los años 90: la jinetera.

3. La jinetera habanera

La prostituta accidental, así lo propaga la nueva cuentística, es un elemento central de la ciudad de La Habana finisecular. Habiendo sido un tabú en la sociedad «revolucionaria» durante mucho tiempo, ahora las presentaciones de la jinetera varían mucho. La contemplación cínica de Luis Manuel García en «Tú que sabes, Vivian» mantiene una perspectiva desde fuera del personaje. La razón de la muchacha para vender su cuerpo, sospecha el narrador omnisciente, se halla en una necesidad irrefrenable de consumir artículos de lujo; el valor de la mujer se calcula sumando los precios de los artículos utilizados por ella. Al final, cuando la muchacha es casi atropellada por un taxi, se comenta:

> [U]n número bastante bien determinado de neuronas trade mark calculan las pérdidas que pudo ocasionar el taxi de haberle jugado al chófer una mala pasada sus reflejos, de producirse un desperfecto en los frenos, de haberse detenido tan sólo veinte centímetros más tarde: US$23.50 de las gafas Optyl, US$0.85 del Friday Rocky, US$12.40 de los Black & Blue, US$29.30 del Pierre Cardin, US$35.00 de los zapatos Ladystar, US$34.20 del Fantasy, su más reciente adquisición, y hasta sumar ciento treinta dólares con veinticinco cents. Qué tragedia.[15]

La voluntad de ser enciclopédica y el tema de la prostituta son dos elementos que tiene en común el cuento «Letanía del aire» de José A. Martínez Coronel (1997) con *Habanecer*. La diferencia formal aparece en la perspectiva adoptada en «Letanía». La narración transmite, mediante la técnica del *stream of consciousness*, los pensamientos de la jinetera Indra, que pasea por La Habana. Indra recuerda de manera arbitraria la historia cubana, recuerda tanto a sus antepasados personales como a hombres públicos –militares y políticos, escritores, etc.

---

[12] García 1992, pp. 00:00 a.m.-1:28 a.m.

[13] «Juego de palabras», García 1992, pp. 3:51 a.m.-4:20 a.m.; 4:11 a.m.

[14] García 1992, pp. 8:57 p.m.-9:59 p.m.

[15] García 1992, pp. 10:41 a.m.-11:01 a.m.; 11:01 a.m.

Su finalidad es hacer una "crónica verdadera de mi ama sin tiempo"[16]; su preocupación –entre otras–, la ausencia de una "historia escrita desde el ojo femenino"[17]. Esta ausencia criticada tampoco es compensada por el texto, pues se reduce a comparar, en escasas ocasiones, la protagonista con La Malinche o Charlotte de Corday (mujeres «políticas» muy discutidas), agotándose ahí las referencias a mujeres históricas. El cuento parece querer probar que el antepasado de Indra, un tal Francisco García, tenía razón cuando dijo: "esos escritos de Marx son la utopía, permita usted un Estado de trabajadores y los verá reprimiéndose unos a otros"[18]. En efecto, se presenta a La Habana actual como una ciudad de turistas y jineteras, de policías y homosexuales, de mucha pobreza y poca solidaridad, y como una población que jamás logrará hacerse una gran ciudad: "La Habana nunca se despojaría de ese aire provinciano que la ahoga"[19]. El anhelo de la protagonista "la Sin Vida, la Ausente de Ombligo"[20], que es simultáneamente deseada y detestada por sus compatriotas, consiste en irse a "cualquier otro país que no fuera este país de maracas y tambores, salimos de una dictadura y aquí cada politicastro implanta la suya"[21].

Sin llegar a una crítica tan explícita del sistema político (el cuento de Martínez Coronel es muy excepcional en este sentido), la emigración de una mujer (¿jinetera?) mediante el matrimonio con cualquier europeo que estuviera dispuesto, se presenta en «Pregúntaselo a Dios», de Marilyn Bobes (1995). En este cuento, la calle más literarizada no sólo en la más reciente cuentística cubana, el Malecón, al que en 1990 Ángel Augier todavía llama "musa habanera"[22], se convierte en «puta habanera», el emporio de la negociación de matrimonios. Igual que en «Tú que sabes, Vivian», no queda aquí nada del ideal cheguevariano del «hombre nuevo» –el valor de la protagonista surge, desde la perspectiva de Jacques Dupuis de «Tulús», de una consumación:

> Jacques no dejó de palpar ni un momento en su desmedrada billetera el saldo de aquellas decisivas vacaciones, una escueta factura en la que podía leerse Recibí de Jacque Dupuis la cantidad de setecientos veinte dólares por concepto de matrimonio y protocolarización. La Habana, 28 de diciembre de 1991.[23]

---

[16] Martínez Coronel 1997, p. 153.

[17] Martínez Coronel 1997, p. 143.

[18] Martínez Coronel 1997, p. 148.

[19] Martínez Coronel 1997, p. 149.

[20] Martínez Coronel 1997, p. 153.

[21] Martínez Coronel 1997, p. 150.

[22] Augier 1990, p. 28.

[23] Marilyn Bobes 1995, p. 66. Sin embargo, este cuento narra con una ironía alegre los peligros de tal compra, ya que, en Francia, «Iluminada Peña» resiste con prácticas de santería a las trabas que le pone su suegra.

«Pregúntaselo a Dios» tematiza, como muchas otras narraciones, cuánto cambia el aspecto de la ciudad cuando es contemplada desde los lugares de lujo: "Se sentaron a una mesa desde la que se divisaba un gran tramo de la ciudad. [...] Era la primera vez que Iluminada contemplaba La Habana, al menos esa Habana de las tarjetas postales."[24] Esa Habana turística, idealizada, La Habana que está en oferta para el que tiene dinero, también es el tema de «La Habana en el bolsillo», de Armando Abreu Morales (1997). El narrador en primera persona, cubano que se ha hecho rico por no se sabe qué trámites, y que había dejado en su juventud a mujer e hijos (se supone que se fue «al norte»), contempla desde su auto japonés la ciudad con una actitud idealizadora, distanciándose de su realidad "aplastante":

> A través del parabrisas la pelota roja del sol, lista a zambullir por la esquina del litoral, es una postal de verdad; un afiche grande, un cinemascope [...], lejos, muy lejos de esa gente sentada en el muro, de las calles sucias, del rostro de la angustia, los sudores tumultosos de la calle. [...] Me gusta sentir cómo pasa raudo el círculo de la ciudad, saberme ajeno a su aplastante realidad. Entonces me aferro al confort de los asientos de felpa y doy gracias a la vida, que me ha dado tanto, dejándome ser un proletario especial.[25]

El rechazo de la realidad (tanto del presente como del pasado) se hace imposible cuando, al final del cuento, el anterior «trabajador ejemplar» (aquí otra vez la negación de ideales socialistas) se da cuenta que su amante, la joven estudiante/jinetera Gaby, es su hija, abandonada por él hace unos 20 años.

El tema de la prostitución de mujeres con buena formación es frecuente. La relación entre un cubano y una jinetera bibliófila se narra en «Fábula de un amor feliz», de Alberto Garrandés (1997). Con una mezcla de realismo con elementos mágicos, La Habana está presentada en el contexto de la cultura y de la intelectualidad. Los amantes se conocen en la Fundación Alejo Carpentier, donde Arturo, investigando sobre Mario Vargas Llosa, encuentra a Cecilia, que busca un libro de Marguerite Yourcenar. Entre las alusiones a otros aspectos reales de la vida cultural, cabe mencionar al autor y crítico Eduardo Heras León, el Instituto del Libro (donde se halla la editorial que publicó la antología que abarca el cuento), la película *Fresa y Chocolate*. Elementos de realismo mágico se encuentran en los párrafos en que Pier Paolo Pasolini se acerca y finalmente alcanza el Malecón en una balsa (el único balsero remando hacia la isla). Arturo, que rechaza una invitación a Miami, tiene que ganar su dinero después de haber terminado su carrera de filología, vendiendo en la Plaza de la Catedral sus pinturas, que Cecilia hace comprar a otros con el dinero que le paga el italiano Paolo, por

---

[24] Marilyn Bobes 1995, p. 65.
[25] Abreu Morales 1997, p. 55.

sus servicios amatorios. Cuando un día Paolo le compra un cuadro a Arturo, se establece una relación triangular que termina con la muerte violenta de Pier Paolo (¿Pasolini?). El cuento termina con la nostalgia del protagonista, que sueña con la vuelta imposible a los tiempos pasados.

La «prostitución involuntaria», es decir, la economización omnipresente e inevitable de la sociedad cubana en sus contactos con extranjeros, es el tema de «Tirar la primera piedra», de Nancy Alonso (1997). La protagonista, una médica encargada de acompañar a algunos catedráticos invitados a La Habana, muestra una ciudad diferente, la ciudad de las postales, de la prostitución, del mercado negro. Buscando a los huéspedes en el Habana Libre-Guitart (que, al ser vendido a un inversor español, perdió su simbólico nombre), la médica es tratada por los empleados como una jinetera. En un mercado cerca de la Plaza de la Catedral, tiene que consentir que un niño pobre venda una moneda de tres pesos a tres dólares; y aunque está completamente en contra de la comercialización del mito del revolucionario ejemplar –

> ella se resistía a aceptar la venta en dólares de objetos con la imagen del Che y ahí había de todo, fotos, sellitos, llaveros, ropas, adornos de pared, hasta fosforeras. [...] ¿Qué pensaría el Che si pudiera ver su propia imagen comercializada?[26]

– ella finalmente acepta de regalo un pulóver con la imagen de Ernesto Guevara. Un fenómeno al que este cuento sólo alude, pero al que la narración «La paja en el ojo ajeno», de Nancy Alonso (1997), se refiere claramente –la prostitución está invadiendo todos los sectores sociales:

> El se dejaba cortar una mano si más de la mitad de aquellas invitaciones [al extranjero], propuestas para dar cursos en universidades o para colaborar con hospitales de distintos países, no eran pura fachada tras la cual se escondían las secretas intenciones de escapar del país por un tiempo o para siempre. *Jineterismo* intelectual.[27]

4. Una ciudad travesti

El complicado papel del guía turístico y vendedor ciudadano también le causa problemas al protagonista de «Una ciudad, un pájaro, una guagua...», de Ronaldo Menéndez Plasencia (1997).[28] La acción se narra desde la perspectiva de un

---

[26] Nancy Alonso 1997, p. 13.
[27] Nancy Alonso 1997, p. 20.
[28] Tanto el título tripartito como ciertos rasgos de la narración hacen alusión a *El lobo, el bosque y el hombre nuevo*, de Senel Paz (1990). Este cuento, cuya versión cinematográfica *Fresa y Chocolate* (Tomás Gutiérrez Alea, 1993) ha tenido mucho éxito tanto dentro como fuera de Cuba, no se tratará aquí, pues La Habana no llega a ser el tema central del relato.

joven cubano, "escritor y recién graduado de Historia del Arte"[29] al que un día
sorprende la visita de un amigo de su suegra, con nombre expresivo de Humberto Travieso. Éste es un «marielista» que vive en EE.UU. desde el 1980. Poco
antes de su muerte, Travieso vuelve a La Habana para despedirse de su ciudad
natal y comprar obras de arte: "me llevo mi Habana en la obra de los jóvenes
[...], la evocación del pasado con lo que tuvo de gloria, y algo del presente que
no tenga cinismo."[30] Desde el principio, el joven cubano se verá envuelto en una
lucha colectiva por satisfacer el interés y la benevolencia del extranjerizado rico.
Con él compiten otros artistas, prostitutas y homosexuales, hasta las mismas vecinas. La meta del joven escritor consiste en una economización optimal de la
ciudad:

> Estaba muy claro: tenía que venderle La Habana: ciudad emblemática y añorada, con sus barrios, sus olores, sus peligros y tentaciones, sus encantos y desencantos. Su gente. O sea, todas las ciudades que hay en una, y que el artista paciente en el sanatorio de la ciudad real siempre está dispuesto a vender a bajo
> precio, sin otra alternativa.[31]

En la búsqueda de La Habana anterior a la Revolución, el yo narrador recorre
con Humberto las calles y paseos de La Habana Vieja, toma mojito en la Bodeguita del Medio, sube al Morro. La narración, de tono irónico, culmina con una
visita a la Fundación Peter Ludwig, donde "los artistas y diletantes de élite llegan
y se abrazan unos a otros, como soldados después de la amnistía."[32] Resumiendo
su experiencia con La Habana, Humberto la declara travesti universal:

> Humberto [...] sólo quería reconocer su Habana, descubrirla como un arqueólogo detrás del derrumbe y el churre. [...]. Aunque esta ciudad está sucia y en
> ruinas, su gloria natural puede percibirse si uno se fija bien..., es como cuando
> un hombre viril y bien formado se disfraza con ropas de mujer, el vestido de
> flores no puede esconder al macho que hay dentro. [...] Si quieres puedes utilizar la imagen contraria, la mujer disfrazada de hombre [...].[33]

El cuento termina con la insurrección del 5 de agosto de 1994, de la que Humberto se salva con dificultades, y, al día siguiente, regresa a los Estados Unidos,
donde muere de SIDA pocas semanas después.

---

[29] Menéndez Plasencia 1997, p. 27.

[30] Menéndez Plasencia 1997, p. 57.

[31] Menéndez Plasencia 1997, p. 44.

[32] Menéndez Plasencia 1997, p. 44. El Vedado con sus intelectuales, que, según Phaf casi no aparece en la narrativa cubana anterior a 1985, se tematiza en «La Habana Elegante» de Arturo Arango (1995), representado
por los miembros de la UNEAC, que discuten en sus reuniones sobre «dinero, política y pelota». El Vedado
se describe como "la verdadera máscara de la ciudad, el centro de sus simulaciones." (48) A pesar de todo, el
exilio no es la solución para la élite intelectual, pues su malestar no es una cuestión de sistema político sino de
estado existencial: "¿Qué me importa vivir en tierra extraña o en la patria infeliz donde he nacido, si en
cualquier parte he de encontrarme solo?" (54).

[33] Menéndez Plasencia 1997, p. 42.

Los homosexuales cubanos, en conflicto con una sociedad en la que han sufrido décadas de represión vehemente, son otro tema de la nueva narrativa. «El cazador», de Leonardo Padura Fuentes (1991),[34] vagabundea por la ciudad en búsqueda de una aventura sexual que le ayude a olvidar el haber sido abandonado por Anselmo. Toda la noche es promesa y decepción –el personaje se trasviste, pero se quita el maquillaje antes de salir de casa por temer causar escándalo. Luego elije una *cruising area* que le gusta mucho, pero "el destino" le lleva a la «zona vulgar» del Parque Central:

> Si le dan a escoger prefiere el ambiente de El Vedado, [...] allí ha encontrado gentes fabulosas, aunque, la verdad, la calle ha cambiado mucho y entre tantas locas es difícil encontrar algo de clase. De La Habana Vieja le molestan los deprimentes que merodean por el Capitolio y la Fraternidad, con su agresividad desesperada y su insultante vulgaridad. Seis minutos después el destino le envía una guagua casi vacía [...] cuyo recorrido muere en El Prado, el mayor coto de caza de La Habana.[35]

Las desilusiones siguen: el muchacho guapo, al que conoce en la fila del cine, está esperando a su novia; y los únicos homosexuales que encuentra son "balletómanas –No las resisto"[36]. Mientras el protagonista da vueltas por El Prado, la Acera del Louvre, Zulueta y el Parque Central, la ciudad se va convirtiendo en selva y el protagonista en cazador que –no sin agresividad homófoba– elige a su víctima. Entrampa a un joven jinetero al que apalea brutalmente después del acto. Al igual que en «¿Por qué llora Leslie Caron?», de Roberto Urías (1988), donde un transexual sufre depresiones que le llevan a actos autodestructivos, «El cazador» presenta al hombre homosexual dentro de una atmósfera de anhelos y frustraciones, de intentos vanos por recuperar el espacio urbano. Estos cuentos presentan a homosexuales y transexuales en una ciudad y en una sociedad que siguen marginándolos. La Habana, desde esta perspectiva, ha perdido su encanto:

> Las luces amarillentas de El Prado, el ruido intenso del tráfico, las persecuciones desenfrenadas de los jinetes en busca de un extranjero y un dólar, le quitan todo el encanto que tuvo este lugar, ahora trabajado sólo por los desesperados que aceptan cualquier cosa y se arriesgan a sufrir las peores consecuencias a manos de un buscavidas profesional.[37]

La frustración, causada por el rechazo, lleva a los personajes a comportamientos agresivos, autodestructivos o evasivos, es decir a exiliarse de Cuba, solución que aparece en «El bosque, el lobo y el hombre nuevo», de Senel Paz (1990).

---

[34] Cito en López Sacha [2]1996, pp. 139-154.
[35] Padura Fuentes 1991, p. 143.
[36] Padura Fuentes 1991, p. 146.
[37] Padura Fuentes 1991, p. 144.

5. *Lugares periféricos*

Cabe mencionar ficciones de La Habana que, muchas veces introduciendo rasgos fantásticos o «maravillosos» en las narraciones, presentan imágenes de una ciudad agonizante y apocalíptica, sin perspectiva para sus habitantes. Grande es el pesimismo en la «Instalación con basura», de Anna Lidia Vega Serova (1998). Dos jóvenes drogadictos vagabundean por la ciudad en búsqueda de un lugar para su amor, hasta hallar un montón de basura y chatarra que les parece ideal para instalarse. El cuento, como muchos otros, destaca a un «hombre nuevo» sin intereses, sin habilidades, sin responsabilidades, sin poder ni potencia, y apartado de la sociedad. Soledad total también durante el acto sexual: "él, mirando con rabia e impotencia al cielo; ella, crucificada entre chatarras, mirándolo a él. Alrededor, la basura."[38]

El lugar periférico de la ciudad también es tratado por «El hijo pródigo» de Michel Perdomo (1997). Oponiendo Miramar (donde vive) a una zona residencial (donde creció el protagonista), tanto la construcción socialista de viviendas como el antiguo barrio de la gran burguesía pierden sus encantos:

> Una zona residencial es como un desierto. Hablo de pisos horizontales, de casas alejadas por cercas, muros, rostros de piedra, fronteras de status. Casonas interminables donde el hombre sabe de su miseria y su pequeñez [...].
> Miramar, zona norte [...], césped bien cortado, un «moscovita» dormido en el garaje, Christian Dior acristalado en el baño, Armani agonizando pesadillas en la oscuridad del ropero. [...] Y de las casas, silencio, habitadas por fantasmas demasiado educados para gritar si se golpean el dedo con el martillo, estúpido, ¿qué martillo? penetración, sexo anal, sadomasoquismo, látigos, consoladores de púas, electricidad, todo se usa en la más increíble discreción.[39]

Atrapado entre la anonimidad y las perversiones, el sujeto ha perdido su lugar urbano: ni integración en el nuevo barrio ni regreso al antiguo lugar son posibles. El protagonista no halla más que su soledad y una ciudad destructiva:

> Estoy perdido entre maquillajes [...], desaparezco y no me encuentro en ninguna de sus posibilidades. El frío del amancecer me demuestra que vivo, pero en un lugar solitario, donde nada me pertenece. [...] Mientras avanzo en la oscuridad, la luz del amancecer me muestra la demoledora presencia de la ciudad.[40]

El hijo pródigo no es acogido a su vuelta, la absolución no existe. Más dominada por el humor negro es la narración «No llores por mí, Argentina» del año 1997, escrita por Aldo Wladimir Busto Hernández. Un joven graduado en Historia, que está trabajando en una investigación sobre el Cementerio Colón, conquista la

---

[38] Vega Serova 1998, p. 30.
[39] Perdomo 1997a, pp. 54 y 56.
[40] Perdomo 1997a, p. 63.

ciudad y a una cubana de Miami entre coches fúnebres, crematorios y criptas a los que, con el apoyo de los sepultureros, convierte en limusinas, restaurantes de lujo y una suite del Habana Libre –una propuesta cínica para la sobrevivencia pícara en una ciudad moribunda.

Otro lugar periférico –la estación central de autobuses (supuestamente habanera)– es el escenario de «Lista de Espera», primer cuento de la compilación *La Habana elegante*, de Arturo Arango (1995). La narración parece ser un comentario cubano al atasco interminable cortazariano:[41] un grupo de viajeros, que durante meses espera la salida de su autobús, se organiza según los principios socialistas, montando sistemas colectivos de alimentación, enseñanza, control, penalización, etc. El mundo modelo y solidario quiebra y, irónicamente, no por la situación de escasez insoportable, sino en el momento en que los medios de transporte vuelven a funcionar. ¿La crisis existencial como condición necesaria para la supervivencia del socialismo?

6. La urbe comatosa

> La Habana es otra tumba con los brazos abiertos, puntos negros en el mapa, un principado de hojarasca, simulacros de alarma aérea y ron con hielo: Bienvenidos al espanto, amigos, welcome home.[42]

Quisiera terminar mis reflexiones con ejemplos de la cuentística cubana que presentan la capital –cuyo derrumbamiento galopante se intenta frenar, aunque de forma insuficiente, con el apoyo de la UNESCO– como ciudad moribunda. «La marea», de Michel Perdomo (1997b) tematiza un día de manifestaciones violentas en La Habana. En búsqueda de su mujer, que acaba de dejarlo, el personaje central es testigo de persecuciones encarnizadas, desvalijamientos y confrontaciones brutales con la policía. La narración metaforiza la ciudad como una esfera agonizante, un animal enfermizo, un *memento mori*, y a sus habitantes, como unos «zombies»:

> En las calles se repetía la misma furiosa actividad: Las carreras, los gritos, los disparos al aire, la furia desencadenada sobre todo lo que acrecentaba la agobiante sensación de miseria [...]. La ciudad formaba un arco de fachadas picadas por el salitre y el tiempo, despintadas, con el ladrillo, la argamasa, la cabilla, al desnudo. Esqueletos que miraban hacia el mar desde sus miles de ventanas, ojos de insectos de leprosorio con el lomo sangriento, erizado de metal oxidado, tumores de concreto gris, polvo, basura, cansancio. La Habana parecía a punto de escapar de sus cimientos y echarse al mar. Por un instante la descubrió viva, asistiendo a su propia podredumbre, ciudad en manos de nadie, golpeada hasta su destrucción total, [...] las aguas profundas de la entrada de la

---

[41] Me refiero a «Autopista del sur» en *Todos los fuegos el fuego* del año 1966 (Cortázar 1995).
[42] Díaz Mantilla 1996, p. 16.

bahía [...] listas para recibir [...] a los dos millones de cadáveres que creían vivir en La Habana.[43]

El aspecto enfermizo domina también en «Las palmeras domésticas», de Daniel Díaz Mantilla (1996). Es un texto delirante, incoherente, posmoderno, sobre una ciudad que está desapareciendo y en la que reinan hambre, pesimismo, drogas, falta de perspectivas. La vida de la moribunda es descrita con imágenes de tortura y cautiverio:

> Lentamente la ciudad va desapareciendo sobre esa herida supurante que traza la vida contra su carne pútrida, las calles se van tornando una cicatriz pálida [...], camino tortuoso que en vano evadimos a fuerza de descuentos o saltos de perros entre barrotes, soldados los dientes a este hueso duro que roemos, corroídos barrotes de telas y papel impreso: imago mundi, aberradas escenas del ser domesticado entre líneas.[44]

Los tres protagonistas yerran por la "urbe en coma", "ese golem sin alma", en que "a cada paso se derrumba un edificio de columnas fracturadas".[45] Las personas se orientan hacia un futuro incierto, sin perspectivas, a la nada. El viejo Santiago muere arrastrándose hacia el campo; el balsero Manuel, remando hacia Miami, se pierde en el mar. Hasta la misma ciudad quiere irse de sí misma: "descubrimos que la ciudad ha perdido otra avenida gangrenosa, que un barrio entero se nos monta en su balsa y zozobra, amputado y feliz, ingenuo, detrás de una ola."[46] La única superviviente es Sandra, que "[s]e amarra una soga al tobillo y comienza a arrastrarse feliz, ingenua, por su ciudad invisible."[47]

La soledad del individuo ante una sociedad que se niega a ver el derrumbamiento de la ciudad, es la experiencia del protagonista de «Ruinas», de Jorge Luis Arzola. Su advertencia, no confirmada por sus compatriotas, causa tanto escándalo que es condenado a prisión por alteración del orden público. La caducidad de la ciudad y el éxodo de su población alcanza su fin en «Bola, bandera y gallardete», de Arturo Arango (1995). Mientras el título (otra vez tripartito) hace alusión al inicio de la independencia de Cuba, el cuento narra su final: la ciudad en ruinas ha sido evacuada. Únicamente la anciana Estela se niega a abandonarla y muere junto con la ciudad que ha sido reconquistada por la naturaleza.

---

[43] Perdomo 1997b, pp. 57s.
[44] Díaz Mantilla 1996, p. 9.
[45] Díaz Mantilla 1996, pp. 9, 14 y 10.
[46] Díaz Mantilla 1996, p. 11.
[47] Díaz Mantilla 1996, p. 39.

7. Hacia la incertidumbre

En su última compilación de narrativa cubana, Salvador Redonet ha determinado 12 características de la cuentística escrita por las generaciones nacidas a partir de 1962. La gran mayoría de estos rasgos determinan también los relatos tratados más arriba, en los que muchas veces dominan una "presencia de la creación literaria"[48], un "carácter autorreflexivo", una noción del "texto como construcción, como montaje, con una estructura sumergida, oculta, develadora del sentido", la "descentralización y desjerarquización del sistema narrativo y de sus componentes", hasta la "fusión de los discursos testimoniales y ficcionales". En cuanto a los aspectos que determinan los contenidos, las clasificaciones generales de Redonet pueden ser adaptadas directamente a las proyecciones de la capital cubana. La ciudad es presentada en un "sentido apocalíptico, fragmentario, caótico", dentro de una "perspectiva escéptico-cínico-crítica", y con una tendencia muy fuerte a "desmitificar mitos y utopías". En la construcción literaria se halla el mismo "acentuado interés por lo humano existencial", aunque no todos los cuentos se dedican a la "búsqueda de arquetipos, tipos, entidades genéricas". Ciertamente que encontramos en muchos relatos a la jinetera, al homosexual, al cubano de Miami, al turista, al escritor joven, pero hay dos razones que me llevan a hablar de un predominio de "subjetividades individuales", que Redonet excluye. Primeramente, porque muchos cuentos intentan presentar a los personajes superficiales, estereotipados, en sus rasgos únicos, específicos, no cotidianos. Segundo, porque en una ciudad en ruinas y en una sociedad cada vez más contradictoria por la cosificación y economización creciente de la doctrina socialista, la autodeterminación del sujeto en este medio existencialmente amenazante, es el tema central de todos los cuentos. En una ciudad y un sistema social moribundos, el individuo se tiene que centrar cada vez más en sí mismo.

En cuanto a las imaginaciones de La Habana, a partir de las reflexiones hechas anteriormente, se puede ampliar la categorización diacrónica de Ineke Phaf. Según sus estudios sobre la novela cubana entre 1959 y 1985, La Habana es vista: 1. como capital regional criolla; 2. como capital metropolitana caribeña; 3. como ciudad nacional en transición, de metrópoli a ciudad socialista; 4. como la capital social y 5. como un centro urbano gubernamental caribeño.[49] En la cuentística cubana finisecular, La Habana vuelve a aparecer como una ciudad en proceso de cambio que, en la mayoría de los relatos, se orienta hacia una «victoria» del capitalismo o hacia el hundimiento total (físico y político) del socialismo, o las dos cosas a la vez. Aunque la crítica al sistema político y a su Máximo

---

[48] Esta y todas las siguientes citaciones son de Redonet 1999, p. 16.
[49] Cf. Phaf 1986.

Líder es todavía muy moderada, siempre camuflada retóricamente u ocultada en textos abundantes, caóticos, fragmentados y difíciles de leer (estrategias comunes para evitar el ser censurado), los relatos dejan muy claro que la continuación de la situación actual es insostenible e indeseable.

Para terminar, quisiera hacer una anotación semiológica. Comparando las ficciones anteriores de La Habana con las que aparecen en la más reciente narrativa cubana, se ha producido un cambio decisivo en cuanto a la constitución de significaciones urbanas. Los narradores de La Habana ya no adaptan, como lo constata Francisco Tovar (1992) en Reinaldo Arenas, Guillermo Cabrera Infante y Lezama Lima, entre otros, el papel del geógrafo, historiador o arquitecto. Los detalles arquitectónicos ya no son metonimias de las personalidades de sus habitantes, como lo descubrió Hans-Otto Dill en los textos de Alejo Carpentier.[50] Antes bien, los habaneros pueden ser leídos como metonimias de las muchas realidades de una ciudad, que se vende, se disfraza, y que está físicamente envuelta en un proceso de desaparición. Es decir, la puta, el travesti, el balsero, los protagonistas moribundos, también representan a una Habana que a finales del siglo XX está enredada en una lucha existencial muy dura, que dificulta su vuelta a las utopías y mitos del pasado. Si se puede hablar de una imagen unificadora, a pesar de las muchas facetas del naufragio, será de la imagen, a veces irónica, a veces muy pesimista, de una ciudad agonizante. Nos queda un único consuelo: todo mito, como decíamos al principio, funciona por omisión de otras realidades. Esperemos que sobrevivan esas realidades.

Referencias bibliográficas

Abreu Morales, Armando: La Habana en el bolsillo. En: Abreu Morales, Armando: *Cara y cruz*. La Habana 1997, pp. 53-60.

Alonso, Nancy: La paja en el ojo ajeno. En: Alonso, Nancy: *Tirar la primera piedra*. La Habana 1997, pp. 15-26.

Alonso, Nancy: Tirar la primera piedra. En: Alonso, Nancy: *Tirar la primera piedra*. La Habana 1997, pp. 7-14.

Arango, Arturo: Bola, bandera y gallardete. En: Arango, Arturo: *La Habana elegante*. La Habana 1995, pp. 59-85.

Arango, Arturo: La Habana Elegante. En: Arango, Arturo: *La Habana elegante*. La Habana 1995, pp. 39-57.

Arango, Arturo: Lista de Espera. En: Arango, Arturo: *La Habana elegante*. La Habana 1995, pp. 7-37.

---

[50] Dill 1992, p. 170: "Al describir la ciudad, [...] los detalles arquitectónicos y urbanísticos son, por lo tanto, solamente metonimias para la personalidad de los habitantes de la Ciudad de la Habana."

Arzola, Jorge Luis: Ruinas. En: Garrandés, Alberto (ed.): *Poco antes del 2000. Jóvenes cuentistas cubanos en las puertas del nuevo siglo.* La Habana 1997, pp. 26-28.

Augier, Ángel: El malecón, musa habanera. En: *Revolución y Cultura* 6 (1990), pp. 28-32.

Barthes, Roland: *Mythologies.* Paris 1957.

Bobes, Marilyn: Pregúntaselo a Dios. En: Bobes, Marilyn: *Alguien tiene que llorar.* La Habana 1995, pp. 61-69.

Busto Hernández, Aldo Wladimir: No llores por mí, Argentina. En: *Cuentos Habaneros: Narraciones de escritores cubanos contemporáneos.* México 1997, pp. 7-33.

Cortázar, Julio: Autopista del sur. En: Cortázar, Julio: *Todos los fuegos el fuego* [1966]. Buenos Aires 1995, pp. 13-41.

Díaz Mantilla, Daniel: *Las palmeras domésticas.* La Habana 1996.

Dill, Hans-Otto: La Habana. Señas de identidad en la literatura cubana. En: Daus, Ronald (ed.): *Großstadtliteratur – Ein internationales Colloquium über lateinamerikanische, afrikanische und asiatische Metropolen.* Frankfurt a.M. 1992, pp. 167-178.

García, Luis Manuel: *Habanecer.* La Habana 1992.

Garrandés, Alberto: Fábula de un amor feliz. En: Garrandés, Alberto (ed.): *Poco antes del 2000. Jóvenes cuentistas cubanos en las puertas del nuevo siglo.* La Habana 1997, pp. 56-71.

Martínez Coronel, José A.: Letanía del aire. En: Garrandés, Alberto (ed.): *Poco antes del 2000. Jóvenes cuentistas cubanos en las puertas del nuevo siglo.* La Habana 1997, pp. 141-153.

Menéndez Plasencia, Ronaldo: Una ciudad, un pájaro, una guagua... En: Menéndez Plasencia, Ronaldo: *El derecho al pataleo de los ahorcados.* La Habana 1997, pp. 37-61.

Montero, Reinaldo: De La Habana y su crónica. En: *Casa de las Américas* XXXV, 196 (julio-septiembre 1994), pp. 126-128.

Padura Fuentes, Leonardo: El cazador. En: López Sacha, Francisco (ed.): *La isla contada. El cuento contemporáneo en Cuba.* Donostia [2]1996, pp. 139-154.

Perdomo, Michel: El hijo pródigo. En: Perdomo, Michel: *Los amantes de Konarak.* La Habana 1997a, pp. 54-63.

Perdomo, Michel: La marea. En: Perdomo, Michel: *En el borde.* La Habana 1997b, pp. 49-59.

Phaf, Ineke: *Havanna als Fiktion. Standortgebundenheit und städtische Perspektive im kubanischen Roman 1959-1980.* München 1986.

Phaf, Ineke: La Habana. Diskussion. En: Daus, Ronald (ed.): *Großstadtliteratur – Ein internationales Colloquium über lateinamerikanische, afrikanische und asiatische Metropolen.* Frankfurt a.M. 1992, pp. 179-180.

Redonet, Salvador: Bis repetita placent (Palimpsesto). En: Redonet, Salvador (ed.): *Para el siglo que viene: (Post)novísimos narradores cubanos.* Zaragoza 1999, pp. 9-23.

Riccio, Alessandro: Las palabras por decir Habana. En: *Unión* No. 5, 1989, pp. 13-22.

Tovar, Francisco: La Habana, un paisaje urbano. En: *Revista Iberoamericana* LVIII, 159 (abril-junio 1992), pp. 623-638.

Urías, Roberto: ¿Por qué llora Leslie Caron? En: Redonet, Salvador/López Sacha, Francisco (eds.): *Fábula de Ángeles.* La Habana 1994, pp. 52-55.

Vega Serova, Anna Lidia: Instalación con basura. En: Vega Serova, Anna Lidia: *Bad Painting.* La Habana 1998, pp. 28-30.

II. Exposición

Raúl de Zárate
«Isla-Zombi»
Instalación en el Foyer de la Universidad Humboldt
25.3.-12.4.1999

Raúl de Zárate
«Memoria»
200 cm x 150 cm
Acrílico sobre tela, 1998

Raúl de Zárate
«Exilio»
90 cm x 110 cm
Acrílico sobre tela, 1998

Raúl de Zárate
«Santo día»
155 cm x 300 cm
Acrílico sobre tela, 1998

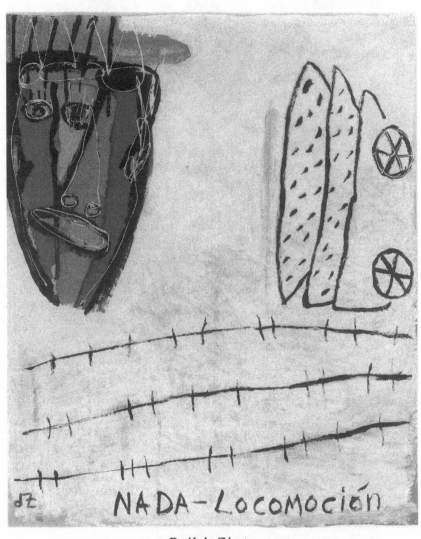

Raúl de Zárate
«Sin título»
135 cm x 100 cm
Acrílico sobre papel, 1998

Locomociones[1]

Ottmar Ette (Potsdam)

El hecho de que en Cuba, mucho antes que en la madre patria España, existieran ya locomociones en forma de primeros ferrocarriles, que transportaban azúcar y otros productos agrícolas del interior de la isla a las costas para su ulterior transporte por barco al extranjero, no ha sido lo que ha llevado a Raúl de Zárate a titular su exposición *Locomoción*. Y, sin embargo, así como las máquinas de vapor de las plantaciones de caña de azúcar eran al mismo tiempo símbolo de modernización y pillaje, de progreso y represión, esas primeras locomotoras introducen un movimiento que atraviesa hasta hoy la historia cubana; un movimiento hacia la costa, hacia el mar, hacia otras orillas que, como obsesión de promesa y de cumplimiento, de tentación y de fracaso, precipita en un campo magnético de vectores, de locomociones, a la isla de Cuba, que –flemática y dominante al mismo tiempo– está ubicada a la entrada del golfo de México.

De ahí que esta inauguración no sea casualmente el resultado de una locomoción tal, de un movimiento en el espacio y el tiempo que requiera el abandono de la isla, que –hechicero fetiche– permanece en el recuerdo del que huye. Pues aquella estridente metáfora –para Zárate tan familiar– del autor cubano Reinaldo Arenas, a quien unos años antes de morir se le ocurrió la idea de dotar a la isla de un motor fueraborda, simplemente para poder llevársela, es sugerente en la intensidad de sus imágenes y remite, además, a un hecho que impresiona a todo aquel que se aproxima a la cultura cubana: todos los cubanos –y ésta es la segunda obsesión que Raúl de Zárate comparte con muchos de sus compatriotas y, ante todo, con los artistas que viven alejados de su patria tropical– se llevan la isla en el equipaje en ese viaje que no pocas veces acaba convirtiéndose en un trayecto circular en torno a la propia isla, a la propia identidad. El arte cubano fuera de Cuba es un lugar en movimiento al que sólo parece calmar el desasosiego. Para tales locomociones se necesita extensión, espacio.

Pero, ¿qué es realmente una locomoción? El término comprende el lugar y el movimiento, dos elementos básicos combinables desde múltiples perspectivas:

---

[1] Texto con motivo del acto inaugural de la exposición «Locomoción», de Raúl de Zárate, en la «Galerie im ACUD» de Berlín, el 9 de mayo de 1998, y de la exposición «Artistas cubanos en Berlín», en la Universidad Humboldt de Berlín, el 25 de marzo de 1999. La traducción del texto se debe a Irene Gastón Sierra.

Janett Reinstädler/Ottmar Ette (eds.):
Todas las islas la isla. Nuevas y novísimas tendencias en la literatura y cultura de Cuba.
Frankfurt a.M. – Madrid: Vervuert – Iberoamericana 2000, pp. 113-116.

como movimiento de un lugar, en el ejemplo de la isla puesta en movimiento; como lugar de un movimiento, en sentido concreto o figurado; o, también, como ocurre en Biología, como un desplazamiento de organismos que se mueven libremente por impulso propio. Esta locomoción, que se produce conscientemente por el propio esfuerzo y que, por tanto, se contrapone al tropismo, que por definición es el «movimiento sinuoso de seres vivos estacionarios, sin libertad de movimiento», es de importancia fundamental para todos aquellos que se esfuerzan por comprender el arte y la cultura en y de Cuba en general, y de la pintura de Raúl de Zárate en especial, pues ni en las mayores extensiones de sus cuadros se encuentra espacio para sinuosidades, sea cual sea su naturaleza. Y sus instalaciones son islas en movimiento.

En un diccionario de tópicos, de los que tanto gustaba Flaubert, podríamos leer que el arte cubano es siempre arte político. En una de las últimas novelas de Zoé Valdés se afirma en este sentido –y no sin razón– que en Cuba incluso el ritual matutino de desenroscar el tubo de dentífrico es ya un acto político. Pero también éste es, en definitiva, un lugar común que hay que poner en movimiento. El motivo del movimiento –podríamos decir también el «loco-motivo»– en el arte de Raúl de Zárate es el movimiento autónomo. Abarca la dimensión autodidacta de su trabajo así como la confianza en el propio movimiento en un mundo extraño, incluso hostil en ocasiones, para el que los vectores de una fantasía indómita se han convertido en una amenaza para la propia estática; es más: para la propia inmovilidad. En una sociedad agarrotada no hay lugar para un arte de estas características. Sólo en este sentido se puede hablar de arte político en Zárate.

Locomoción hay ya al comienzo del movimiento de Raúl de Zárate en aquel lejano Cienfuegos fundado tiempo atrás por emigrantes europeos en la costa meridional de Cuba y, por tanto, él mismo es resultado de un movimiento de búsqueda que, desde hace más de quinientos años y partiendo siempre de Europa, se apodera de América y encuentra en ella una superficie ideal en la que reflejarse. Allí –donde no sólo hay una bahía que parece responder a todas las imágenes estereotipadas europeas de la playa tropical sino también un reactor nuclear del tipo Tschernobyl, que, felizmente, nunca ha sido puesto en funcionamiento– se juntó diez años atrás un grupo de artistas adolescentes y jóvenes que se opuso decididamente a cualquier clase de tropismo en favor de aquel *extropismo* bajo cuyo signo emprendió el viaje el grupo, viaje que llevaría a la mayoría de ellos fuera de la isla, al extranjero. Esta exposición de Raúl de Zárate, que empezó a estudiar Física Nuclear y Economía en 1988, que fue expulsado en 1992 de la universidad por su activismo político y que en 1993 dirigió sus pasos a Alemania, quiere ser un homenaje consciente a este extropismo, que no hay que confundir ni con una salida del trópico ni con los –entre nosotros más conocidos– *Tropismes* de Nathalie Sarraute. Ello explica también el título de algunos de sus cuadros e instalaciones.

La palabra locomoción evoca sin duda esa dimensión corporal, erótica, que suena en las voces de las *Temptations* (nomen est omen) en la pegadiza melodía (*Do the locomotion*) de comienzos de los sesenta –el futuro pintor todavía no había nacido– que, me parece, está contenida en todos los bocetos del pintor cubano y, en cierto modo, representa su tercera obsesión. Es una dimensión que tiene su origen en la energía de la realidad vivida y también en una confrontación muy íntima y al mismo tiempo ecléctica (esta palabra no suele ser –al contrario que entre nosotros– un insulto en Latinoamérica) con la literatura, especialmente con la literatura cubana. No en vano nos enfrentamos –y es inevitable aquí mencionar de paso a Henry Miller– a un arte de *Tropic of Capricorn*. Mucho en la obra de este joven cubano –que no en vano ha crecido en Cienfuegos en el seno de un grupo de futuros escritores– es fruto de un diálogo con la literatura, con la palabra escrita. Es el enfrentamiento con una literatura que intenta romper –bajo el signo de la vanguardia histórica– con tradiciones y tabúes, y, al hacerlo, crea asimismo tradiciones e incluso quizá nuevos tabúes sin ser siempre consciente de ello. El movimiento que ponen en juego las instalaciones y los cuadros de Raúl de Zárate aprovecha ese diálogo, esa conversación con la literatura, para no dejar reposar al lenguaje mismo de la pintura y a su espectador: *Do the locomotion with me*.

Sin embargo, la locomoción de las obras de Raúl de Zárate aquí expuestas es, sin duda, mucho más que un juego de palabras, al que sin embargo no se renuncia. Es *loco-motion*, como en *motion-pictures* o imágenes animadas, por consiguiente, un lenguaje gráfico y metafórico puesto en movimiento. Nos permiten ver y experimentar, en forma de secuencias casi cinematográficas, la vivencia de determinadas realidades que no se quieren contentar con la única y exclusiva realidad del discurso oficial. Es *Luz-locomoción*, un movimiento de la luz que representa una especie de escritura luminosa, una *foto-grafía* en el cuarto oscuro del alma, revelada por medio de una pintura de intenso cromatismo. Es locomoción como emoción y conmoción, expresión de un movimiento interno, de una excitación que busca el *con-partir* (Mit-Teilen) sin degenerar en una simple expansión. Por supuesto que también es una *loco*-moción en cuyo movimiento estalla y, al mismo tiempo, encuentra su forma precaria, temporal, la *loc-ura*, lo irracional; un desplazamiento que intenta conjurar la alienación en la imagen sin lograrlo, no obstante, en *un* solo cuadro. El resultado son secuencias de aquellas obsesiones que constituyen los motivos de movimiento del lenguaje de signos de Raúl de Zárate, un lenguaje de signos que se inventa a sí mismo a diario con ayuda de constantes secuencias de bocetos extraídos de determinados núcleos icónicos, de motivos de movimiento. El que se embarca en el mundo de imágenes de Raúl de Zárate experimenta que una locomoción de estas características intenta trascender al espectador, que busca *con-moverlo* (que no alejarlo) para que así se entregue a la emoción de la locura. En el centro de este mundo no está la llegada sino la partida. Y aún más: el estallido.

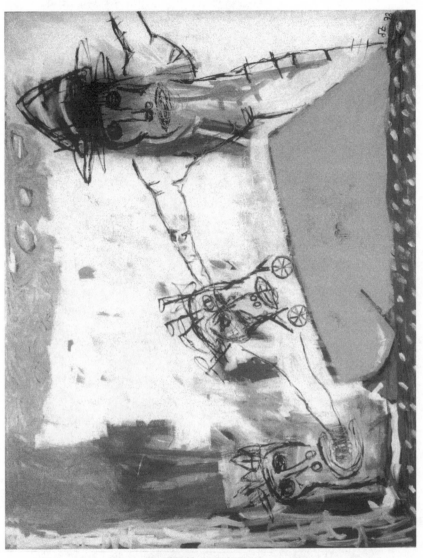

Raúl de Zárate
«Luz-Locomoción»
200 cm x 250 cm
Acrílico sobre lienzo, 1998

Raúl de Zárate
«Alucinacones en el Jardín»
155 cm x 300 cm
Acrílico sobre tela, 1998

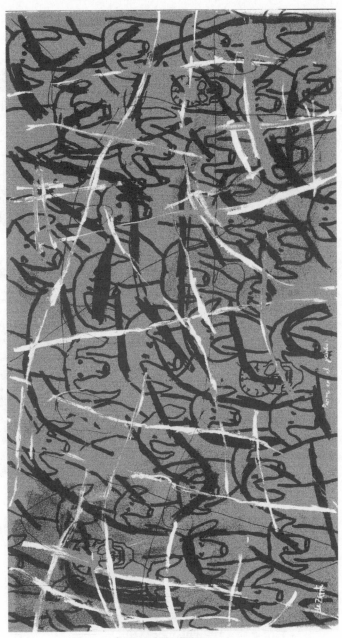

Raúl de Zárate
«Perros en el Jardín»
155 cm x 300 cm
Acrílico sobre tela, 1998

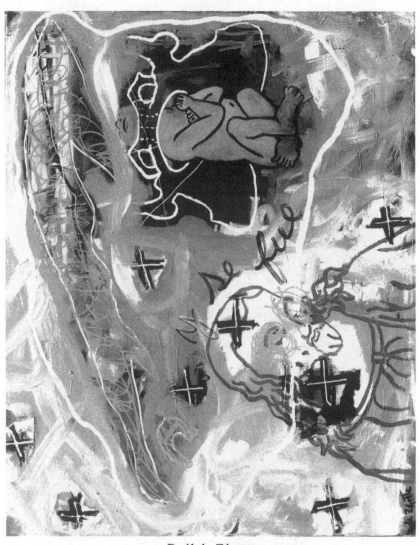

Raúl de Zárate
«... y se fue»
155 cm x 300 cm
Acrílico sobre tela, 1998

III. Entre espacios cerrados y espacios abiertos

El cine cubano en el contexto de la política cultural

Peter B. Schumann (Berlín)

El 20 de marzo de 1959, es decir, hace ahora exactamente 40 años, el gobierno revolucionario proclamaba en una ley: "El cine es arte."[1] Con ella, el gobierno estaba tomando una de las primeras medidas político-culturales. Fue un acto administrativo de gran calado para el cine y para la cultura, puesto que significaba la entrada en vigor de una ley cinematográfica muy particular. Desde mi punto de vista, se trata de una ley especial porque no existe ninguna otra que acentúe de tal manera el carácter artístico de este medio y porque creó las bases para el desarrollo de una cinematografía autónoma. Hasta entonces la producción cinematográfica en Cuba había sido esporádica y había estado colonizada.

A esta ley hay que añadir –como segundo elemento constitutivo– la creación del *Instituto Cubano del Arte e Industria Cinematográficos*, el famoso *ICAIC*. Éste fue también una institución singular, ya que no se hallaba expuesta a la voluntad caprichosa de los funcionarios del partido, sino que se presentaba como una especie de órgano de autodeterminación: los directores tenían el poder (en la medida en que una sociedad centralista lo permite). El *Instituto* fue fundado por intelectuales y directores de cine. Las funciones más importantes (también las de censura o autocensura) las desempeñaban directores de cine, funcionarios por algún tiempo, que, posteriormente, regresaron a dirigir películas. Se trataba de un instituto que gozaba de mucha autonomía y a cuyo frente se hallaba Alfredo Guevara, uno de los intelectuales más influyentes del país, un guerrillero que había combatido contra la dictadura al lado de Fidel Castro. Alfredo Guevara hizo de este instituto cinematográfico una especie de Ministerio de Cultura (no creado hasta 1976), pero también un lugar al que fueron a parar algunos artistas y escritores que habían tenido dificultades con los dogmáticos. Podemos decir que el *Instituto* fue durante largos años una «isla de los bienaventurados», aunque tal vez no sea ésta la expresión más adecuada para definir una institución revolucionaria.

---

[1]   Cito en Schumann 1980, p. 22.

Janett Reinstädler/Ottmar Ette (eds.):
Todas las islas la isla. Nuevas y novísimas tendencias en la literatura y cultura de Cuba.
Frankfurt a.M. – Madrid: Vervuert – Iberoamericana 2000, pp. 123-135.

Nos queda por señalar un tercer elemento esencial para explicar el desarrollo cinematográfico: el primer debate político cultural entre la cúpula del Estado y los artistas e intelectuales, que se sintieron inseguros al proclamar la Revolución su carácter socialista. El debate tuvo tres etapas y se desarrolló entre el 16 y el 30 de junio de 1961, dos meses después de que la CIA invadiera Bahía Cochinos. La élite artística temía –y con razón– un recorte de la libertad de expresión. Pero Fidel Castro declaró en sus famosas *Palabras a los intelectuales*: "Dentro de la revolución todo, contra la revolución nada."[2] De esta forma quedaba clara la primacía de la revolución en las cuestiones culturales e intelectuales.

Este hecho tampoco supuso ningún problema para muchos directores cinematográficos, artistas y escritores, pues la mayoría quería la revolución, si bien habían sido los menos los que habían luchado personalmente por ella. Se consideraban vanguardistas, pero no aceptaban la preceptiva retrógrada de los dogmáticos del Partido Comunista, sobre el verdadero camino que debía llevar al Realismo.

Éstos son los tres componentes político-culturales que explican la fascinación con la que admiramos, hasta bien avanzados los 70, al llamado «cine revolucionario de Cuba». Se trata de películas que tematizan las primeras formas de entumecimiento de esta Revolución, como *La muerte de un burócrata* (1966), de Tomás Gutiérrez Alea; películas que muestran también las dificultades que tenían algunos intelectuales con la revolución social, como *Memorias del subdesarrollo* (1968), del mismo autor; o películas que presentan el proceso de emancipación de la mujer como ejemplo de la necesaria emancipación de la sociedad, encontrando para ello una estética coherente, como *Lucía* (1968), de Humberto Solás; o películas que ponían en lenguaje cinematográfico el gesto revolucionario, como los cortometrajes y documentales de Santiago Álvarez, el primer director de América Latina con proyección internacional. Cuba, un país pobre desde el punto de vista cinematográfico, mostró al asombrado mundo del cine que una política cultural adecuada podía llevar al surgimiento de una cinematografía nacional, capaz de impulsar la renovación cinematográfica que empezó a conocer Latinoamérica en los años 60.

Sin embargo, en esa primera década, en la que la revolución cubana tuvo que pasar de la euforia del primer momento al trabajo de todos los días, se dio el paso decisivo en el proceso de transformación social de la isla, es decir, la consolidación de las conquistas sociopolíticas, a pesar de la política de bloqueo –carente de sentido e inhumana– de los Estados Unidos. Y en esos años de cam-

---

[2] Cito en Schumann 1980, p. 39s.

bio profundo se pusieron también las bases de un desarrollo político que deformaría la Revolución y haría de ella un sistema de intolerancia. En el caso del cine, este proceso deberá ser probado.

Al principio no sólo hubo una ley de cine ejemplar, un Instituto Cinematográfico sin parangón y un credo que dejaba un cierto margen de libertad a la producción intelectual, sino también una prohibición que influiría poderosamente en el posterior proceso político-cultural. En mayo de 1961, la comisión de evaluación cinematográfica del ICAIC, encargada de la clasificación de las películas, prohibió el documental de 15 minutos *P.M.*, de Saba Cabrera Infante, porque lo consideraba irresponsable y contrario a las metas de la Revolución. Se trataba de una producción independiente –en esta fase inicial todavía existían estas cosas– que había sido producida con ayuda del canal televisivo del periódico *Revolución* y que ya había sido emitida. La película mostraba, sin mucha ambición artística, La Habana nocturna de los clubes baratos y los bares, de los borrachos y de los holgazanes, en su mayoría negros, algo así como la contraimagen de aquel modelo de hombre que trataba de construir el socialismo. Saba Cabrera Infante, que propiamente era pintor, había registrado de manera sobria en este documental una parte de la sociedad que no cuadraba de ninguna manera con la comunidad solidaria y revolucionaria ni con el espíritu de lucha, que ésta pedía, a las pocas semanas de la invasión de Bahía Cochinos.

Al prohibir esta película, se estaba atacando también al grupo de intelectuales que editaba el periódico *Revolución*, un periódico de gran difusión, pero sobre todo a aquellos que editaban su suplemento cultural *Lunes de Revolución*. Entre éstos se encontraban: Carlos Franqui, Guillermo Cabrera Infante, Heberto Padilla, Pablo Armando Fernández. Se trataba de un grupo de estetas liberales, más interesados por el arte vanguardista y los debates políticos de la Izquierda internacional que por los problemas prácticos de la Revolución y su cultura. Pasaba por ser elitista y resultaba extremadamente molesto para los dogmáticos y los revolucionarios.

Este primer acto de censura cinematográfica horrorizó a artistas e intelectuales. El grupo de *Lunes de Revolución* temió que llegara el estalinismo y los revolucionarios se preguntaron si no hubieran sido más adecuadas otras soluciones en este enfrentamiento político. Muchos intelectuales vieron en esta prohibición una pérdida irremediable de confianza y temieron que los comunistas ortodoxos del antiguo PSP estuvieran ganando posiciones.

El gobierno se vio obligado a negociar y en junio de 1961 se produjo el primer debate político-cultural, al que nos referimos al principio. Este debate condujo a una clarificación de las relaciones. Fidel Castro resaltó: "La Revolución no puede renunciar a que todos los hombres y mujeres honrados... se unan a ella, aunque no sean revolucionarios, es decir, incluso en el caso de que no tengan ninguna actitud revolucionaria ante la vida."[3] La pregunta que la gente se hizo fue: ¿quién es "honrado"?

Fidel Castro respondió a esta pregunta prohibiendo *Lunes de Revolución*. A partir de entonces, ningún grupo intelectual aislado dispondría de un órgano de publicación influyente, a excepción de la comunidad de artistas e intelectuales. Surge así la *Unión de Escritores y Artistas de Cuba (UNEAC)*, una asociación que nunca representó de manera independiente los intereses de sus miembros, sino que se convirtió en un cómplice de la política del gobierno en los conflictos que siguieron.

Precisamente aquí –en este temprano momento, 1961– la política cultural revolucionaria comenzó a transformarse en una política de exclusión de todos aquellos que iban en contra del dogma prescrito. Un cáncer terrible del sistema socialista que también infeccionó Cuba. El credo de Fidel Castro –«Dentro de la revolución todo, contra la revolución nada»– creó un cierto espacio de libertad, pero fue utilizado también como consigna para acallar o excluir a aquellos que defendían posiciones indeseables o divergentes.

No podemos decir que el grupo de *Lunes de Revolución* fuera contrarrevolucionario, pero al ser prohibido acabó siendo oposición. En este hecho tiene su origen el enorme odio que ha venido desarrollando Guillermo Cabrera Infante. Cuando en 1966 Jesús Díaz fundó el *Caimán Barbudo*, una especie de órgano marxista que continuaba en la línea de *Lunes de Revolución*, si bien ahora sin actitudes «estetas» y muy poco ortodoxas, fue igualmente destituido con toda la redacción, y el *Caimán* se dejó de publicar por algún tiempo. Los enfrentamientos intelectuales no debían hacerse públicos.

A mediados de los 60, la Revolución comenzó ya a cerrar filas: se limpió, por ejemplo, ideológicamente la universidad, tanto de los llamados liberales como de los radicales de izquierda, o para ser más exactos, de los pensadores no ortodoxos. La Revolución se fue acostumbrando a no discutir contradicciones ideológicas, dedicándose a eliminar a los representantes de posiciones no deseadas.

Por lo que al aislamiento se refiere, entre 1965 y 1967 el Gobierno se excedió al crear las llamadas *UMAPs (Unidades Militares de Ayuda a la Producción)*, campamentos militares de reeducación para personas «socialmente extravagantes», como *hippis*, Testigos de Jehová y sobre todo homosexuales. En la concepción del «hombre nuevo» y clínicamente puro que tenían los fanáticos, los homosexuales no cuadraban de ninguna manera. Por este motivo, muchos escritores y artistas tuvieron que desaparecer de las instituciones estatales. Tam-

---

[3] Cito en Schumann 1980, p. 41s.

bién Pablo Milanés, hoy uno de los más importantes cantautores de Cuba, estuvo en una UMAP.

El mundo del cine, podemos decir, no se vio afectado por este arranque de fanatismo machista ni por otras limpiezas. Los directores cinematográficos llevaban una especie de *modus vivendi*, una autoconciencia política, que les permitía resolver dentro del ICAIC todos los enfrentamientos a los que hemos aludido. Naturalmente que aquí también se producían pérdidas. Aquellos pocos que no quisieron adaptarse, abandonaron el Instituto Cinematográfico en el transcurso de esos años, como es el caso de Néstor Almendros, cofundador del instituto y cámara de profesión. Por lo demás, tanto la dirección del instituto como los directores cinematográficos eran conscientes de que debían constituir un bastión en la discusión en torno al realismo socialista y cuidar un pluralismo estético, por lo menos en esa década de búsqueda.

En 1968, al desterrar el Gobierno la música de rock, tanto de la radio como de la televisión, por considerarla una particular «expresión del imperialismo estadounidense», el ICAIC formó su propio *Grupo de Experimentación Sonora*, en el que algunos de los mejores músicos jóvenes, como Leo Brouwer, Silvio Rodríguez, Pablo Milanés y Sergio Vitier, experimentaban a la búsqueda de un *sound* personal. De este grupo saldrá la *Nueva Trova*, «la nueva canción cubana».

No hubo en el Instituto Cinematográfico graves problemas de censura. En este punto, Cuba se distancia positivamente de otros países socialistas. Pero la producción, relativamente modesta, de largometrajes tampoco ofrecía mucho material para el conflicto. Además, la producción de una película se basaba –a diferencia de la de un libro, un cuadro o una canción– en un proceso de creación colectivo, que exigía permanentes discusiones, durante las cuales se podían resolver a tiempo los posibles conflictos. A pesar de todo, en el ICAIC han tenido siempre lugar calurosos debates sobre forma y contenido, que han dejado huellas en algunas películas, como en *Hasta cierto punto*, de Tomás Gutiérrez Alea (1984). No me consta que por motivos político-ideológicos se haya dejado de divulgar ninguna película. Sólo en el último tiempo ha tenido lugar un acto brutal de censura cinematográfica. Éste se produjo cuando la fracción dura actuó contra *Alicia en el pueblo de Maravillas*, de Daniel Díaz Torres (1991).

El siguiente conflicto político-cultural sólo afectó indirectamente al mundo del cine, pero conviene hacer referencia a él, porque marca el final de la primera década, en la que los debates ideológicos y las discusiones político-culturales todavía eran posibles; un tiempo en el que la Revolución –a pesar de todos los intentos dogmáticos de amordazamiento– todavía tenía algo de experimento e improvisación, por lo que era capaz de crear espacios de libertad. En 1971, el caso Padilla terminó con esta «fase romántica» –como le gusta definir a Lisan-dro Otero, escritor que representó entonces un doble papel–, periodo en el que se cometieron los primeros errores.

El poeta Heberto Padilla fue el único de los «estetas» de *Lunes de Revolución* que no abandonó Cuba y desde 1968 se había convertido en un factor perturba-dor, pues con su libro *Fuera de juego* había puesto en tela de juicio el optimismo revolucionario. Heberto era un bohemio insubordinado que no había vuelto la espalda a la revolución, pero que tampoco se dejaba encasillar fácilmente; la izquierda europea occidental lo había estilizado como el mascarón de proa de la resistencia intelectual. En marzo de 1971 el aparato de seguridad del Estado apartó a Padilla de la circulación, es decir, lo encarceló porque, como «contra-rrevolucionario», habría mantenido presuntos contactos conspirativos. Después de la presión internacional y de una oscura «autocrítica», Heberto Padilla fue puesto en libertad.

Su caso fue el comienzo del llamado *quinquenio gris* –como se llamó después eufemísticamente a este periodo en el que se llevaron a cabo las más terribles persecuciones. La política económica de Fidel Castro había fracasado, la línea dura dentro del partido, que era partidaria de Moscú, le obligó a la autocrítica y aprovecharon el momento para hacer ideológicamente *tabula rasa* en todos los campos. Durante unos años, Cuba se encerró en sí misma y estableció un nuevo sistema –o mejor dicho, uno viejo, pues éste provenía del arsenal soviético de la dirección del estado–, un sistema centralista de administración estatal. La Re-volución fue constreñida en un corsé e institucionalizada. Esto significó el fin provisional de los debates en torno al camino que debería seguir el proyecto de construcción de una sociedad socialista.

En 1976 se creó el primer Ministerio de Cultura del que empezaron a depen-der todas las instituciones culturales. También el ICAIC perdió *de iure* su auto-nomía y aparecía ahora como parte del Ministerio de Cultura. Pero esta cosméti-ca exterior no cambió *de facto* prácticamente nada. El presidente del ICAIC –un viejo conocido, Armando Hart, que había sido ministro de educación y que, como Alfredo Guevara, permanecía fiel a Castro– se convirtió en representante del ministro de cultura. Hart intentó revitalizar la maltrecha cultura cubana, tra-tando de ganar la confianza de artistas e intelectuales para una política cultural nueva y más abierta.

Durante el «quinquenio gris» desaparecieron del catálogo de temas de la pro-ducción cinematográfica aquellas cuestiones puntuales que podían ser motivo de conflicto y se retomaron los temas revolucionarios de los años 60 –la inva-sión de Bahía Cochinos (*Girón*, de Manuel Herrera, 1972), la lucha contra las bandas contrarrevolucionarias en el Escambray (*El hombre de Maisincú*, de

Manuel Pérez, 1973) o el enfrentamiento con actos de sabotaje (*Ustedes tienen la palabra*, de Manuel Octavio Gómez, 1973)– y los documentales de Santiago Álvarez sobre los viajes de Fidel Castro por América Latina, África y la Europa del Este (*De América soy hijo...*, 1972, etc.): materias que fomentaban el acuerdo y que se vierten en películas muy notables.

Una excepción es Sara Gómez, la única mujer y, además, de color, que tuvo la suerte de dirigir una película en Cuba: *De cierta manera*, de 1974, una obra emancipadora y fuera de lo común que tuvo que terminar Tomás Gutiérrez Alea, porque Sara murió prematuramente de asma.

El impulso político-cultural dado por Armando Hart vuelve a estimular, a partir de 1976, las actividades culturales, pero los artistas, traumatizados por las olas de persecución, parecen desconfiar de tanta armonía. Sea como fuere, el caso es que sólo emprenden de forma vacilante obras que se salen del marco establecido. Con *Cecilia* (1982) y *Amada* (1983), de Humberto Solás, el largometraje da un giro fatal para convertirse en un espectáculo histórico, caro y complaciente. Esta situación desembocará a comienzos de los 80 en una crisis que tendrá como resultado un cambio en la cúpula del ICAIC: Julio García Espinosa, uno de los más notables directores de la generación de los fundadores, sustituirá a Alfredo Guevara. La política de apoyo a la producción de películas baratas y ambientadas en el presente, y la búsqueda de nuevos talentos, harán que el cine cubano se vuelva de nuevo atractivo y popular. La vanguardia cultural de los 60 no supo aprovechar las posibilidades innovadoras que se presentaron en la segunda mitad de los 80 en otros campos de la cultura cubana –sobre todo en las artes plásticas, en la música, en el teatro, incluso en la literatura y el ballet–, como consecuencia de la aparente apertura política que vive la Unión Soviética.

Eran reacciones artísticas ante la inmovilidad de las instituciones estatales, al entumecimiento de la política cultural que no podía o no quería darse cuenta de que una nueva generación buscaba denodadamente nuevas formas de expresión y, también, nuevas posibilidades de organización. Mediante la provocación, esta nueva generación, y a su frente los artistas plásticos, trataron de inquietar a los poderes establecidos, a «esos centenarios» –como les llamaron. Los rebeldes artistas llevaron a cabo acciones en la calle y pusieron en tela de juicio muchas cuestiones, pero no la revolución. Un grupo de experimento de arte callejero intervino en un debate monográfico de la honorable UNEAC, tocando música rock. Se habían colocado máscaras antigás en la cabeza y llevaban letreros en los que se podía leer: "No queremos envenenarnos, envenenarnos con la vieja mierda."[4]

---

[4] Cito en Schumann 1989.

Desgraciadamente, no puedo seguir desarrollando este punto, pues la presentación de la cultura cubana en los últimos años de la década de los 80 merecería una investigación particular y más detallada. Resumiendo, podemos decir lo siguiente: la cultura que se manifestó como arte de calle fue una cultura de protesta contra el aparato; que llevó a cabo exposiciones artísticas en trastiendas y representó teatro en la sala de estar, teatro de expresión corporal, teatro-danza, como alternativa al polvoriento ballet de Alonso; que se expresó también a través de la música de rock, que se había convertido en música nacional en América Latina; y que incluso estaba en condiciones de rodar películas experimentales de 16mm en el marco de la *Brigada Hermanos Saiz*. Esta «cultura de abajo» se desarrolló fuera y, a menudo, contra la resistencia de los funcionarios de la cultura y de las instituciones culturales del Estado. Una cultura que fue vista con miedo por unos, y observada con intensidad por otros. Fue una experiencia nueva para Cuba por su amplitud y su potencial de contradicción.

Esta cultura se desarrolló teniendo como telón de fondo la llamada «rectificación de errores y tendencias negativas». A partir de 1986 fue una respuesta típicamente cubana al *glasnost* y *perestroika* que cambiaron la imagen total de la Unión Soviética. La «rectificación del error» consistió principalmente en que el Gobierno emprendió de nuevo cuidadosas reformas económicas –como la de volver a autorizar los mercados agrícolas– y tomó en otros campos el camino de la recentralización. Al mismo tiempo, los cubanos se atrevieron a liberarse de los modelos foráneos y volver a sus propias raíces ideológicas: los modelos más buscados serán ahora Che Guevara y José Martí.

Es en este contexto –de reconocimiento de las propias fuerzas y de redescubrimiento de los valores nacionales independientes– en el que se puede entender el brote cultural a fines de los 80 y su aceptación por parte de la autoridad estatal. El espacio de libertad que permitía llevar a cabo muchos experimentos culturales era relativamente grande. Las medidas represivas tenían como objetivo primordial acontecimientos artísticos en espacios públicos u obras de arte y pinturas que presentaban, de manera bastante insólita y chocante, a ciertos iconos de la Revolución, como a Che Guevara o a Fidel Castro.

Los años 90 son considerados como la década de mayor intolerancia político-cultural en la historia de la cultura cubana. La suspensión definitiva de la ayuda procedente de la Europa del Este, la búsqueda desesperada de un apoyo por parte de los países occidentales, el progresivo debilitamiento del centralismo económico y la adhesión dogmática al sistema de poder autoritario han conducido a una política altamente heterogénea en todos los campos, que se deja sentir de forma directa y dramática sobre la cultura. Se trata de una política arbitraria y desconcertante, como Cuba no había conocido hasta entonces.

Esta política comenzó en junio de 1991. Diez intelectuales, escritores y periodistas, piden, en una carta abierta dirigida a la dirección del Estado, un diálogo nacional para impedir la catástrofe que amenaza económica y socialmente al país, y elecciones libres. La reacción: la mayor parte de los firmantes son detenidos y condenados a penas de cárcel de uno y dos años "por asociación ilegal y por difamar al Gobierno."[5]

Ese mismo mes se proyecta en La Habana la película *Alicia en el pueblo de Maravillas*, de Daniel Díaz Torres, que es una sátira social y una crítica al sistema como no había aparecido hasta entonces en ninguna obra. Al producirse tumultos durante la proyección de la película, provocados probablemente por agentes del aparato de seguridad del Estado, ésta fue prohibida. La prensa del partido desata una campaña casi estalinista de difamación contra Díaz Torres, que era miembro del partido. El presidente del Instituto Cinematográfico es destituido y el ICAIC, pesadilla constante para la línea dura del aparato, acabará uniéndose –es decir, que quedará fuera de juego– al Instituto para Radio y Televisión, un instrumento de propaganda de calidad contrastada. Esta medida le parece excesiva incluso a Fidel Castro, el cual colocará de nuevo a su fiel y viejo amigo Alfredo de Guevara, que había tenido que abandonar el ICAIC diez años antes como consecuencia de la última crisis sufrida por el Instituto, en su antiguo puesto. *Alicia* volverá a ser proyectada medio año más tarde ante los delegados asistentes al festival de cine de La Habana. A continuación la obra sólo se podrá ver ocasionalmente en la filmoteca. La película no ha sido distribuida de manera regular por la isla, pero los ingeniosos cubanos la conocen mejor que cualquier otra película cubana: se han hecho con cintas de video ilegales.

En diciembre de 1993, a los dos años del escándalo, el festival de cine de La Habana, el acontecimiento cultural más importante a nivel internacional, se abre con *Fresa y chocolate*, de Tomás Gutiérrez Alea y Juan Carlos Tabío: una película que trata un tema actual y que resulta asombrosamente crítica; es una llamada insistente a la tolerancia en un sistema que lleva mucho tiempo marcado con el hierro de la intolerancia. La película se convierte en el primer éxito mundial del cine cubano y refuerza la posición del ICAIC.

En diciembre de 1995 se estrena *Guantanamera* en el festival, la última película de Tomás Gutiérrez Alea (nuevamente en colaboración con Juan Carlos Tabío), una crítica abierta al burocratismo. Los críticos cinematográficos la alaban y Fidel Castro la critica –aunque lo hace tres años más tarde, en febrero de 1998 y ya muerto el director. En un discurso de varias horas pronunciado ante

---

[5]   Cito en Schumann 1992b.

la Asamblea Nacional, Fidel lanza también algunas críticas a la cultura, porque, según él, hace poco por infundir optimismo en la sociedad. Al oír estas palabras el mundo de la cultura se teme lo peor. Se vuelve a hablar de cerrar el ICAIC. Guevara, su presidente, anuncia en una rueda de prensa que los hombres y mujeres del cine permanecen fieles a la Revolución. Castro, presidente del Estado, relativiza su crítica poco tiempo más tarde en un encuentro que tiene con la presidencia de la UNEAC. Sus manifestaciones no parecen esconder ninguna carga política, aunque sí la táctica de la intimidación. Toda persona puede ser excomulgada: tanto héroes de la Revolución –caso de Ochoa– como importantes ideólogos –caso de Aldana.

Si alguien que fue un prominente intelectual se presenta ahora como disidente, se puede considerar moralmente muerto en el enfrentamiento político. El 10 de marzo de 1992, Armando Hart, ministro de cultura, envió una carta abierta al escritor Jesús Díaz, en la que le acusaba de ser un traidor a la Revolución y escribía: "Las leyes no establecen la pena de muerte por tu infamia; pero la moral y la ética de la cultura cubana te castigarán más duramente."[6] Era la tirada sin precedentes de un hombre que de 1976 a 1997, año en que fue relevado de su puesto, había sido responsable de la política cultural cubana.

Hasta ese momento, el presidente del Estado, el ministro de cultura o el ideólogo del partido habían sido los encargados de meter en razón, con un arsenal de amenazas, a los intelectuales y artistas que se habían «extraviado». Sin embargo, en marzo de 1996, el ministro de defensa, Raúl Castro, se inmiscuyó por vez primera en asuntos intelectuales al presentar un «Informe del Politburó» ante el V Pleno del Comité Central: un ajuste de cuentas ideológico en el que atacaba con desacostumbrada mordacidad a las fuerzas reformistas académicas. Para dar ejemplo, se castiga a un grupo de pensadores del partido, que firma como ONG, el *Centro de Estudios de América (CEA)*. En este centro se discutía mucho sobre los modelos que podían ser más apropiados para una amplia reforma de la economía y la democratización del partido y la sociedad. Para Raúl Castro, sin embargo, los camaradas se encuentran "atrapados en la tela de araña tejida por cubanólogos extranjeros, que están al servicio de los Estados Unidos y su política de la quinta columna."[7]

La catilinaria lanzada por Raúl Castro consterna a los intelectuales, pues sus argumentos ya habían sido utilizados veinte años antes, en el llamado «quinquenio gris», con el fin de limpiar los institutos y acallar a la élite intelectual. Tanto la UNEAC como el mismo Hart se sienten afectados. Las consecuencias

---

[6]   Cito en Schumann 1992a.
[7]   Cito en Schumann 1996.

prácticas que siguen a esta diatriba no parecen sobrepasar determinados límites: el CEA volverá a parar a manos del Partido, su director será cesado y algunos de los investigadores serán trasladados a institutos donde ya no tienen que trabajar en la búsqueda de reformas para Cuba. El fuego se enciende y se apaga, pero deja tras de sí un clima de inseguridad.

En esta década, la influencia de una meditada política cultural casi no se percibe en el proceso de dolarización que vive la Revolución. El Estado va descuidando el fomento de la cultura y sólo se preocupa por mantener lo elemental, teniendo como base el peso (por lo que como mucho se puede hacer frente a los gastos de personal) y espera que las instituciones culturales se autofinancien, es decir, que ellas mismas consigan las divisas que necesitan.

En el campo del cine, esta política de ahorro ha llevado entre otras cosas a que se deje de emitir el querido *Noticiero Latinoamericano* y se haya congelado casi en su totalidad la producción de documentales y cortometrajes. Decenas de directores cinematográficos y cientos de técnicos están en el paro, si bien la mayor parte de ellos sigue recibiendo mensualmente del ICAIC el salario base. El Instituto Cinematográfico se financia principalmente prestando sus servicios a sociedades extranjeras, y lo que había sido lugar de producción se ha convertido en una empresa de prestación de servicios. Sólo en coproducción con socios extranjeros es posible rodar un largometraje –como ocurrió el año pasado con *La vida es silbar* (1998), de Fernando Pérez, una obra excepcional desde el punto de vista estético en la que se defiende que el individuo es el responsable último de su vida. Esta referencia al individuo ya aparece también en otras formas de expresión cultural, especialmente en la literatura, en las artes plásticas, en la música pop y, en parte también, en el teatro. Se trata de un fenómeno de los años 90 y de la tímida apertura de un sistema que reclama para sí iniciativa privada.

Por otra parte, la situación político-cultural se presenta muy tensa al final de esta década. Ha aumentado la presión sobre aquellos disidentes que podrían ejercer una mayor influencia. Así, por ejemplo, crece el número de periodistas que no trabajan bajo la tutela del Estado, como es el caso del grupo *Cuba Press*, del escritor Raúl Rivero. Éstos intentan llevar al pueblo cubano mensajes y comentarios críticos sobre el régimen, sirviéndose de medios de comunicación extranjeros. Por este motivo, Rivero y otros periodistas ya han sido varias veces amonestados y arrestados por algún tiempo. Tres de ellos fueron condenados en mayo de 1999 a penas de prisión que oscilan entre un año y medio y dos años y medio.

Una parodia de proceso contra cuatro disidentes, entre los que se encontraba Vladimiro Roca –hijo de Blas Roca, cofundador del PC–, fue retransmitido incluso por televisión a mediados de marzo de 1999. Los argumentos de la acusación eran tan pobres que hasta algunos altos funcionarios se mesaban los cabellos. A pesar de todo, los jueces se mantuvieron firmes en su sentencia condenándolos a penas de cárcel entre 3 y 5 años. El motivo era que en 1997 habían sometido la política del gobierno a un despiadado análisis y, como consecuencia de él, habían llamado al abstencionismo electoral. Las llamadas del Papa y de la Unión Europea fueron desoídas, lo que provocó que un acto destinado a mejorar la imagen de la política exterior, como era la visita del rey de España, fuera cancelado.

Sin embargo, se ha aprobado una nueva ley de información que propiamente debe servir para luchar contra la criminalidad, pero que en realidad sólo sirve para incriminar a la disidencia. En ella se dice que todo aquel que recoja informaciones críticas sobre la realidad cubana y las pase a medios de comunicación o a departamentos del Gobierno estadounidense, está ya con un pie en la cárcel. Se amenaza con penas de hasta 20 años de cárcel si tales informaciones sirven a las «malas intenciones de los Estados Unidos con respecto a Cuba». Esta ley afecta también a los corresponsales extranjeros, que hasta ahora podían ofrecer con cierta transparencia una imagen de la situación que vive Cuba.

La cultura, por el momento, queda exenta de sanciones. Incluso el Estado invierte: la vivienda de Dulce María Loynaz, que tras su muerte amenazaba ruina, se está restaurando para convertirse en un centro cultural en el que tendrá su sede la ilustre Academia de la Lengua Cubana. Se está tratando de poner en marcha la producción editorial, que está muy necesitada: este año se van a imprimir 372 títulos, en vez de los 275 del pasado año; en total, 10 millones de libros. Pero con todo, esto sólo supone una séptima parte de los que se publicaban en tiempos más propicios. Para terminar diremos que este año se van a producir 5 ó 6 películas (recordemos que en 1998 sólo se produjo una), después de desaparecer la presión externa ejercida sobre el ICAIC y se produjeran los cambios de personal en el ICRT, la televisión. Sea lo que sea, en esta década de dificultades existenciales y con un clima intelectual de terrible intolerancia, se vienen realizando películas sobre temas actuales que son más críticas y, estéticamente, más relevantes que antes.

(Traducción: Antonio Ángel Delgado)

Referencias bibliográficas

Schumann, Peter B.: *Kino in Cuba 1959-1979*. Frankfurt a.M. 1980.

Schumann, Peter B.: «Kunst oder Tod – Wir werden siegen!» Vom Aufbruch der Kultur in Cuba. En: *Der Tagesspiegel*, Berlin (5.11.1989), suplemento dominical.

Schumann, Peter B.: «Du sollst Dich Judas nennen». Der Fall Jesús Díaz und die kulturpolitische Lage in Cuba. En: *Frankfurter Rundschau* (16.7.1992a).

Schumann, Peter B.: Eiszeit in der Karibik. Die kubanische Regierung macht gegen die Intellektuellen mobil. En: *Der Tagesspiegel*, Berlin (19.7.1992b), suplemento dominical.

Schumann, Peter B.: Scharfmacherei und Schadensbegrenzung. Die kulturpolitische Situation in Cuba nach der Brandrede Raúl Castros. En: *Frankfurter Rundschau* (24.5.1996).

No queremos entonar sólo canciones de gesta

Heidrun Adler (Seevetal)

La gran creatividad que hizo del teatro cubano el más interesante de América Latina en los años 60 fue tan aplastada por la burocracia de la Revolución en la década siguiente que muchos autores enmudecieron o abandonaron el país. Lo que surgió fue una dramaturgia conformista plagada de héroes «del trabajo», «de la Revolución», «de la zafra», etc. A partir de entonces se dio prioridad a las posibilidades didácticas del teatro,[1] con el resultado de que fuera del país ya apenas se recuerdan los grandes nombres como Virgilio Piñera, José Triana, Abelardo Estorino y otros, equiparándose el teatro cubano al concepto de teatro colectivo. Hoy, o para ser más exacta, en los años 90, dicho teatro vuelve a suscitar interés. Me propongo demostrar tal aseveración en cuatro autores: Joel Cano, Víctor Varela, Alberto Pedro Torriente y Reinaldo Montero. No es mi propósito abordar el hecho particular de que estos autores escriban textos críticos nada conformistas; más bien pretendo mostrar de qué manera reaccionan ellos ante la realidad de los años 90. Doy igualmente por sentado que sus textos se hallan a la altura del teatro mundial.

> A mí me humilla vivir en este país de héroes, pensando que hago una música inmoral. Mareado estoy de marchas y de finales épicos. Quiero una canción donde haya una polaca que no sepa hablar, un inventor que no tenga piezas para experimentar, un payaso inútil en un circo solemne... Así estaría feliz con mi miseria.[2]

Esta cita es de la obra *Timeball, o el juego a perder el tiempo*, de Joel Cano. El autor nació en 1966 y escribió la pieza en 1989 como un trabajo de examen en el Instituto Superior de Arte de La Habana. *Timeball* es uno de los textos más interesantes del teatro cubano. En esta obra se disuelven totalmente los procesos tradicionales de la acción dramática, al tratar Cano las distintas «escenas» como naipes de un juego repartidos al azar. 52 escenas, fragmentos de escenas o canciones interpretadas en un orden aleatorio, transforman el teatro en un espacio en

---

[1] El teatro colectivo desarrollado por *Teatro Escambray, La Yaya, Cabildo Teatral Santiago, Cubana de acero* etc. ejerció gran influencia sobre el teatro didáctico mundial. Véase entre otros: Garzón Céspedes 1977; Adler 1982; Boudet 1983; Röttger 1992.

[2] Cano 1989, p. 339.

Janett Reinstädler/Ottmar Ette (eds.):
Todas las islas la isla. Nuevas y novísimas tendencias en la literatura y cultura de Cuba.
Frankfurt a.M. – Madrid: Vervuert – Iberoamericana 2000, pp. 137-142.

el que caben infinitos significados. Se dan tres tiempos: 1933, año en que Gerardo Machado es derrocado por un golpe de estado; 1970, año de la mayor crisis económica posterior al triunfo revolucionario; y un no-tiempo. Los años se corresponden con textos prácticamente idénticos que dan la sensación de una infinita repetición de las mismas cosas. Ínfimas desviaciones ponen de manifiesto correlaciones literarias, sociales o políticas. Las concepciones del futuro son previstas en el pasado, y el futuro a su vez reelabora concepciones viejas. Carolin Overhoff analiza en su disertación (1998) cómo Cano elimina el concepto de historia en desarrollo. Nos ofrece a cambio toda una serie de metáforas y analogías como, por ejemplo, los anillos mágicos del *joker*, que separa y junta jugando, y que describen el tiempo como una cadena de anillos idénticos; o la máquina del tiempo, con la cual el inventor intenta romper dicha cadena, pero que no funciona.

Sin embargo, *Timeball* no sólo elimina (en forma y contenido) las leyes del tiempo. La pieza rompe con todas las convenciones del teatro, se resiste a todo orden tradicional y busca algo enteramente novedoso. Suponiendo que en cada nueva puesta en escena –tal vez hasta en cada función– se mezclen de nuevo las cartas y que los cambios sean posibles incluso dentro de cada una de las 52 escenas,[3] la sensación de caos es inevitable. Y según los postulados de la teoría del caos, un sistema caótico proporciona tanta más información cuanto más caótico es. La constante reiteración funciona como un sistema de reciclaje, o sea, puede ser un proceso de regeneración. En su artículo «Ruptura y caos en *Timeball*, de Joel Cano», Laurietz Seda hace un impresionante análisis de esta relación entre caos e información.[4]

> La conciencia es un motor. Una broma de mal gusto que en cada manual de anatomía clásica ilustra la ignorancia acerca de su propio enigma. Es el lugar del archivo, de la pantalla de proyección y de la máquina que pinta obsesiones. Hace suponer un extraño espacio que cobra forma al disolverse. Es confidencial, y cada cual encuentra en él su refugio. Este lugar casi siempre inhóspito es el eco lejano de nuestra rebelión.[5]

La cita es de *Ópera ciega*, de Víctor Varela, nacido en 1961, y la obra data del año 1991.[6] *Ópera ciega* es una obra hermética. Overhoff la caracteriza como una puesta en escena de la conciencia del autor, en cuya cabeza se hallan el

---

[3]   Una de las cartas ofrece al banquero, lector o autor, la posibilidad de introducir en el juego sus propias concepciones: "Desea cambiar... Esta página es para todo eso. No deje pasar la oportunidad." Cano 1995, p. 360.

[4]   Cf. Seda 1996.

[5]   Varela 1991, p. 255.

[6]   Carolin Overhoff (1999), que tradujo el texto al alemán, hace una exhaustiva presentación del autor en su artículo «El artista como sucedáneo: 'Ópera ciega', de Víctor Varela».

tiempo y el espacio de la acción. Sus contradicciones, dudas, crítica e impotencia autorales se manifiestan a través de decorados literarios y mitológicos preexistentes: el parricidio en la Antigüedad; en Cuba, la referencia directa a *La noche de los asesinos*, de José Triana; o toda la problemática hamletiana, con la degeneración de los paradigmas revolucionarios; o la contradicción Hamlet-Ofelia, que implica la devoción por la mujer-madre y a la vez el desprecio en relación con el actual «jineterismo», léase prostitución, como fuente legal de divisas; Cristo como paradigma de la autoinmolación... Todo, repito el concepto, es hermético, encerrado en la subjetividad del autor.

Alberto Pedro Torriente procede de un modo muy distinto. En él encontramos cursos de acción narrables ubicados en ambientes reconocibles. Sus obras se desarrollan aquí (en La Habana) y hoy.

Nacido en 1954, Alberto Pedro escribió *Manteca* en 1993. Tres hermanos crían un cerdo en un apartamento habanero. De entrada queda claro que la actual penuria económica acapara la atención del autor. Los víveres están racionados: uno de los personajes se ocupa todo el tiempo de dividir el arroz en porciones diarias para que alcance hasta la próxima cuota; a su vez, el cerdo es una garantía de carne y grasa (manteca) a largo plazo. El título de la obra, *Manteca*, es una alusión directa a esta situación, pero apunta también a aspectos más significativos del texto. *Manteca* es el título de una canción de Chano Pozo (uno de los rumberos más renombrados de Cuba) en la que el término era sinónimo de marihuana. La canción se escucha a lo largo de toda la obra, un recurso estilístico que, de la discusión acerca del cerdo, en primer plano, es de gran efecto dramático e hilarante –quién lo va a matar, porque entretanto le han cogido cariño–, y que conduce a la verdadera problemática de la obra: la familia, un tema central en el teatro cubano. En este caso, la familia se ha desintegrado por motivos económicos, e incluso los tres hermanos sólo se mantienen unidos por el cerdo, o sea, por un secreto común, un «crimen» compartido. Pero hay más respecto al tema de los ideales: Celestino es un comunista profundamente desengañado. Destacar que éste o aquel otro, o uno mismo, es comunista constituye un detalle nuevo en el teatro cubano. Pero hay otra característica que sólo se destaca en las obras más recientes: Pucho, el hermano de Celestino, es homosexual. A todo lo cual se añade el significado «subversivo» de lo que hacen los hermanos con el cerdo: evadir la realidad, la disciplina, compulsiones concretas y abstractas...

El diálogo acompaña este doble juego. Del discurso directo, sencillo, surgen sin más trámite metáforas significativas y asociaciones absurdas o conclusiones lógicas aplicables a cualquier otra situación. Ejemplo: Pucho se queja del nauseabundo hedor que inunda el apartamento. Para que nadie se entere de la existencia del animal, mantienen cerradas puertas y ventanas. Y Celestino argumenta:

> Aquí no hay peste. Hay un olor fuerte y nada más, pero peste, lo que se dice peste, no la hay, porque nosotros dos no la sentimos y la peste percibida por una sola persona es peste subjetiva. Por lo tanto, tu peste no tiene valor real. (Silencio seguido de la melodía de *Manteca*.)[7]

El empleo de la música como elemento autónomo, interpretativo, es un recurso notorio en Alberto Pedro, que se vale siempre de la música popular. En *Weekend en Bahía* (1986) aborda un tema muy peligroso por entonces: el reencuentro entre cubanos exiliados con amigos o parientes de la Isla. Lo que el diálogo deja en suspenso en esta pieza lo expresa con toda claridad la música: por un lado, los Beatles; por el otro, Benny Moré. Dos concepciones del mundo inconciliables.[8]

En 1989 Alberto Pedro retoma el tema en *Delirio habanero*, donde contrapone a los cantantes Celia Cruz y Benny Moré: ella, que se ha marchado al exilio; él, que se quedó. Aquí también el diálogo se mantiene inconcluso: "Sería bueno..."[9], "En fin de cuentas todos somos de aquí, y deberíamos..."[10], etc. Pero al final el edificio se derrumba y entre ambos empujan hacia fuera la vieja victrola con la música de Benny Moré.

Pasemos ahora al cuarto autor: Reinaldo Montero, nacido en 1952. La pieza *Los equívocos morales*, brillantemente traducida al alemán por Gotthard Schön, data de 1993, el mismo año en que se escribió *Manteca*. La obra se desarrolla durante el asedio a Santiago de Cuba en 1898, o sea, al final de las guerras de independencia. La flota norteamericana bloquea el puerto santiaguero; la ciudad es presa del hambre. Los equívocos morales se derivan explícitamente del dilema en que se halla el mando español en la Isla: ¿cumplir la orden de la corona y sacrificar barcos, tropas y población en una guerra perdida de antemano o capitular?

Montero elige para esta pieza una forma original, una combinación de *commedia dell'arte*, parodia, drama y poesía.

1. Tres payasos nos cuentan que la obra sobre el asedio a Santiago de Cuba se exhibirá todas las noches; asumen improvisadamente distintos roles y comentan la acción, es decir, los acontecimientos históricos, en el proscenio para seguidamente burlarse entre telones de la banalidad de la tragedia actual, enfocándola como farsa, al menos bajo la luz de los reflectores del teatro: *commedia dell'arte*.

---

[7] Pedro Torriente 1993, p. 177.

[8] En 1986 los cubanos del exilio eran aún estigmatizados oficialmente como «gusanos». El que Alberto Pedro elija la música de los Beatles para su personaje del exilio refleja, ademas de la «otredad», una cierta nostalgia, admiración y, ante todo, respeto por ese otro.

[9] Pedro Torriente 1996, p. 58.

[10] Pedro Torriente 1996, p. 61.

2. Los españoles están personificados por el almirante Cervera y el comandante de la plaza, Tobares. Éste, preocupado por su propia supervivencia; aquél, Cervera, reflexivo, responsable. Los cubanos están representados por dos añejas damas con los alusivos nombres de Dolores y Angustias. Las informaciones sobre lo que ocurre fuera del escenario se incorporan al diálogo mediante mensajeros, telegramas, etc. La presentación de los personajes, el planteo del problema y el desarrollo de la obra se hacen al estilo del drama tradicional.

3. La contraparte, los norteamericanos, es caricaturizada en anacrónicas entrevistas de televisión. Huelga realzar aquí la imagen actual del enemigo: parodia.

4. ¿Y la poesía? El amor entre Tica, una joven cubana, y Balboa, un marinero español, recorre toda la obra. Los amantes hablan en versos y metáforas recurrentes acompañados por el cantante ciego Anastasio y su guitarra.

Reinaldo Montero combina artísticamente estos recursos estilísticos en un juego extraordinariamente enigmático. Por ejemplo, Tica y Balboa están presentes debajo de la mesa, en una esquina, mientras los militares discuten la situación. Deslizan sobre el piso barquitos de papel, los estrujan y vuelcan, siguiendo el diálogo de la escena y actuando en su propio mundo al margen de los sucesos. Además, encontramos también «equívocos morales» paralelos. En el plano formal, esta técnica da lugar a una simultaneidad entre acción «real» y acción «irreal». Lo que logran en el plano «histórico» los tres payasos con sus comentarios e interludios, a saber, provocar ese rompimiento de la ilusión llamado a suscitar la reflexión, la comparación de aquella situación de 1898 con el presente, lo logran los tres personajes poéticos en el plano sentimental, donde también se registra un constante rompimiento de la ilusión. Clichés ofrecidos en lenguaje críptico por el autor, tales como el amor es el pan de los pobres, el amor es un medio de entendimiento entre los pueblos y otros por el estilo, son abruptamente reducidos a la disyuntiva entre obediencia y responsabilidad.

Gotthard Schön ve en la obra una plasmación de las tentativas,

> decididamente condenadas como equívoco moral, de un sistema que en el macabro sentido de su ideología de «socialismo o muerte» opta por lo segundo y se hunde a sí mismo en el abismo de la historia. [...] Reinaldo Montero describe el cotidiano ejercicio de supervivencia real-surreal del artista cubano, de la subsistencia en un país donde casi nada funciona y cuya infraestructura está carcomida; describe las ansias de una juventud que no quiere otra cosa que gozar, entregarse al placer, aunque sea el placer estatalmente censurado que se proporcionan con un extranjero. Los ex ciudadanos de la RDA apenas tendrán dificultades para reconocer aquí la impronta de su extinto estado.[11]

---

[11] Schön 1999, p. 299. Traducción de Jorge A. Pomar.

Las conclusiones del payaso les vienen bien a cualquiera de las cuatro obras:

> El país está perdido; y el Gobierno lo sabe [...] pero no le importa. O le importa, pero como no sabe qué hacer, se hace el que no lo sabe, o el que lo sabe y no le importa.[12]

Con estos cuatro autores espero haber logrado demostrar sucintamente que el teatro cubano se ha liberado de la máxima ortodoxa de «dentro de la Revolución todo; fuera de la Revolución nada». Joel Cano hace profesión de fe a favor de la creatividad del caos; Víctor Varela se encierra con los mitos de Occidente en un universo propio; Alberto Pedro pasa a la ofensiva, sirviéndose para ello de la música popular, un elemento que une a todos los cubanos; y Reinaldo Montero pone en juego una vasta gama de recursos teatrales. Podrían mencionarse más nombres, más obras, otras formas de expresión... Pero, se trate de una rebelión cifrada, de una crítica abierta o del intento de salvar lo que valga la pena salvar, lo cierto es que el teatro cubano ya ha dejado de entonar las canciones de gesta que le impusieron en los años 70.

(Versión española de Jorge A. Pomar)

Referencias bibliográficas

Adler, Heidrun: *Politisches Theater in Lateinamerika. Von der Mythologie über die Mission zur kollektiven Identität*. Berlin 1982.

Boudet, Rosa Ileana: *Teatro Nuevo. Una respuesta*. La Habana 1983.

Cano, Joel: *Timeball o el juego de perder el tiempo*. En: Boudet, Rosa Ileana (ed.): *Morir del texto. Diez obras teatrales*. La Habana 1995, pp. 317-389.

Garzón Céspedes, Francisco: *El teatro de participación popular y el teatro de la comunidad: un teatro de sus protagonistas*. La Habana 1977.

Montero, Reinaldo: *Los equívocos morales*. En: Boudet, Rosa Ileana (ed.): *Morir del texto. Diez obras teatrales*. La Habana 1995, pp. 43-108.

Overhoff, Carolin: El artista como sucedáneo: «Ópera ciega», de Víctor Varela. En: Adler, Heidrun/Herr, Adrian (eds.): *De las dos orillas: teatro cubano*. Frankfurt a.M./Madrid 1999, pp. 103-110.

Pedro Torriente, Alberto: Delirio Habanero. En: *Tablas* 1 (1996), pp. 47-66.

Röttger, Kati: *Kollektives Theater als Spiegel lateinamerikanischer Identität. La Candelaria und das neue kolumbianische Theater*. Frankfurt a.M. 1992.

Schön, Gotthardt: Reinaldo Montero – «Moralischer Irrtum». En: Adler, Heidrun/Herr, Adrián (eds.): *Kubanische Theaterstücke*. Frankfurt a.M. 1999, pp. 299-300.

Seda, Laurietz: Ruptura y caos en *Timeball*, de Joel Cano. En: *LATR* XXX, 1 (otoño de 1996), pp. 5-19.

Varela, Víctor: *Ópera ciega*. En: Boudet, Rosa Ileana (ed.): *Morir del texto. Diez obras teatrales*. La Habana 1995, pp. 256-277.

---

[12] Montero 1995, p. 46.

Abilio Estévez, Virgilio Piñera y la claustrofobia: el espacio dramático cerrado y la Isla

Erika Müller (Wien/Quintana Roo)

1. Introducción

Y regresar al horror-plácido de la Isla, ese sitio fuera del mundo, condenada a la maldita circunstancia del agua por todas partes, donde nacer es, además de una fiesta innombrable, el saberse hombre aislado para siempre.[1]

Con esta cita del dramaturgo y narrador cubano Abilio Estévez quiero empezar el análisis de uno de los recursos más frecuentes en el teatro cubano del siglo XX: el uso del espacio dramático cerrado, junto con sus personajes aislados y confinados. Valiéndome del ejemplo de una obra representativa del mismo autor, *La verdadera culpa de Juan Clemente Zenea*[2] (1984), estableceré una relación entre espacio teatral y espacio histórico, real. Y al analizar el espacio dramático cerrado y las obras teatrales de Abilio Estévez, resulta imprescindible tomar en cuenta también a otro dramaturgo y narrador cubano, Virgilio Piñera. Por dos razones: primero, porque Estévez mismo subrayó la importancia de la influencia que Piñera ejercía sobre su obra,[3] y segundo, porque Piñera, el dramaturgo más importante de Cuba, es el «maestro» del espacio cerrado, como mostraré más abajo. El crítico cubano Rine Leal señala que Piñera hace "un teatro cerrado, que refleja la visión disminuida y deforme del mundo que se termina en sí mismo, que carece de ventilación exterior."[4]

El espacio cerrado no es un signo exclusivo de la obra de Estévez y de su maestro Piñera. También otros autores cubanos alojan sus personajes en un ambiente que parece ser rigído por el confinamiento y la sensación de imposibilidad de salida. Un fenómeno visible tanto en el teatro de los años 60 como en el de los 80 y 90. En los últimos años parece que el uso del espacio cerrado, con alusiones concretas a la realidad cubana, es un tema recurrente: la acción de *Manteca* (1993), de Alberto Pedro, transcurre en un apartamento pequeño, atestado

---

[1] Estévez citado por Rodríguez Hernández 1993, p. 25.
[2] En: Estévez 1995. A continuación citaré siempre como *La verdadera culpa*.
[3] Entrevista inédita de la autora en mayo de 1996.
[4] Leal 1991, p. 42.

Janett Reinstädler/Ottmar Ette (eds.):
Todas las islas la isla. Nuevas y novísimas tendencias en la literatura y cultura de Cuba.
Frankfurt a.M. – Madrid: Vervuert – Iberoamericana 2000, pp. 143-151.

de objetos y totalmente cerrado; en *Delirio Habanero* (1994), del mismo autor, colisionan tres personajes en el interior de un bar clandestino, un claustro que les protege de un exterior no visible y represor; el espectáculo de la *Cuarta Pared* (1988), de Víctor Varela, tiene lugar en un espacio muy reducido y cerrado, es "la acción continuada de viajar y el intento de trascender un espacio rígidamente limitado [...] viene a ser la búsqueda de la libertad"[5]. Y por último, en el clásico de José Triana, *La noche de los asesinos* (1965), tres personajes juegan al parricidio dentro de una casa herméticamente cerrada.

Por lo tanto, el recurso del espacio dramático cerrado es una de las características más frecuentes del teatro cubano, junto con el uso del absurdo, el teatro dentro del teatro, el tema de la familia, el parricidio, lo cíclico o el ritual: elementos estrechamente ligados al espacio cerrado.

Abilio Estévez es uno de los escritores más productivos e innovadores de la isla. En sus obras, que se presentan tanto dentro como fuera de Cuba, recurre al espacio cerrado y a la Isla de Cuba como símbolo de lo marginal, encerrado, periférico y devorador.

Estévez pertenece a una generación de escritores que se formó en los años 70, es decir, en la llamada «época gris» de la burocratización e institucionalización de la Revolución Cubana y sus consecuencias catastróficas para la cultura del país. Por formar parte del grupo de artistas y escritores condenados a la "muerte en vida"[6] por la censura oficial, Estévez experimentó desde joven, igual que tantos otros escritores, el desajuste entre escritor/poder y arte/ideología. Cuando se estrena *La verdadera culpa* en 1984, la «época gris» ya ha terminado y Fidel Castro pronunciará las nuevas líneas de la política cultural que traen una mayor libertad para los intelectuales y artistas:

> No seremos verdugos jamás de la libertad, no lo será el socialismo. Todo lo contrario: la razón de ser del socialismo es elevar también a su grado más alto la capacidad de crear, y no sólo en la forma sino también en el contenido.[7]

Pero la maldita circunstancia del dilema del escritor frente al poder en regímenes totalitarios y su sensación de encierro serán una preocupación de Abilio en su primera obra *La verdadera culpa*.

2. *El espacio dramático cerrado como signo*

La importancia de la estructura de la obra teatral *La verdadera culpa* radica, fundamentalmente, en lo que se concibe como espacio dramático. Se trata de un

---

[5] García Abreu 1988, p. 64.
[6] Arrufat 1994, p. 42.
[7] Castro 1988, pp. 8s.

espacio físicamente cerrado (la acción tiene lugar en una mazmorra en La Habana) en el cual transcurre el drama en su totalidad. Mi hipótesis es que el espacio dramático cerrado en esta obra, como en otras de Abilio Estévez, sirve de signo comunicativo, como reflejo de un espacio histórico concreto, como crítica velada y enmascarada a ciertas circunstancias de la realidad cubana.

Maerk describe al espacio cerrado mediante los siguientes elementos:

1. el elemento recursivo o cíclico
2. el elemento dentro y fuera
3. el elemento violento
4. el elemento del regreso al pasado
5. el elemento del trastorno de conducta
6. el elemento del hermetismo
7. el elemento de la autosuficiencia del espacio interior.[8]

En la obra de Estévez encontramos algunos de los mencionados elementos, como son: el escape hacia el pasado y hacia la realidad onírica (como consecuencia de la subjetivización del espacio) o trastornos en la construcción de la realidad. Elementos claves de esta crítica a la realidad y a la problemática sociopolítica de los 80, pero que perduran en su actualidad hasta nuestros días.

El espacio teatral, que *no* es el espacio físico donde la acción transcurre, sino el lugar en el que se proyecta la psique del autor y que sirve de reflejo de una realidad concreta e histórica, es lugar y signo de las relaciones humanas. Dice Lotman que

> los modelos históricos y nacional-lingüísticos del espacio se convierten en base organizada de la construcción de una imagen del mundo, de un modelo ideológico propio de un tipo determinado de cultura.[9]

Como imagen, como modelo, como signo cultural, el espacio es lenguaje que se manifiesta en la puesta en escena. O como diría Anne Ubersfeld: "La scène représente toujours la symbolisation des espaces socio-culturels [...], l'espace théâtrale est la place de l'histoire."[10]

3. Espacio, encierro e Isla en Virgilio Piñera

El uso del espacio cerrado en el teatro cubano es una respuesta tanto a las específicas condiciones de la realidad cubana, como a su condición geográfica como isla, que en sí significa *encierro*. Y es sobre todo Virgilio Piñera –mentor

---

[8] Cf. Maerk 1998, p. 55.

[9] Lotman 1972, p. 311, trad. E.M.

[10] Ubersfeld 1978, p. 157.

profesional e íntimo amigo de Abilio– quien recurre al espacio cerrado y a la Isla para presentar una imagen desmitificadora y desidealizadora del país tropical.

Ya en 1941, en *Electra Garrigó*, el espacio cerrado le sirve a Virgilio Piñera para expresar sus posturas políticas a través del subterfugio «cubanizado» de una tragedia clásica, en la que Electra Garrigó exclama: "He ahí mi puerta, mi puerta de no partir [...]. No abre ningún camino, tampoco lo cierra"[11]. Luz Marina, protagonista de *Aire frío* de Virgilio, dirá en 1959: "Aunque sea una estúpida me paso la vida buscando la salida, una puerta, un puente. (*Pausa.*) Debe haberla, pero nosotros no acertamos a descubrirla"[12]; y Laura y Oscar, protagonistas de su última obra, *Las escapatorias de Laura y Oscar*, cerrarán el círculo al expresar: "La única salida es hacia otra ratonera."[13] En la obra más lograda de Piñera, *Dos viejos pánicos* (1968), el espacio sirve para proyectar el sentimiento de encarcelamiento de los personajes, Tota y Tavo, quienes desde su espacio herméticamente cerrado luchan contra el miedo. El único contacto que existe con el mundo exterior se da a través de la reminiscencia del pasado, ya que no hay descripción escénica de puertas o ventanas que permitan a los personajes relacionarse con el mundo de afuera. Ellos se han creado su propio micro-cosmos, el mundo externo está asociado –además del pasado– con términos de represión, miedo, vigilancia, falta de libertad de expresión, quiere decir, circunstancias que el propio autor vivía. En *El No* (1965) aparece el espacio dividido por una frontera infranqueable que divide lo normal de lo anormal, a los que están dentro de la revolución y a los que están fuera. En *La Niñita querida* (1965), la misma violencia es producto del universo cerrado. En *Un arropamiento sartorial en la caverna platónica* (1971), Piñera sitúa sus juegos teatrales en una caverna, entre verdad/mentira, realidad/ficción.

La forma particular de Piñera de percibir el espacio se evidencia en *La isla en peso*, poema escrito en 1944, en medio de "la dimensión ontológica del drama histórico de la isla"[14], de la cual no había salida nunca. La imagen de Cuba como cárcel se evidencia ya en la primera línea donde es palpable la limitación del espacio:

La maldita circunstancia del agua por todas las
partes
me obliga a sentarme en la mesa del café [...].[15]

---

[11] Piñera 1960, pp. 83s.
[12] Piñera 1960, p. 336.
[13] Piñera 1988, p. 86.
[14] Vitier 1946, p. 49.
[15] Piñera 1969, p. 25.

La falta de posibilidad de salida y el aislamiento están expresados explícitamente:

> Nadie puede salir, ¡nadie puede salir!
> La vida del embudo y encima la nata de la rabia.
> Nadie puede salir:
> el tiburón más diminuto rehusaría transportar un cuerpo intacto.
> Nadie puede salir: [...]
> cada hombre en el rencoroso trabajo de recortar
> los bordes de la isla más bella del mundo,
> cada hombre tratando de echar a andar a la bestia
> cruzada de cocuyos.[16]

Si bien este poema refleja los bordes concretos de la isla (que serán además recortados), el Comandante en Jefe, Fidel Castro, con mayor precisión, define en sus "Palabras a los intelectuales" los bordes de la libertad intelectual en el proceso revolucionario, dejando una imagen también espacial de las pautas de la política cultural cubana:

> ¿Cuáles son los derechos de los escritores y de los artistas revolucionarios o no revolucionarios? Dentro de la Revolución, todo; contra la Revolución, ningún derecho.[17]

El fenómeno de la imposibilidad de salida de un círculo cerrado es palpable en las palabras de Fidel Castro: el artista puede actuar, pero siempre dentro de una circunstancia sin salida.

4. El espacio cerrado y la subjetivación del espacio

La verdadera culpa, la primera obra teatral de Estévez, es un viaje al pasado desde la perspectiva del presente. Concebida como una pesadilla, un joven "vestido de ropas actuales"[18] indaga en el universo del poeta cubano Zenea, de la época del romanticismo, que fue culpado de traidor y asesinado por el gobierno hace más de un siglo.

Bajando a la mazmorra de La Habana Vieja donde vivió Zenea sus últimas semanas, encarnándolo con la ayuda del carcelero, siendo enjuiciado y culpado, puede conocer y vivir a Zenea. Los personajes que aparecen en el transcurso de la obra conviven con el poeta, son su imaginación teatral y aparecen como el teatro dentro del teatro.

Estévez parte de un suceso de la historia cubana –el fusilamiento de Zenea, la dudosa traición de un poeta importantísimo del siglo XIX– para dirigir su interés hacia la posición del intelectual frente a su época.

---

[16] Piñera 1969, pp. 32s.
[17] Castro 1961, p. 52.
[18] Estévez 1995, p. 110.

No se trata propiamente de una obra histórica, es más bien una reinterpreta-
ción imaginada y una de las muchas obras del teatro cubano de los últimos años
que indagan en el pasado para "encontrar en el pasado la posibilidad de recurrir
al presente con mayor desenfado y libertad."[19]

En el centro de la obra está la fatal situación del escritor frente al poder y la
política; el personaje se encuentra en un conflicto entre las palabras "patria", "isla", "libertad", "mundo", "exilio". Como ocurrirá a sus compatriotas un siglo
más tarde, Zenea vivió una época de horror en que se "debatió en la duda de ser-
le fiel a esa época o a sí mismo, en un mundo en el que los versos brillantes y los
poemas bellos, perecen ante la ceguera"[20].

La obra transcurre en su totalidad en una mazmorra, en la antigua fortaleza La
Cabaña con "sus muros húmedos, donde todavía se escuchan gritos, lamentos"[21].
Falta la descripción del interior del espacio, solo sabemos de la ropa que usó
Juan Clemente Zenea durante ocho meses de su cautiverio: una camisa blanca
ensangrentada y un par de espejuelos de oro. Sin embargo, la limitación del espacio está comunicada a nivel atmosférico y sensorial. El mundo del exterior en
La verdadera culpa se percibe sólo a nivel acústico, cuando se oyen los
chirridos de las puertas de hierro al abrirse y cerrarse. Las puertas como
portadores de significados y de comunicación no son visibles. El mundo exterior
es dotado de violencia, se oyen disparos, golpes de cadena, gritos, lamentos.

En la obra, los personajes hacen constantes alusiones al ambiente claustrofó-
bico y confinado, aludiendo no tanto al espacio dramático de la mazmorra, sino
directamente a la Isla. Se equipara la prisión con Cuba: "En esta isla vivimos como salvajes. Una isla sin historia. Monte, monte, monte por todas partes"[22]. Dice
el padre de Zenea para contraponer la barbarie (Cuba) con la civilización (Europa): "La Habana, la Isla, el mundo eran un inmenso desierto donde sólo vivías
tú."[23] Aquí la isla connota lo negativo. Lo que llama Gaston Bachelard el "espacio feliz"[24] parece funcionar sólo para la lírica en general y no para el drama
lleno de acción. Un verdadero «lugar acogedor» se encuentra en el teatro sólo
como realidad utópica que vive de la ilusión, como en las obras de Harold Pinter
o en el motivo de la isla del Pacífico.

La prisión como "espacio infeliz" es, según Foucault, el instrumento ideal para controlar, medir, dividir en zonas, encauzar a los individuos y, a la vez, hacer-

---

[19] Espinosa Domínguez 1992, p. 1338.
[20] Espinosa Domínguez 1992, p. 1341.
[21] Estévez 1995, p. 112.
[22] Estévez 1995, p. 127.
[23] Estévez 1995. p. 159.
[24] Bachelard 1987, p. 29.

les "dóciles y útiles"[25]. Además, es como un espacio teatral donde se alojan los personajes y su acción, fuente de significado, puesto que, como observa Anne Ubersfeld: "The speech of a man in prison is first of all an enunciation of the linguistic context I – in prison."[26] Así el discurso del poeta –que bien puede ser Piñera, Triana, Arrufat o Estévez– es el del hombre aislado, que tiene encerrado su propio yo en un medio hostil. Y esta sensación de aislamiento está expresada en la imagen de la mazmorra. La prisión, como símbolo espacial del encarcelamiento, caracteriza de esta manera una condición interna del personaje, llevada al escenario, así como una condición externa impuesta por el entorno.

Una forma de la subjetivización del espacio es la realidad onírica, puesto que su base está en la psiquis del protagonista y consigue el rompimiento de las categorías de nuestra percepción de la realidad. Esto significa que el hombre ya no es representado en función del espacio, sino el espacio en función del hombre. Esa inversión de las interrelaciones causa la subjetivización del espacio, lo cual implica una distorsión de la realidad. La realidad dramática aparece –no sólo en esta obra de Estévez– como una pesadilla a consecuencia de la subjetivización del espacio. Dice al principio de la obra: "Téngase en cuenta que todos los personajes son resultado de la imaginación del Poeta. La pieza misma debe dar la impresión de una pesadilla."[27]

También en *Hoy tuve un sueño feliz* (1989), Estévez exploró –como indica el título– la realidad onírica mediante el juego con varios niveles de la realidad. La acción está ubicada en un solar habanero en los años 30, donde los vecinos deben abandonar el edificio frente a la amenaza de su demolición.

En la misma obra hay constantes alusiones a la salida del espacio cerrado en forma de viajes, de deseos de viajar y de la imaginación de lugares utópicos, inalcanzables. Estos elementos de escape recuerdan a su vez la última obra de Piñera *Las escapatorias de Laura y Oscar*, donde sus personajes emprenden viajes para llegar a la "otra ratonera".

En *Perla Marina* (1992), Estévez relata un viaje nostálgico al pasado, donde no existe "ninguna salida de la precariedad ético-espiritual a que los personajes son conducidos por las circunstancias"[28], con un espacio dramático de estirpe polisémico, un espejo cóncavo que perturba el orden y que lleva por nombre "Isla". Lo único que les queda a los personajes para escapar de la cruda realidad son los sueños.

---

[25] Foucault 1998, p. 140.

[26] Ubersfeld 1978, p. 12.

[27] Estévez 1995, p. 111.

[28] Rodríguez Hernández 1993, p. 25.

La Noche (1993) es una obra apocalíptica donde el autor recurre a la alegoría para aludir al sistema opresor y totalitario. Se trata de la lucha generacional con un subtexto: el hijo huye de su madre todopoderosa y de una ciudad destruida por el ciclón: "No hay a dónde ir", "A dónde van, a ninguna parte", "Tienes ojos de pájaro en jaula"[29]. En el personaje de *El poeta cubierto de dardos* se expresa el dilema del escritor en un sistema totalitario:

> Mi único lugar es la página en blanco y la están quemando. [...] No tengo papel, ni siquiera palabras. Se lo llevaron todos. ¿Sabes lo que dicen? Que yo enveneno. ¿Cuál es el veneno? Mis versos.[30]

Santa Cecila (1995) es un monólogo cuya acción transcurre en el Malecón, símbolo del ocio habanero, en los años 90 de la prostitución. El horizonte juega un papel importante en esta obra. Aunque no puede ser localizado en ningún mapa, acompaña toda percepción de un paisaje en el encuentro de una mirada con el mundo exterior. Así la amplitud de la vista corresponde a la amplitud de la vida. El horizonte está ligado estrechamente con aspectos del futuro, del deseo, de proyectos.

Cuba: desierto, lugar de los salvajes, de la soledad. El simbolismo de *La verdadera culpa*, así como de las otras obras, muestra una carga polisémica. La mazmorra de *La verdadera culpa* viene siendo el espacio ideal para la articulación del estado de aislamiento del escritor en cualquier sistema político dotado de falta de libertad de expresión. En los años 80, pero sobre todo los 90, década del llamado «período especial en tiempos de paz», aumenta el uso del espacio cerrado en los teatros de Cuba. Es una época con un alto grado de escasez en todos los niveles de la sociedad –hecho que provoca y radicaliza el espacio histórico hermético y marca fundamentalmente la vocación crítica de los citados autores. Ellos decidieron, de forma consciente o inconsciente, la elección del espacio dramático cerrado como espacio por excelencia donde alojar a los personajes y sus acciones. La relación entre espacio teatral y espacio histórico se evidencia a través de una lectura cuidadosa, revelando un subtexto que muestra, más claramente que en las obras de los años 60, que Cuba es la realidad de la que parte el teatro de los citados autores. Este subtexto establece paralelismos históricos entre el intelectual cubano del siglo pasado y el intelectual cubano postrevolucionario, que igual puede llamarse Virgilio Piñera, Antón Arrufat o Abilio Estévez.

---

[29] Estévez, manuscrito inédito, p. 21.
[30] Estévez, manuscrito inédito, p. 24.

Referencias bibliográficas

Arrufat, Antón: *Virgilio Piñera: entre él y yo*. La Habana 1994.

Bachelard, Gaston: *Poetik des Raumes*. Frankfurt a.M. 1987.

Castro, Fidel: La rectificación. En: *Revolución y Cultura* 108 (1988), pp. 8-9.

Castro, Fidel: Palabras a los intelectuales. En: *Revolución y Cultura*. Suplemento 2.2 (1961), pp. 49-63.

Espinosa Domínguez, Carlos (ed.): *Teatro cubano contemporáneo*. Antología. Madrid 1992.

Estévez, Abilio: La verdadera culpa de Juan Clemente Zenea. En: *Morir del texto. Diez obras teatrales*. La Habana 1995, pp. 109-163.

Estévez, Abilio: *La noche*. Inédito.

Foucault, Michel: *Vigilar y castigar. Nacimiento de la prisión*. México 1998.

García Abreu, Eberto: Apuntes personales: La cuarta pared. En: *Tablas* 4 (1988), pp. 62-68.

Leal, Rine: Piñera-Genet: La transgresión del espejo. En: *Conjunto* 87 (abril-junio 1991), pp. 42-45.

Lotman, Juri: *Die Struktur literarischer Texte*. München 1972.

Maerk, Johannes: Der gelebte Raum: Kunst und gesellschaftliche Selbstorganisation im «geschlossenen» Barrio Tepito. En: *Multilectica* 8 (octubre de 1998), pp. 45-79.

Piñera, Virgilio: *Teatro completo*. La Habana 1960.

Piñera, Virgilio: *La vida entera*. La Habana 1969.

Piñera, Virgilio: Las escapatorias de Laura y Oscar. En: *Primer Acto* IV, 225 (1988), pp. 80-107.

Rodríguez Hernández, Ernesto: Perla Marina. Poesía y teatro. En: *Tablas* (julio-sept. 1993), pp. 24-25.

Ubersfeld, Anne: *Lire le théâtre*. Paris 1978.

Vitier, Cintio: Virgilio Piñera: Poesía y prosa. En: *Orígenes* II, 5 (abril 1946), pp. 47-50.

Carlos Victoria, un escritor cubano atípico

Liliane Hasson (París)

Traductora de literatura cubana, «descubrí» a Carlos Victoria (Camagüey, 1950) allá por los años ochenta a través de la revista *Mariel*, fundada por Reinaldo Arenas, y en seguida me llamó la atención la originalidad de sus cuentos. Lo cual se confirmó con las obras posteriores. Procuraré analizar su narrativa haciendo caso omiso de ciertas normas académicas para preguntarme en qué medida son atípicos en su obra los personajes, los temas, los recursos estilísticos.

Los protagonistas son volubles. Sus modales contradictorios, que aparentemente rayan en la incoherencia, enseñan lo complejo de su personalidad. En *La ruta del mago* la viuda no logra elegir entre la codicia, la sensualidad y algún que otro arranque de bondad.[1]

Sebastián, cuyo rasgo dominante es el machismo, es capaz de arrodillarse a los pies de la amante. Cierto personaje duda si es hombre o mujer (el travesti nos recuerda que las apariencias son engañosas); otro duda si es niño o mayor; y muchos si están a favor o en contra de la revolución. Son cambiadizos, pero extrañamente estables, tanto que su creador les atribuye el mismo nombre en distintos relatos: son varios los Marcos, las Sofías, los Elías, desparramados en las obras; el mismo Abel, protagonista de *La ruta*, ya aparecía en el cuento «El repartidor», de *Las sombras en la playa*, y más adelante volverá a surgir en «Pornografía», de *El resbaloso y otros cuentos*. Lo que capta el interés del escritor son las aberraciones, las transgresiones en que incurren los protagonistas con respecto a sus propias normas y que nos remiten a las transgresiones mayores en relación con las normas sociales y políticas. Cuanta más determinación se les exige, más insegura es su actitud. No son «personajes de acción», como lo señala acertadamente Rafael Zequeira (1995), sino que viven al acecho de sus angustias y frustraciones. Varios se encuentran marginados por su estatuto social, siendo objeto de escarnio tanto los humildes como los «explotadores», según la terminología al uso. Siempre salen perdiendo, porque siempre se granjean enemigos. Si se juntan en el mismo individuo la pobreza, la ausencia del padre y una sexualidad «impropia», éste sufre entonces un fuerte rechazo social. Peor aún si es joven, o mujer, o «de color», y para colmo si es de un color inde-

---

[1] Victoria 1997a.

Janett Reinstädler/Ottmar Ette (eds.):
Todas las islas la isla. Nuevas y novísimas tendencias en la literatura y cultura de Cuba.
Frankfurt a.M. – Madrid: Vervuert – Iberoamericana 2000, pp. 153-161.

finido: es el caso de Sofía en *La ruta*, "cuya piel no era negra ni blanca"[2], hasta
aquí, lo más «común» en su país, a lo cual se añade que no es una madre ni una
esposa «común», teniendo un hijo anormal, un esposo blanco, borracho y puta-
ñero, temiendo siempre ser ajusticiado por los tribunales revolucionarios.

La inconformidad caracteriza a la mayoría de los personajes, tan ineptos como
inadaptados para vivir en la sociedad que les ha tocado en suerte, sea en la Cuba
revolucionaria, sea en Miami –en varios cuentos y en la novela *Puente en la oscuridad*–, sea con la propia familia, con el amigo o con el amante. En otras
palabras, son diferentes y viven incomunicados, en una soledad moral agobiante.
Para el «mago» Abel "la vida no había cuajado el molde donde él encajaba. Era
mejor concentrarse en la sopa."[3] Se trata de un rasgo de humor que alivia la tensión y le confiere al protagonista una dimensión humana, poniéndole así a
nuestro alcance, lo cual facilita nuestra identificación con él, salvando todas las
distancias. El arquetipo de los personajes de Carlos Victoria es un muchacho
tímido y tan acomplejado que se le traba la lengua, de aspecto torpe y entrañable
a lo Woody Allen, pero también convencido de sus dotes intelectuales. Se halla
involucrado en unas situaciones que rayan en lo burlesco, aunque a veces se sale
con la suya. Pienso en la escena donde el muchacho, después de acostarse con
Leonor, recibe dinero del amante de ella, teniente revolucionario, para colmo. Y
sin proponérselo. Cosa de magia... El muchacho bondadoso y apacible, tan res-
petuoso del prójimo, se ha convertido sin querer en un hombre cínico. Ciertos
personajes son impotentes: unos luchan por mantenerse a flote, algunos se refu-
gian en la bebida o en otras drogas, en el sexo, en la locura, hasta en el suicidio.
Otros más buscan el apoyo de la religión, del misticismo, de la especulación
filósofica, de la cultura. Son transgresiones que les acarrean no pocos disgustos.
Vemos a unos adolescentes amantes del rock, a unos actores que quieren montar
obras tan malditas como *La gaviota* de Chéjov o *Aire frío* de Piñera (en *La
travesía secreta* y en «Dos actores», de *Las sombras*); vemos a unos lectores vo-
races de libros prohibidos. Embelesado por el teatro, Victoria no sólo evoca las
puestas en escena malogradas a causa de la censura, sino que recurre al arte
dramático en su narrativa. Así lo prueban el ritmo de los numerosos diálogos, los
desplazamientos de los personajes, los escasos lugares o, mejor dicho, decorados
donde se desarrollan las escenas claves. En *La ruta*, todos coinciden en el parque
Agramonte, centro histórico de Camagüey, confesando su verdad y anunciando
el desenlace. Pienso también en el ya citado «Pornografía», que describe sin

---

2 Victoria 1997a, p. 92.
3 Victoria 1997a, p. 49.

remilgos ni provocaciones las obsesiones eróticas de un tal Abel, espectador asiduo de un teatro porno de Miami.

El cine, otra fuente de inspiración, también tiene cabida como elemento de la intriga, siendo el escenario predilecto de los amores prohibidos (en el Camagüey de los años sesenta), espacio de relativa libertad sexual y de desahogo. Por otro lado, algunos fragmentos pueden leerse como homenajes a ciertos directores de cine: la escena del truculento desvirgamiento de Abel en *La ruta* recuerda el *Amarcord* de Fellini, donde una mujer exuberante inicia sexualmente a unos colegiales.

Otro de los temas recurrentes es la vana búsqueda de la identidad; la pérdida del nombre, o sea, la del padre, la del hermano, se paga con el ostracismo. Quien es rechazado rechaza, e impera la incertidumbre. Entre buenos y malos, víctimas y victimarios, la frontera resulta borrosa. El autor da la espalda a un maniqueismo demasiado difundido acá y allá. De modo que muchos de sus personajes suscitan una mezcla de repulsa y de compasión. Los alcohólicos, los obsesos sexuales, los drogadictos, infunden más ternura que desprecio. No hay asomo de condena moral, esta tarea le corresponde al lector, en caso de que se sienta propenso a emitir juicios. Más que nada, Carlos Victoria evoca el miedo que destroza al individuo, echando abajo sus valores éticos, hasta convertirlo en cómplice de la represión, en delator. Lo que ocurre en cualquier sistema represivo.

A través de los monólogos interiores evoca la vida cotidiana, tanto en sus aspectos más triviales –y en esto se asemeja a Piñera– como en la locura, los sueños y el sueño, la (siempre vana) búsqueda espiritual y las disquisiciones intelectuales. El recurso al *flash back*, muy frecuente, brota de la necesidad del relato, la de narrar los recuerdos de los protagonistas, nunca de un procedimiento artificial.

Algunos estudiosos de la obra de Victoria –que cada vez son más– se preguntan por los elementos autobiográficos. En mi opinión, son de índole intelectual. El autor sólo presenta a sus vivencias mediante una sabia reelaboración –sabia, por invisible– donde se entremezclan realidad y ficción. En una conferencia dictada en la Sorbona (París, abril de 1987), de publicación póstuma, señalaba Reinaldo Arenas que las primeras obras de Carlos Victoria, entonces inéditas, presentaban "una especie de lucidez desolada" y subrayaba lo que tenían en común, a pesar de sus diferencias, con las de los escritores cubanos del exilio –incluyendo las suyas:

> Surge [...] una literatura de la transmutación y hasta de la transmigración. Tocados por una suerte de ubicuidad trágica estamos en dos sitios a la vez. Y por lo mismo no estamos en ninguno. "Un pequeño hotel en Miami Beach" puede estar situado en un extraño paraje donde el personaje al doblar Collins

Avenue entra en las calles Galiano y San Rafael, en La Habana. También surge
así una literatura del regreso. Regreso que sólo sirve para demostrarnos la
dimensión de nuestro desarraigo y la imposibilidad de adaptarnos a la sociedad
represiva que abandonamos.[4]

Un escritor que recalca la ambigüedad y evoca las dudas que le asaltan no puede
ser polémico ni político. Aunque, eso sí, la política irrumpe en la trama de sus
relatos y en la vida de todos, y lo hace siempre de manera impertinente, siempre
para mal. Mientras tanto, los protagonistas sólo anhelan entender y, quién sabe si
resolver, sus problemas existenciales. Cuando a un artista se le prohíbe expresarse; cuando a un adolescente se le prohíbe estar al día, escuchar los discos de rock
que le gustan y por lo tanto, la radio *enemiga*; cuando tiene que matricularse en
una «beca» de disciplina militar y volverse todo un doctor en marxismo para
graduarse, entonces no hay escapatoria y, mal que bien, será preciso acatar la
famosísima diatriba de Fidel Castro en 1961. Entonces no cabe ningún sitio para
la duda, para la crítica. No obstante, la obra de Carlos Victoria dista mucho de
ser comprometida. Si de literatura de denuncia se trata, será denuncia de la humana condición, sin afán de mantener un equilibrio que a todas luces resultaría
falseado. Lo cierto es que en todas partes cuecen habas, en todas partes se ejerce
la tiranía estatal o familiar, el conformismo moral. Lo que también revela la cosmopolita Miami, con otros exiliados, otros dolores.

Las descripciones –naturaleza, clima, casas y calles, ropa y decorado– son de
una precisión aparentemente naturalista, pero, de hecho, siempre subjetivas. In-
terfiere lo onírico. Lo imaginario procede del mundo concreto y palpable, a la
vez que lo prolonga e influye en él. Ahora bien, si el realismo estriba en abordar
todas las facetas, todas las vivencias del ser humano, sin omitir lo más anecdóti-
co y tosco; sin omitir las noches pobladas de sueños eróticos, pesadillas, delirios;
sin omitir los fantasmas, los anhelos más recónditos, la fe religiosa, las creencias
más estrafalarias, entonces sí, la obra de Carlos Victoria es realista. Lo onírico
no deja de ser la otra cara del mundo real, con la que entronca. Cuando aflora el
misticismo y abundan las referencias bíblicas, hasta en los nombres de los protagonistas, no será para hundirnos en lo irracional sino para expresar una dimensión humana ineludible. Lo prueba cierta fría distancia irónica al evocar la devoción de los protagonistas. El Dios de Sofía, tan adorado y temido, se le esfuma
como la humareda de la leche quemada, algo "intoxicante"[5]. Parece que el autor
quiere hacernos partícipes de su escepticismo de ateo, aunque sin demasiada insistencia. No es su fuerte el proselitismo, sino la tolerancia. Irreverente y hasta
iconoclasta, no rinde el debido culto a los próceres independentistas: "No hay

---

[4]   Arenas 1995a, p. 111.
[5]   Victoria 1997a, p. 29.

héroes, ni siquiera las víctimas lo son."[6] No respeta ningún mito, ni siquiera el de José Martí. En *La ruta*, Abel encuentra un parecido físico entre José Martí y un personaje odioso. En cambio, le agrada tener entre las manos su rostro retratado en los billetes de veinte pesos... Qué duda cabe, la hagiografía tampoco es su fuerte. Al inteligente lector le corresponde dar un paso más para imaginarse qué pensará de otros héroes más contemporáneos. En esto es el digno sucesor de su amigo Reinaldo Arenas, de quien recuerdo estas líneas corrosivas:

> Una aureola, no por siniestra menos atractiva, envuelve aún en América Latina al padre prepotente, al gran caudillo, al gran guía o salvador legendario que tomará las riendas del poder, de la «patria» y nos liberará de la desesperación de pensar u obrar, es decir, de ser hombres auténticos. El ser humano es tal en la medida en que se diferencia y disiente de sus semejantes.[7]

Lo que prima en la obra de Carlos Victoria es el pesimismo. De ilusiones perdidas se trata. ¿Qué refugio les queda a los personajes? Huir de todo, de la casa, de la ciudad, del país, de si mismos, de la vida, aunque a veces tiembla una lucecita interior incitando a los justos a seguir luchando. El cuento «La estrella fugaz» (*El resbaloso*), sobrecogedor, evoca las relaciones atropelladas entre tres amigos escritores: Reinaldo Arenas, Guillermo Rosales y el propio autor-narrador, los cuales acaban suicidándose.[8] A Rosales y a Carlos Victoria les alaba Jesús Díaz por haber inventado "un Miami littéraire"[9].

El autor de *La travesía secreta* juega con las alegorías y los símbolos. Algunos son obvios, como La Ilusión, nombre de una tienda de ropa (*La ruta*), que terminará hecha trizas por la propia dueña. En «El resbaloso», cuento publicado primero en francés (1997), aparece la inolvidable figura alegórica –y a la vez muy carnal– de la misteriosa mujer sorda y ciega, condenada a la sumisión, a la soledad. Remite al personaje de Sofía: "A ella le había tocado vivir [...] sólo una dependencia ciega y muda."[10] Luego, Sofía anunciará el suicidio de Roberto sin palabras, y Abel le dará el pésame de la misma forma. Los balbuceos, la tartamudez, el silencio, ponen de manifiesto la incomunicación. No hay respuestas. En otra escena patética, suena un teléfono en el silencio de una casa vacía, un hecho que evoca los ámbitos de la película *El silencio*, de Ingmar Bergman.

El «mago» Abel le confiere a ciertas cosas, por ejemplo al dinero, un sentido que trasciende el común entendimiento. Y el lector se convierte en otro «mago» apto para comprender lo que en el fondo «significan» las cosas. Igual que Abel,

---

[6] Hasson 1997a, p. 318.

[7] Arenas 1990, pp. 43s.

[8] Reinaldo Arenas se suicidó en Nueva York en 1990; Guillermo Rosales, autor de *Boarding home*, en Miami en 1993.

[9] Díaz 1999, p. 222.

[10] Victoria 1997a, p. 95.

acaba poseyendo "una especie de llave"[11] para acceder a los mundos cerrados de los niños autistas o de las madres esquizofrénicas. Hay un televisor de pantalla defectuosa, metáfora con la que se prueba que "las imágenes siempre estarán deformadas."[12] Todos somos unas marionetas manipuladas por implacables leyes, sin más albedrío que los tiesos maniquíes de un escaparate. Las metáforas, nunca gratuitas, pueden ser obsesivas. En *La ruta*, Sofía y su esposo se enredan en la «trampa» del mosquitero, en una escena entre grotesca y trágica. Los mosquitos atormentan a la viuda que intenta aplastar insectos imaginarios. Su amante hace lo propio cuando le hablan de cariño, algo indigno de un hombre hecho y derecho (*La ruta*, 126). Otras metáforas expresan lo turbio, lo dudoso. Las facciones de un pobre diablo se borran como si hubieran sido dibujadas con una tiza, los espejos se empañan, las huellas en las sábanas se van evaporando. Al marcharse, la gente se disuelve, dejándonos abandonados, sin marcar con su impronta su paso por la tierra. El paisaje se contempla a través del vaho, de la neblina, o del temblor de una luz de mediodía deslumbrante. En las madrugadas, en los anocheceres, los contornos son desdibujados e imprecisos como el estado de ánimo de los personajes. Las *sombras*, la *oscuridad*, cunden a lo largo de su narrativa. Las callejuelas intrincadas de Camagüey remiten a los «vericuetos» del ser humano, a sus intrincadas vivencias de hoy y de siempre. Abel conoce muy bien "las vueltas del laberinto humano"[13]; prescinde de certidumbres y se cuida de juzgar. La metáfora del laberinto es un tópico; lo nuevo es que lo emplee aquí partiendo de un laberinto muy concreto, como son los mosquitos, las uvas, la neblina...

Los recursos estilísticos también son insólitos. Los relatos no son lineales y el sistema temporal, muy sutil, no obedece a un a priori literario. El autor entremezcla la historia narrada (presente), la memoria de los protagonistas y la memoria colectiva (pasado individual o histórico). Entremezcla Camagüey, La Habana, la misma Cuba, *antes*. Sus cuentos son "des variations éblouissantes sur la mémoire"[14]. A lo largo de los años, el lenguaje se vuelve más depurado, el estilo más elaborado, más sutil, más distanciado, y su amplia erudición se trasluce de modo más indirecto. Referiré como ejemplo la ya citada escena de la iniciación sexual de Abel. Para expresar que dicho acto ha tenido lugar una sola vez (¡lamentablemente para él!), aunque volverá a vivirlo muchas veces en el recuerdo, el autor alterna el pretérito indefinido con el imperfecto, tiempo verbal de las incontables y frenéticas masturbaciones (*La ruta*, 75).

---

[11] Victoria 1997a, p. 32.
[12] Victoria 1992, p. 120.
[13] Victoria 1997a, p. 21.
[14] Hasson 1997a, p. 317.

Si bien es cierto que Carlos Victoria, librándose del «aire del tiempo», ha encontrado su propia vía, es hijo espiritual de algunos grandes escritores. En ocasiones parece dirigirnos un guiño cómplice. Hay una escena cómica en *La ruta* donde Abel imita, sin duda inconscientemente, el lenguaje reiterativo y machacón de la viuda, por lo cual le advierte el discreto Arturo: "No hay que repetir tanto las palabras. [...] De lo contrario pierden su efecto. Si dices desesperada tantas veces, uno piensa que no está tan desesperada, ¿ves?"[15] Me parece estar leyendo los consejos de Don Quijote a Sancho al recomendarle que sea conciso. Matando dos pájaros de un tiro, el autor aprovecha para encomiar un aspecto esencial de su arte poético: la sobriedad. En «El resbaloso», el héroe se introduce en los edificios y lo observa todo. En *La ruta*, Abel visita muchas casas descubriendo la intimidad de las familias. Con estos cuadros de costumbres, y otros muchos, Victoria cala hondo en la tradición picaresca española. Entre los escritores cubanos se aproxima más al Virgilio Piñera dramaturgo y cuentista, por la aparente sencillez del lenguaje, por lo trivial de personajes y situaciones pero, notoria diferencia, sin el absurdo. En otros términos, hay autores que le influyeron, pero no es discípulo de nadie. Y no tengo más remedio que desistir de mi empeño de ponerle etiqueta, de encasillar la obra literaria de este escritor a contrapelo: los cánones al uso no sirven para calibrarla ni para clasificarla. Lo peor (para los estudiosos) es que tampoco se inserta en la corriente inconformista puesto que, a todas luces, le trae sin cuidado el coincidir o no con las modas imperantes. No se trata de un rechazo provocador, para dárselas de novedoso, sino de una mera indiferencia. Al no poder clasificar la obra de Victoria, me resulta más llevadero definirla por lo que *no* es. No le debe nada al realismo mágico, al neobarroco, al neorealismo urbano. Tampoco es panfletaria: los protagonistas no transgreden por gusto ni por rebeldía sino porque sencillamente no pueden remediarlo, es su necesidad vital. Carlos Victoria se vale de la imaginación para trascender lo cotidiano, para interpretarlo, procurando darle sentido a un mundo real que no lo tiene. De ninguna manera para crear un mundo fantástico.

No hay frontera entre el pasado y el presente, entre lo vivido y lo soñado. ¿Dónde termina la realidad, dónde comienza la ficción? El novelista español Javier Marías es perentorio: "«Relatar lo ocurrido» es inconcebible y vano, o bien es sólo posible como invención."[16] Había dos novios en un cine, se besaban susurrando promesas mientras que en la pantalla "la vida se desplegaba impúdica, feroz, esplendorosa"[17]. La vida se encarna más en su representación, en

---

[15] Victoria 1997a, pp. 23s.
[16] Marías 1998, p. 10.
[17] Victoria 1997a, pp. 93s.

cambio los personajes reales son «insignificantes». A la inversa, las ansias cobran formas concretas; en su anhelo de coherencia, Sofía desea comprar un vestido nuevo, ir a la peluquería. En otros casos, al cuestionamiento metafísico se sobrepone la mera curiosidad por los chismes del barrio. Los hechos reales se enredan tanto con las cosas inventadas que se convierten en "una absoluta ficción" a modo de "vivencias deformadas"[18]. En definitiva, igual que los personajes de doble filo, lúcidos pero vivos, el lector se quedará con más interrogantes que respuestas, más dudas que certidumbres, agobiado y fascinado por lo ambiguo, lo indeciso, lo transitorio; angustiado y también divertido por la falta de verdades a las que agarrarse. Más adulto quizás.

Evocando los días convulsos que precedieron a su exilio por el puerto de Mariel, el propio escritor aclaraba su concepto de la literatura: "significa sobre todas las cosas autenticidad. Y mi gran interrogante en abril de 1980 era si fuera de mi patria lo que yo escribiera podía seguir siendo auténtico."[19] Que no le quepa la menor duda, ha ganado la difícil apuesta.

Obras principales de Carlos Victoria

- *Las Sombras en la playa*. Universal, Miami 1992.
- «Exilio y autenticidad». Conferencia inédita, Sorbona, París, mayo de 1993.
- *La travesía secreta*. Universal, Miami 1994a.
- *Puente en la oscuridad*. Letras de Oro, Miami 1994b.
- *La ruta del mago*. Universal, Miami 1997a.
- *El resbaloso y otros cuentos*. Universal, Miami 1997b.
- *El salón del ciego*. Novela, en preparación.

Traducciones

Al alemán
- «Schatten am Strand». En: Brovot, Thomas/Schumann, Peter B. (eds.): *Der Morgen ist die letzte Flucht*. Ed. diá, Berlin 1995.

Al francés
- «Le manteau» [«El abrigo»]. En: Hasson, Liliane (ed. y trad.): *Cuba: Nouvelles et contes d'aujourd'hui*. Éd. L'Harmattan, Paris 1985.
- «Le glissant» [«El resbaloso»]. En: Hasson, Liliane (ed. y trad.): *L'ombre de La Havane*. Éd. Autrement, col. Romans d'une ville, Paris 1997.

---

[18] Armengol 1995, p. 19.
[19] Victoria 1993, s.p.

- *Abel le magicien* [*La ruta del mago*]. Trad. Liliane Hasson. Actes Sud, col. Lettres Hispaniques (dir. por Zoé Valdés y Alzira Martins), Arles 1999.

Referencias bibliográficas

Arenas, Reinaldo: Subdesarrollo y exotismo. En: Arenas, Reinaldo: *Meditaciones de Saint-Nazaire/Méditations de Saint-Nazaire*. Bilingüe, traduit de l'espagnol par Liliane Hasson. Saint Nazaire 1990, pp. 37-44.

Arenas, Reinaldo: La literatura cubana en el exilio. En: *Puentelibre. Más allá de la Isla, 66 creadores cubanos* II, 5/6 (verano 1995a), pp. 107-111.

Arenas, Reinaldo: *Adiós a Mamá (De La Habana a Nueva York)*. Barcelona 1995b.

Armengol, Alejandro: Carlos Victoria: oficio de tercos. En: *Linden Lane Magazine* XIV, 2 (verano 1995), pp. 19-20.

Díaz, Jesús: La littérature cubaine actuelle: un corps à la fois malade et plein de santé. En: *La Nouvelle Revue Française* 548 (janvier 1999), pp. 220-223.

Hasson, Liliane: Cuba – Carlos Victoria. En: Cymerman, Claude/Fell, Claude (eds.): *Histoire de la littérature hispano-américaine de 1940 à nos jours*. Paris 1997a, pp. 317-319.

Hasson, Liliane: Los cuentos de Carlos Victoria: de Cuba a Miami, idas y vueltas. En: *encuentro* 4/5 (primavera-verano de 1997b), pp. 215-220.

Marías, Javier: *Negra espalda del tiempo*. Madrid 1998.

Piñera, Virgilio: *Aire frío*. En: Piñera, Virgilio: *Teatro completo*. La Habana 1960, pp. 275-398.

Rosales, Guillermo: *Boarding Home*. Miami 1987.

Villaverde, Fernando: Los resbalosos relatos de Carlos Victoria. En: *encuentro* 8/9 (primavera-verano 1998), pp. 240-242.

Zequeira, Rafael: La travesía descubierta. En: *Cuenta y Razón* 92 (mayo-junio 1995), pp. 86-90.

"Esta isla se vende": proyecciones desde el exilio de una generación ¿desilusionada?

Yvette Sánchez (Basel)

Sin contacto directo con la vida cotidiana de aquella Isla, se sigue manteniendo y nutriendo una relación mediante la memoria, y la información actualizada de experiencias ajenas. En el destierro, se engendran recuerdos, sueños, fantasmas y proyecciones teñidos por la añoranza, que congelan una imagen propia del pasado,[1] combinada con las impresiones de segunda mano, enviadas a través de diferentes canales, por los que se han quedado allá.[2] La narrativa escrita en el exilio parece mostrar especial interés por recuperar el pulso diario de la tierra perdida, por luchar contra el desarraigo, y compensarlo, al menos en la dimensión ficticia.

Este proceso se comprueba en los escritos del decano de los literatos cubanos postrevolucionarios en el exilio europeo, Guillermo Cabrera Infante (*1929), salido hace tres décadas y media. Celebra su «habanomanía», término acuñado por él para describir su euforia y nostalgia por la capital cubana de los años 40 y 50, que conoció personalmente, en *La Habana para un infante difunto* (1979), en *Tres tristes tigres* (1967), o en *Delito por bailar el chachachá* (1995). Cabrera se ha dejado seducir por el mito cubano del pasado prerrevolucionario que él mismo ha alimentado con sus textos. Ha declarado en una entrevista que fue el miedo a olvidar su ciudad, después de un tratamiento de electrochoques en el psiquiátrico, lo que le movió a escribir *La Habana para un infante difunto*. Ha

---

[1] Los lazos estrechos entre espacio y tiempo en procesos de alejamiento se expresan en los lemas del título y la primera frase de una novela clásica inglesa de los años 20 de Leslie Poles Hartley, *The Go Between* (adaptada al cine por Joseph Losey): "The past is a foreign country; they do things different there." (Hartley 1953, p. 7) El pasado como exilio temporal.

[2] Me abstengo de englobar el caso cubano en otras literaturas del exilio. Desde la Antigüedad, siempre ha habido autores emigrantes que han descrito su situación. En nuestro siglo, por ejemplo, los alemanes (los hermanos Mann, Döblin, Zuckmayer, Brecht) y anteriormente Heine, o también Byron, Victor Hugo, etc. Es de nuestro especial interés el intercambio de olas masivas de exiliados entre España y Latinoamérica por guerras civiles o dictaduras. Para los del Cono Sur que huyeron de las dictaduras militares de los años setenta, remito al estudio y a la bibliografía de Schumm (1993).

Janett Reinstädler/Ottmar Ette (eds.):
Todas las islas la isla. Nuevas y novísimas tendencias en la literatura y cultura de Cuba.
Frankfurt a.M. – Madrid: Vervuert – Iberoamericana 2000, pp. 163-176.

ido acumulando una amargura bien grande por no tener (libre) acceso a su patria. Según él, se trata de ira, "porque soy por naturaleza un antiexiliado"[3].

Al pionero de los escritores del destierro postrevolucionario se le juntarán un par de individuos[4] sin formar escuela, que se destacan por sus calidades literarias de ruptura[5] y, si se quiere, por el denominador común de la homosexualidad proscrita en la patria: Severo Sarduy (*1937) y Reinaldo Arenas (*1942) eran los más prominentes.[6]

¿Y después? Surgió toda una generación nueva, más homogénea,[7] formada paralelamente a la Revolución, de literatos que hoy tienen entre cuarenta y cincuenta años, y que se encuentran entre el 20% de la población cubana que vive en el extranjero. Ellos han contribuido a la actual imagen de una Cuba fragmentada por el éxodo, una «cubanía» desterritorializada, que, en un proceso de palimpsesto y desde afuera, superpone a la Isla diferentes capas interpretativas, además ficticias. No «viven la isla», la componen, la estetizan acabando por inventar una nación posible.[8] Pero no nos dejemos engañar por la supuesta ventaja o por un valor más auténtico y genuino del testimonio directo de los locales, sujetos a una carga inventiva parecida, de imaginación y de proyección.

Examinemos la generación novísima, de cuyos nombres aún no nos acordamos demasiado bien, menos del de Zoé Valdés (*1959), por su éxito y masiva presencia en los medios de comunicación europeos. El pequeño corpus abarca obras –escritas en el exilio (o la diáspora) y publicadas en prestigiosas editoriales españolas– de Daína Chaviano (*1957), Eliseo Alberto (*1951), Jesús Díaz (a pesar de su mayor edad, *1941), René Vázquez Díaz (*1952) y algunos cuentos de los tres hermanos Abreu (*1954, *1952, *1947) y de Carlos Victoria (*1950).

---

[3] Cabrera Infante 1998, p. 29. Cabrera nos da pie para distinguir brevemente los conceptos de la *diáspora* y del *exilio*. La literatura de la diáspora se ha independizado más de Cuba, cobra una vida propia fuera de la patria, sin pensar en el regreso constantemente, mientras que los exiliados siguen con los ojos puestos en Cuba, que aceptan como centro y único horizonte vital. El *emigrante* puede regresar a su país cuando y cuantas veces quiera (y no le quitan todas las propiedades en el momento de salir); quizás las autoridades cubanas y los intelectuales oficiales hablen de emigración para intentar normalizar la situación.

[4] Las obras de los emigrantes y exiliados cubanos, publicadas hasta mediados de los años ochenta, se han recogido en la bibliografía de Maratos/Hill (1986).

[5] La estructura fragmentaria de sus textos, de *collage*, se emparenta con la condición del exilio.

[6] Pienso también en Pablo Armando Fernández, en Roberto Valera, Calvert Casey, Reinaldo García Ramos; en la redacción de la revista *Mariel*.

[7] Se está gestando una labor de grupo, en varios focos, en Miami; o en Madrid, por ejemplo, en torno a la revista *encuentro*, dirigida por Jesús Díaz.

[8] Alberto (Diego) 1997, pp. 27, 30 y 33, enuncia al más famoso literato precursor exiliado, José Martí, que "no vivió la isla", sino que "La escribió. La poetizó." "Cuba se complejiza en cada ojo que la mira" (Alberto 1997, p. 90).

El conjunto"de esos textos no llama la atención por su extraordinaria calidad literaria, por un placer notable de experimentar con la escritura, por un virtuosismo insólito o sorprendente. No ha habido revelación después de Arenas. Puede que la impresión general de reducida fuerza literaria se deba al enfoque sociopolítico y la intoxicación de actualidad apuntados por el título del presente libro, que me indujo a centrar mi atención en pasajes narrativos que sitúan la acción en la Isla durante la década del noventa, y no en otros que enfocan preocupaciones de la diáspora o de la Cuba prerrevolucionaria, históricas o universales.

Más que una búsqueda estética, poética, se les nota a los exiliados la necesidad de reafirmarse, de conjurar los vínculos con la patria, legitimar su nacionalidad, de contar su país en clave del realismo social y político. Producen un discurso en torno a la isla de escasos retos creativos o riesgos. Hijos del testimonio,[9] se alimentan de ese género de la Revolución, que los ha formado y contra el cual no se rebelan. Parecen menos prominentes sus vínculos con la tradición cosmopolita, erudita de Carpentier y Sarduy, o también de los dos «emigrantes interiores», Lezama y Piñera.[10] Con una serie de referencias sueltas, vertidas en sus textos de manera despreocupada, no logran compensar un enfrentamiento que, a la postre, es más consumidor que comprometido, o detenido, con las letras cubanas y universales.[11] Baste comparar el juego de palabras en los títulos de Cabrera Infante, *La Habana para un infante difunto* y de Daína Chaviano, *El hombre, la hembra y el hambre.* Uno hace una admirable pirueta con la *pavane* de Ravel y su segundo apellido, y ¿dónde está la agudeza del otro, carente de bisemia y de una dimensión más allá de la mera paronomasia? Algunos novísimos del exilio dan la impresión de sacar provecho de que Cuba esté en boga y en oferta, en el resto del mundo; su nacionalidad, en todo caso, no impide que

---

[9] Por supuesto que el enfoque documental se inserta en un plano más amplio del realismo literario histórico, social. Cf. Rodríguez-Luis 1997.

[10] En el reciente centenario del autor alemán Erich Kästner, quien no huyó del Tercer Reich, se publicó en un periódico suizo un artículo titulado «Emigrante interior h. c.». Lezama y Piñera nunca fueron queridos, sino acorralados por las autoridades pertinentes: el primero, "prisionero entre las cuatro paredes de su isla Trocadero"; al segundo, "comenzaron a seguirle los pasos hasta encerrarlo en una pajarera de la policía y arrancarle así la terrible confesión de su homosexualidad, tan evidente y natural en él" (Alberto 1997, pp. 86, 87 y 156). El exilio interior se ha venido llamando "insilio".

[11] Zoé Valdés trabaja con esta actitud, quizás conscientemente irreverente, postmoderna, al forjar una especie de pastiche del famoso capítulo ocho de *Paradiso* (1966), cargado de erotismo, en el mismo apartado octavo de su novela *La nada cotidiana* (1995). El recurso de las alusiones intertextuales a la literatura universal debería enriquecer, supuestamente, sus demás libros, por ejemplo, *Café Nostalgia* (1997). Asimismo Daína Chaviano parece querer subir los quilates literarios de su obra mediante las referencias dispersas en la novela, en algunos casos en plan lúdico, de adivinanza para el lector, es decir, sin indicar los nombres de autor, Vallejo y García Lorca en los dos ejemplos que siguen: "Quiero escribir y me sale espuma, decía el poeta"; "Romance de luna-luna que colgaba del firmamento" (Chaviano 1998, pp. 280 y 227).

entren en el circuito del mercado casi automáticamente.[12] Abilio Estévez, en un
artículo reciente publicado en *El País*[13], reclama que para que se destile una expresión cultural "esencial", "resulta imperioso que pasemos de moda", "que se
olviden de nosotros".

¿De qué matices se compone la imagen de Cuba presentada en la narrativa de
exiliados de los últimos años del siglo? ¿Qué temas, qué tópicos ocupan a di-
chos autores, y con qué tipo de discurso los transmiten? En el título y como
punto de partida de este artículo figura una cita del libro ya mencionado (gana-
dor del premio Azorín y publicado el año pasado por la editorial Planeta) de
Daína Chaviano. Su yo narradora contesta de manera afirmativa y paradigmá-
tica (manifiesta en varios textos de los mencionados autores) a la pregunta (retórica) del título *¿Rebajas? La Revolución en oferta* de la sección del congreso
que precedió el presente volumen de ensayos:

> Esta isla se vende. Ni siquiera se subasta: se vende al por mayor. No sólo su
> mano de obra, sino también su alma; cada creencia, cada versículo, cada canto
> de sus religiones, cada pincelada de quienes la dibujaron durante siglos.[14]

Una atmósfera deprimente de mentira y traición de ideales domina toda esta
novela y las de sus colegas de generación, tildada de "desilusionada" por Madeline Cámara, quien reseñó *El hombre, la hembra y el hambre* para *encuentro*,
esta nueva revista cuidadosamente hecha en el exilio.[15] El patrimonio cultural,
artístico, educacional y religioso (santero) se entrega al «poderoso caballero don
Dinero»[16], y se troca por bienes más o menos básicos o por *fulas*. La Cuba del
«período especial» es regida por la dolarización,[17] por la miseria crónica de
abastecimiento, por la cuota de carne, la bolsa negra, el contrabando, divisas y
medicinas mandadas por los familiares emigrados, diplotiendas, los "cuentapro-
pistas"[18], la libreta de racionamiento, apagones, las colas, y los "detergentes que

---

[12] Además siguen el esquema de la novela de éxito, diseñada según la moda de las 250 a 300 páginas que piden
los editores por el momento; éstos también se benefician del pequeño *boom* cubano. Quizás un literato salvadoreño o boliviano no andará pregonando su nacionalidad con la misma contundencia porque no le servirá de
mucho.

[13] Estévez 1999, p. 3. Horacio Castellanos Moya, escritor salvadoreño exiliado, afirma aquí de manera polémica: "Son unos jineteros de la literatura. Andan vendiendo La Habana. A lo mejor, un escritor lograría cierta
ruptura, si dijera: No me importa La Habana." De hecho, Cuba y su capital ocupan un mero fondo en Estévez
1998.

[14] Chaviano 1998, p. 23.

[15] Cf. Cámara 1998.

[16] Da la casualidad que Chaviano (1998, p. 27) y Alberto (1997, p. 51) parafrasean a Quevedo.

[17] Desde 1994 circula el famoso lema cínicamente cambiado en «¡dólar o muerte!».

[18] Prohibida desde 1968, la empresa privada, hoy es cada vez menos coartada. Siempre se mantenían negocios
clandestinos, especie de «sida del comunismo», por lo que había redadas, hasta hace poco (cf. Chaviano
1998, pp. 110 y 301; Alberto 1997, p. 81).

brillan por su ausencia"[19]. De hecho, es aplastante el resultado de un informe de 700 páginas realizado por la ONU (Cepal), sobre la escasez económica cubana, que parece haber vuelto en muchos aspectos a las condiciones de 1959.[20] Los ideales de la Revolución se corrompen por un "jodido ventilador", que un personaje quiere ganarse a cambio de su fingido fervor, al frente de las marchas de la Plaza, y gritando todo lo que puede.[21] Las autoridades se acostumbran a los sobornos, fomentando así el tráfico ilegal de artículos de consumo, de sexo[22] o de drogas:

> En el muro se negociaron, cigarros, mariguana, cocaína. Las jineteras y los pingueros deambulan a la caza de extranjeros carentes de todo menos de dólares.[23]

Las jineteras andan en boca, o en pluma, de todo el mundo fuera de la Isla. Los medios de comunicación, todas las novelas consultadas, e incluso revistas culturales, están pendientes del asunto con una obsesión de actualidad, ignorando las obvias bases históricas.[24] El tema se convierte en lugar común, mientras que dentro de Cuba oficialmente constituye un tabú. Tres reprimendas les depara el encarcelamiento a las mujeres (*hembras*) que se acuestan con turistas (*hombres*) por divisas[25] (por *hambre*) (para glosar el título de Chaviano).

Todas las inversiones efectuadas durante décadas en el sector de la educación carecen de sentido, cuando la lucha por sobrevivir determina los quehaceres de este país, en el que "ser carnicero es mejor que ser médico"[26]. La protagonista,

---

[19] La falta crónica de productos cotidianos de limpieza e higiene, y la improvisación para suplirla, ocupa varios pasajes de la narrativa consultada: el bicarbonato reemplaza la pasta de dientes Perla (Chaviano 1998, p. 35); la ceniza de fogón, el polvo de lavar; echarse "agua con una latica", la ducha (Victoria 1998, pp. 101 y 116). Díaz (1996, pp. 74, 99, 80, 137, 138, 64) tematiza las colas, el mercado negro, las diplotiendas, las fulas, la libreta, las guaguas ruidosas, los apagones.

[20] Cf. Skierka 1998.

[21] Cf. Chaviano 1998, p. 116.

[22] Una figura femenina *jinetea* por la razón especial de regular el mercado negro "llevándose a la cama a ciertos personajes importantes, como capitanes de barco o jefes de turno de aduana" (Díaz 1996, p. 99). Hacen su posta en Quinta Avenida (p. 137), y "les dan el culo a los extranjeros" por dólares (p. 171). Algunas son "jovencísimas" (p. 177).

[23] Valdés 1997, p. 224.

[24] En la era prerrevolucionaria ya se propagaba el mito de La Habana como prostíbulo de EE.UU.; y desde sus inicios coloniales, la ciudad portuaria, recibía a marineros y soldados en busca de diversión tras sus largas travesías marítimas.

[25] O "por blúmers, por jabones, por desodorantes", por paseos en "flamantes Mercedes", por comer langostas y beber whisky. La alternativa común, comunista, les ofrece una pesada bicicleta china, comer miserias según la libreta y acostarse con un novio cubano, si se atreven (Díaz 1996, p. 29). "La cogieron en una redada de jineteras, aunque parece que la soltarán pronto." (Díaz 1996, p. 349). "No tengo tiempo pa' romanticismos, [...] y menos con cubanos. No soy una mujer, soy materia prima, producto bruto nacional; necesito fulas [...]." (Valdés 1997, p. 239).

[26] Chaviano 1998, p. 86. Aunque carniceros sofisticados, como en el caso del protagonista cirujano en el cuento «Macho Grande en el balcón» de Vázquez Díaz (1998). Los padres le piden al hijo, que dispone de una preparación médica muy alta y especializada, que «ampute» un pernil al puerco criado en el balcón de su apartamento habanero, para que puedan comer carne en navidad. Prefieren que el precioso animal doméstico siga

Claudia, lleva una vida doble entre académica y *jinetera*.[27] La narradora alude cínicamente al alto nivel intelectual de las prostitutas: "La isla entera se había convertido en un burdel donde sus pupilas eran ingenieras y doctoras."[28] En un artículo de Coco Fusco, publicado en *encuentro*, llama la atención que las personas entrevistadas en La Habana se defiendan de esta atención exagerada tributada por los exiliados cubanos y la prensa internacional, de curioseo sensacionalista por ese cacareado *boom* supuestamente reciente de prostitución: "por qué no se ocupan de sus propias prostitutas y nos dejan en paz."[29]

Las novelas de Chaviano, de Zoé Valdés y *La piel y la máscara*, de Jesús Díaz, no paran de evocar tópicos de una actualidad desgraciada, apocalíptica: aislamiento («autismo»), vigilancia, servicio secreto, censura (en la producción y en la recepción artísticas),[30] cárcel, homosexuales (perseguidos),[31] éxodo balsero, epidemias por desnutrición, hospitales llenos de cucarachas, el zoológico o toda la Habana Vieja destartalados.[32] Sin embargo, nos topamos con ocasionales intentos de disminuir la dosis de desengaño, de trascender el panorama tétrico. Para salir de esa debacle pesimista, las novelas proponen algunos remedios homeopáticos.

Daína Chaviano procura alejar su libro del realismo social (anticastrista) que da testimonio de la vida y cultura cotidianas en La Habana decadente, llevándolo a otra dimensión, con las inclinaciones parapsicológicas de la protagonista,

---

con vida aunque paticojo. El relato alude a otros actos «grotescos» de desesperación por la aguda escasez de carne: "las calles están llenas de jineteritas dando el culo por un bisté con papas fritas" (Vázquez Díaz 1998, p. 36); y unos habaneros hambrientos se ven movidos a robar una cebra del Zoológico para comérsela, "Miren que asar la única cebra de toda Habana." (Vázquez Díaz 1998, p. 38). La cría privada de cerdos en baños y balcones pertenece al cuadro general de la vida cotidiana cubana durante el «período especial», transmitido también por literatos y cineastas.

[27] Chaviano 1998, p. 230.

[28] Chaviano 1998, p. 292.

[29] Fusco 1997, p. 53. Se repite el reproche de Abilio Estévez, mencionado arriba: "A diferencia de la gente que en la calle lucha para superar el deterioro de Cuba, los exiliados cubanos hablan de la explotación de las prostitutas." (Fusco 1997, p. 57). Cf. en el mismo número de *encuentro*, el artículo de Escobar «Los ángeles perdidos» (1997). La edad a veces demasiado tierna de algunas jineteras (cf. nota 22) también la lamenta Fusco, e incluye a estas jóvenes de poca fe en el futuro y actitud consumista en la generación X.

[30] La costumbre de evitar la censura por vía de la «biblioteca itinerante» se describe en la novela de Valdés 1997, p. 161: los libros introducidos clandestinamente del extranjero se pasan de mano en mano. Borges, por ejemplo, siempre ha sido un autor proscrito por los censores. Según Alberto (1997, p. 75), "en la Universidad de La Habana se expulsaba a los alumnos que se habían atrevido a creer en Dios o a citar un poema de Jorge Luis Borges." Por el lado de la producción, me imagino que sacar del país un manuscrito que corre el peligro de ser censurado (Valdés 1997, p. 251), en la era del correo electrónico ha dejado de causar mayores problemas. No sé si por la reproducción técnica, que dificultaba el trabajo a los censores, en Cuba se solían controlar las fotocopiadoras (como en la antigua Alemania Oriental). El racionamiento del papel hacía (y hace) lo suyo.

[31] Alberto (1997, pp. 76, 78, 123) y Valdés (1997, p. 126) enumeran toda una serie de expresiones del argot para «homosexual». Las «tortilleras» se tematizan en Díaz (1996), y en los hermanos Abreu (1998, p. 57).

[32] Chaviano 1998, pp. 281, 285, 289, 305, 284, 215, 96, 15, 252, 218.

que activan su memoria y rinden culto al pasado habanero. Podríamos concebir la revisión histórica, retrospectiva, como automatismo, como paradigma de interpretación reactiva al exilio. La mirada hacia atrás o vena nostálgica provoca también la reminiscencia de un idilio infantil. El personaje de Ana, en la novela de Jesús Díaz, equipara la niñez a una Cuba altamente simplificada e idealizada:

> [...] pues para ella la niñez significaba Cuba, la isla que el tiempo tornó un sueño y que en su recuerdo era un arco iris, una playa, una simple canción, una pelota.[33]

En cuanto al territorio urbano dejado atrás, se detecta un mecanismo ambivalente de fuerzas dialécticas entre el desencanto por La Habana que se derrumba y la que plasma una marcada añoranza con brotes de esperanza. Además de entregarse al manido deseo del cambio de gobierno, los desterrados evocan la ciudad mediante una poética del espacio, topográfica, toponímica, al nombrar para recuperar los barrios, calles, monumentos, parques, plazas, restaurantes, bares reconocibles por muchos. Las novelas consultadas están repletas de (centenares de) nombres de calles habaneras. ¡Cuántos recorridos a pie, en bicicleta, guagua o carro, trazados con minuciosas indicaciones!

> Tomamos por delante del cine Payret, atravesamos la Fabela, entramos al corazón de la solariega ciudad por la calle Teniente Rey. Nos detuvimos frente a la iglesia del Ángel, en el parque de Cristo.[34]

Exento de refinamiento retórico, este tipo de discurso, recurrente en *Café Nostalgia* y las demás novelas, podría encontrarse tal cual en una guía de turismo. Zoé Valdés y Daína Chaviano practican la lucha contra la amnesia nombrando los lugares de la lejana capital para rememorarlos virtualmente, y nos conducen por el casco antiguo, a cuyo pasado arquitectónico en ruinas erigen un monumento verbal:[35] "Aferrados al nombre de las calles apostamos a una geografía del sueño."[36] Obviamente practican la mnemotecnia quintiliana, según la cual la evocación de espacios concretos activa la memoria.[37]

---

[33] Díaz 1996, p. 119. También Alberto (1997, pp. 152-156) evoca una infancia feliz a lo largo de varias páginas.

[34] Valdés 1997, p. 106; cf. también Chaviano 1998, pp. 187s., 197s., 272s., y 275.

[35] La yo narradora de *Café Nostalgia* colecciona piedras y losetas rotas para que no desaparezcan del todo (Valdés 1997, p. 108), como el protagonista de la pieza de teatro de Vargas Llosa, *El loco de los balcones* (1993), que intenta salvar los antiguos balcones del casco colonial limeño, que representan para él la "gloria y la memoria" de la ciudad (p. 48).

[36] Valdés 1997, p. 126.

[37] Para probar las capacidades retentivas, un grupo de amigos cubanos reunidos en París juega, escenifica un concurso preguntando por nombres de establecimientos de la cultura cotidiana, popular del pasado (calles, escuelas, cierto cine, platos más o menos típicos, y programas televisivos) en Valdés (1997, p. 262). He aquí una variante peninsular de Francisco González Ledesma, que en su novela de restrospección nostálgica de los barrios barceloneses, afirma: "no se entiende la historia de las calles sin la historia de los hombres. Y viceversa. [...] Quizás es necesario que alguien ame las cosas que a pesar de todo permanecen –dijo–. Que alguien ame las calles de la ciudad y descubra su sentido, para que la ciudad no sea destruida" (González

Además del inevitable Malecón, no podía faltar ese lugar público muy frecuentado por la literatura (y el cine): el *Coppelia*, la legendaria heladería.[38] Con la película de Tomás Gutiérrez Alea, *Fresa y chocolate* (de 1993),[39] que enfoca el Coppelia, éste se ha convertido en lugar común, y no hay novelista que no lo evoque (también en *Café Nostalgia* aparecen dos menciones).[40] Nos ayuda a rematar el apartado sobre la fijación en parajes públicos de los literatos «gusanos» el libro de memorias[41] –ese sí escrito con puntería– de Eliseo Alberto, *Informe contra mí mismo* (1997). Su mera enumeración de nada menos que 67 nombres de calles habaneras en decadencia,[42] desemboca en una metáfora de elaborada poeticidad, basada en la relación simbiótica del cuerpo del yo con su ciudad. Dichas calles son "venas de mi cuerpo, sucias, botadas, oscuras, tupidas por los colesteroles del olvido, venas mías, calles mías"[43].

La idea de definir la identidad de amigos y conocidos cubanos por sus localidades preferidas, le lleva a realizar una "encuesta" nostálgica con tres grupos generacionales de informantes (entre ellos Daína Chaviano),[44] que deben indicarle entre siete y nueve "maravillas de La Habana", "andar de nuevo por los escenarios de la memoria"[45]. Resultado: siete páginas y media de nombres propios, topónimos. Sin tener que sumarlos, saltan a la vista los más conmemorados: la heladería Coppelia, el Malecón, el bar El Gato Tuerto y el Hotel Riviera, el Teatro García Lorca, la Cinemateca de 12 y 23, seguidos de otros muchos.[46]

Los retratos habaneros registrados por nuestro grupo de escritores dejan la impresión de gran uniformidad. Su mirada poco individualizada fija toda una serie de estereotipos visuales. Vemos reproducidos varios escenarios recurrentes, por ejemplo, las calles invadidas por las bicicletas importadas de China y

---

Ledesma 1989, pp. 26 y 248). Cf. dos novelas recientes españolas que trabajan con la semiótica del espacio geográfico: Belén Gopegui, *La escala de los mapas* (1993), y la última de Almudena Grandes, *Atlas de geografía humana* (1999).

[38] Según Chaviano (1998, p. 93), vendía unos cincuenta sabores en su "edad de oro", "prehistórica". Hoy se reparten entre los salones altos para turistas y las mesitas de abajo, al aire libre, para los cubanos. La narradora de *El hombre, la hembra y el hambre* sabe de un americano "loco a los helados cubanos y juraba que cada vez que probaba una *sundae* de almendra en Coppelia tenía un «viaje» sin efectos colaterales (había dejado el LSD once años atrás)." Cf. Chaviano 1998, p. 93.

[39] El guión se basa en el cuento de Senel Paz, *El lobo, el bosque y el hombre nuevo* (1990).

[40] Valdés 1997, pp. 52 y 96.

[41] Lo incluyo en el corpus porque es un texto de una retórica trabajada, y un híbrido entre lo documental y lo ficticio, con varios insertos de historias imaginarias, cuentos inventados. En cambio, excluyo su reciente y exitosa novela *Caracol Beach* (1998), porque no sitúa la acción en Cuba.

[42] "La Habana se está cayendo a pedazos: con dignidad se desploma en cámara lenta [...]." (Alberto 1997, p. 136).

[43] Alberto 1997, p. 138.

[44] Según la década en la que hayan nacido, los cuarenta, los cincuenta, los sesenta.

[45] Alberto 1997, p. 138.

[46] Alberto 1997, pp. 138-145.

propagadas como solución al problema del transporte urbano, como nos informa Eliseo Alberto.[47] La omnipresencia de la bicicleta procedente de Asia promueve la inevitable asociación con ciudades de este continente; coinciden dos escritores, Chaviano y Díaz.

> La Habana se daba un aire de Hanoi con aquel mar de bicicletas que recorría sus vías más céntricas. [...] una insólita cantidad de bicicletas empezó a dificultarnos la marcha creando la impresión de que la cámara se deplazaba por una ciudad asiática.[48]

Se reproducen verbalmente unas fotografías o filmaciones tópicas.[49]

El ojo cinematográfico de Díaz, que domina toda su novela, se repite con un guión insertado en la de Zoé Valdés, también conectada con el séptimo arte. Es interesante que en ambos libros la acción, que se desarrolla en la Habana actual, se presente en un nivel metafícticio, a través de guiones dentro de las novelas, doblemente alejados de la realidad. Hay que leer para creer el alto grado de idealización que, a la hora de escribir, destilan los desterrados sobre la naturaleza cubana, el clima, los olores.[50] En Cuba los tomates son más dulces; se transpira de "una forma más amena, reposada, decorosa y civilizada" que en Miami ("sudor del exilio contaminado, intoxicado, estresado y repugnante").[51] Y con la misma percepción subjetiva, un personaje de Zoé Valdés pretende que "en ninguna parte del planeta llueve como llueve aquí", en Cuba; la yo protagonista compara las formas de lluvia parisina ("recta y sin olor") con la habanera ("curva y salada" y con "el olorcito que queda después").[52]

Por otra parte, la misma figura reacciona con cinismo a los lugares comunes traídos de su viaje a la Isla por un reportero europeo; a él le reprocha el haber

---

[47] En cambio, Alberto (1997, p. 63) se queja del peligro que significa andar en bicicleta por las ciudades cubanas, "hoy una de las principales causas de fallecimiento".

[48] Chaviano 1998, p. 304; Díaz 1996, pp. 24, 29, 135.

[49] Sin salir del mismo campo semántico del tráfico, ya se ha visto en cualquier lugar del «Tercer Mundo» la siguiente foto tomada por Jesús Díaz de la "guagua repleta, con racimos de gente colgando en las puertas abiertas" (Díaz 1996, pp. 62, 64). La protagonista de Valdés (1997, p. 26), espera la guagua "con trascendental paciencia". Y un personaje de Vázquez Díaz "había visto un choque de dos guaguas en el Malecón" (Vázquez Díaz 1995, p. 14). No es menos tópica la mirada interior de una casa: la naturaleza muerta de un altar hogareño con una "litografía descolorida con dos cisnes" rosados, "dos fotos de Fidel y de Che" y un búcaro "lleno de flores plásticas" (Díaz 1996, p. 71).

[50] Nuevamente es Abilio Estévez 1998, que se quedó en la Isla pero que viaja constantemente entre La Habana y Barcelona, quien, en su novela, se ocupa de desmitificar la naturaleza y el clima de la patria ensalzado por los exiliados: "la canícula permanente de esta isla atroz".

[51] "La vegetación insular con la exclusividad de sus olores recónditos y obscenos [...]." (Vázquez Díaz 1995, pp. 33, 38 y 12).

[52] Valdés 1997, pp. 19 y 220. Los olores del mar reciben una descripción muy detallada (Valdés 1997, p. 9). Y se tematiza la relación ambivalente de los isleños, de amor-odio, al océano (Díaz 1996, p. 24), que deprime en la isla y se extraña en el continente (Los hermanos Abreu 1998, pp. 61s.).

malinterpretado las informaciones recibidas *in situ*, y a sus colegas el copiar el "cuento chino" de la:

[...] belleza insular, tropicalidad, musicalidad, jineterismo, salud y educación diz que garantizadas, una pequeña dosis de pobreza por culpa del embargo, otra mínima cantidad de disidentes, esta vez por culpa de ellos mismos, de encaprichaditos que son.[53]

En su búsqueda del canal de información más independiente, la yo narradora sugiere fiarse del Internet, menos controlable por las autoridades de la Isla.[54] Sin embargo, el resultado de su encuesta navegante por la «red», le proporciona una lista de los manidos temas negativos de noticieros sensacionalistas, de pinta no menos tendenciosa. Resumo los titulares: campos de concentración, corrupción, influencia china, presencia militar, peligros de tráfico, bolsa negra de gasolina, carencia de agua potable, excesos de turismo.[55] En compensación a la pérdida de la conexión diaria con los medios de cultura y comunicación autóctonos,[56] los literatos exiliados ganan acceso mundial y cómodo a libros, al mercado cultural, y a toda una avalancha mediática internacional, que domina, como campo referencial, la retórica de sus textos. La inevitable mediatización global contribuye a cierta uniformidad de temas en las letras de ambas orillas (de isleños y exiliados) que asimilan dichas «fuentes».

¿En qué aspectos *sí* se distinguen las condiciones de trabajo y las expresiones artísticas de un literato desterrado? En que está libre de la traba de la censura, puede permitirse lanzar diatribas contra el castrocomunismo o conseguir cualquier texto que las rubrique. Es probable que encuentre un público lector de menos confianza e intimidad, pero mucho más numeroso.

Le falta la jerga actual isleña; o se nota la distancia del argot urbano y una dimensión artificiosa al usarlo y tratar de cultivarlo, recuperarlo. Daína Chaviano escribe en cursiva y hasta explica a sus lectores no actualizados o no cu-

---

[53] Valdés 1997, pp. 120-121.

[54] Otras vías utitlizadas son: las cartas por fax, llamadas telefónicas, relatos de viajeros cubanos en tránsito por la Isla (Cf. Valdés 1997, pp. 120s.).

[55] Valdés 1997, pp. 339-345. La misma protagonista se queja de la correspondiente restricción dentro de la Isla con el monopolio del *Granma* y "la antena parabólica para coger los canales del enemigo", "interferidos" (Valdés 1997, pp. 39 y 210). En todo caso, la infiltración norteamericana (y europea) por vía de satélites, no se deja frenar o vigilar ya. Sería un trabajo de Sísifo tratar de aislar a los cubanos en este aspecto. El año pasado, el multimillonario Ted Turner, jefe de la CNN, con sede principal en Atlanta, que estima a Castro y se las arregla igualmente con Clinton tuvo el permiso de abrir una sucursal de la CNN en La Habana a pesar de la ley Helms-Burton. Resulta incluso que en Cuba se pueden ver los noticieros internacionales más importantes que los que se ven en los propios EE.UU. Primeras señales de transición. Ojalá cundiera lo verdaderamente transnacional (el multiculturalismo postnacional), entonces el concepto del exilio se volvería obsoleto.

[56] No pueden aludir con toda naturalidad, por ejemplo, a las peripecias cotidianas que proponen los programas de la televisión nacional.

banos (¿y a sí misma?) las voces del caló que inserta en su texto: *fulas*[57] o *dolores*[58] (por «dólares»); *diplos*[59] («diplotienda»); o las del nuevo campo semántico alimenticio del racionamiento de la carne: el *pollo de población* («pollo racionado») y *el pollo de dieta* («porción adicional para viejos y enfermos»), *la novena* («cuota de carne de cada nueve días»), *el picadillo extendido* («huesos, cartílagos y otras sustancias molidas mezcladas con la carne verdadera»), y *el fricandel* («asquerosa pasta de apariencia cárnica»).[60] Los expatriados se inventan su propio argot de grupo minoritario adaptado a sus necesidades de expresión en el ghetto, por ejemplo, ese diminutivo algo despectivo connotador de ingenuidad: los *quedaditos*.[61] En principio, el aislamiento del destierro podría incitar a un literato a una exploración intensa de la propia lengua como refugio expresivo cómodo, muy personal, un marcado ideolecto en territorio ajeno. Pero el discurso de los textos examinados no delata tal búsqueda, sino que se basa en un lenguaje intercambiable, neutral, poco elaborado, común y corriente, directo, cotidiano y coloquial.

Por fin, cabría volver a las preguntas planteadas en el título de este artículo: ¿Nos quieren hacer creer unos expatriados desilusionados que Cuba, pantalla de proyecciones, está en oferta?

Los miembros de la novísima generación vivieron la Revolución en su esplendor: "(nos creíamos) los protagonistas principales de la historia [...]. Vivíamos en una nube, lo reconozco."[62] Habiendo conocido la euforia[63] con un dejo utopista y un sentimiento de ilusión, hoy estarán –algunos más que otros– expuestos al desengaño, pero aún acostumbrados a añorar una sociedad mejor. Parece que tan sólo el lugar donde un exiliado haya fijado su residencia denota, hasta cierto grado, toda una gama de matices de desconfianza. En muchos sectores de Miami reina una atmósfera asfixiante, entre los que conspiran contra Castro (de ello hay visos reproducidos en las ficciones de los hermanos Abreu o

---

[57] Chaviano 1998, p. 109. Al consultar dos diccionarios de cubanismos, uno de 1978 y el otro de 1998, notamos que la palabra aún no aparece en Sánchez-Boudy (1978); en cambio sí en Paz Pérez (1998).

[58] Chaviano 1998, p. 265.

[59] Chaviano 1998, p. 226.

[60] Chaviano 1998, pp. 119-120. Estos vocablos no salen en los diccionarios citados. Eliseo Alberto (1997, p. 63) también menciona la "masa cárnica". Las figuras de Zoé Valdés usan el léxico de la jerga isleña con más naturalidad: los verbos *jinetear* o *discar* (un número de teléfono), o el sustantivo *la pegatarros*, por ejemplo (Valdés 1997, pp. 118 y 41).

[61] Por "los que no abandonan la Isla" (Chaviano 1998, p. 254).

[62] Alberto 1997, pp. 128 y 129.

[63] Y también los mimos, por ejemplo, del sistema educativo; se les ofreció estudiar como si nada. Algunos disfrutaban de circunstancias biográficas cómodas, como el tener padres y padrinos intelectuales, escritores, o poder viajar a París con estatus diplomático. Eliseo Alberto Diego es hijo de Eliseo Diego y ahijado de García Márquez. Zoé Valdés llegó a Europa en misión oficial de la UNESCO.

de Carlos Victoria; más mesurados en las de Chaviano y Vázquez Díaz); si un exiliado se instala en Madrid (Jesús Díaz[64]) o en México (Eliseo Alberto Diego[65]), puede que su repudio se manifieste menos marcado, ya que México y España mantienen mejores relaciones con Cuba,[66] y la barrera lingüística se reduce a un mínimo.

Eliseo Alberto es el único de los autores capaz de apreciar aún los logros de la Revolución anteriores al colapso de la «utopía rebelde». Los números que aparecen en el siguiente pasaje nos recuerdan las enumeraciones hiperbólicas (del padrino) de hazañas macondinas en *Cien años de soledad*, con la diferencia de que en el caso cubano son reales:

> La pequeña isla de Cuba se enfrentó a treinta y tres años de bloqueo económico, a nueve presidentes en la Casa Blanca, a cuatro o cinco Papas en el Vaticano, a seis timoneles en el Kremlin (incluido Yeltsin), a unos veinte jefes de la Agencia Central de Inteligencia y a otros tantos de la Agencia Federal de Investigaciones, a cinco secretarios generales de las Naciones Unidas, a más de cien presidentes hostiles en toda América Latina, sin contar los seis de México [...].[67]

Pero, incluso entre los personajes que viven en el baluarte anticastrista de Miami, los hay más moderados. Así se expresa un personaje de *La Isla de Cundeamor*, que emite unas reflexiones no tan maniqueístas y muestra cierta inseguridad respecto a la reacción de los isleños al «período especial»:

> Todo es muy difícil en Cuba después del desplome del bloque socialista. No hay petróleo, la escasez de alimentos es muy grande. Pero dicen que la gente resiste con nobleza y alegría... O con resignación y miedo, quién sabe... De todos modos, los cubanos de allá me gustan más que los de acá. No sé si los idealizo.[68]

Los más militantes no dejan lugar a dudas y se entregan a cualquier panfleto anticomunista. Salido de la pluma de Carlos Victoria y puesto en boca de las fi-

---

[64] Con el proyecto de su revista fomenta el «encuentro», el diálogo abierto entre los intelectuales de adentro y de fuera.

[65] Sin embargo, el escritor mexicano Juan Villoro lo ha llamado *Informe contra mí mismo* un "rap de la desesperanza" (Villoro 1998, p. 237).

[66] Mondadori, España, por ejemplo, quiere abrir una librería grande en La Habana, con subsidio, de modo que los precios sean lo suficientemente bajos para el cliente cubano.

[67] Alberto 1997, pp. 79s.

[68] Vázquez Díaz 1995, p. 159. Más adelante (p. 311), emitirá una opinión más decidida: "Allá en Cuba la gente sufre y calla [...]." En su cuento citado arriba, «Macho Grande en el balcón» (Vázquez Díaz 1998, pp. 39s.), muestra directamente el hartazgo y la desesperación de unos personajes en la Isla que empiezan a "agusanarse" y se oponen a ver los logros de la Revolución: "A esto hemos venido a parar después de tanta gloria." "Esto" quiere decir una vida regida por el *guaniquiqui* (*guano*, por «dinero»), por apagones, racionamiento de agua, balsas, bicicletas, y colas de varias horas delante de las posadas, "esos antros estatales donde las parejas acuden a compensar la falta de privacidad que genera el hacinamiento por falta de viviendas". Un personaje de Valdés (1997, pp. 235, 117 y 106) grita: "¡Esta isla es una mierda, nadie nos oye!" Miseria. Pobredumbre. Amargura.

guras y del narrador del cuento *Ana vuelve a Concordia*, el ejemplo supera a todos en amargura y odio, expresados contra la evolución política y económica de su patria. Todo en la Isla es avidez material, "fanatismo" "monstruoso", "deprimente" y "horrible". El narrador acompaña a la protagonista en un viaje de visita a Cuba, donde lo reciben con recelo (exagerado), como "gusana", "apátrida", "con sus porquerías del Norte". Los personajes culpan a la revolución (con minúscula) y al "maldito comunismo" de haberlos "convertido en animales", de que a las muchachas "en la beca no las enseñaron a maestra, sino a puta". Un blúmer, y "hasta un pedazo de caca americana te arrebatan de la mano".[69] Se cultiva una estética de lo crudo y lo soez,[70] combinada con un discurso realista y una estructura tradicional de relato lineal en tercera persona con narrador omnisciente. Como antídoto contra las estrategias peyorativas, despreciativas, rebajadoras de la actualidad de la Isla, la mayoría de los literatos desterrados recurren a mitos equivalentes a la «expulsión del edén» idílico, inocente y tropical, o de la «tierra prometida» (de leche y miel).[71] Se evocan las concepciones arquetípicas de las utopías regresivas (cualquier tiempo pasado fue mejor) y del paraíso (perdido y re-buscado). La pérdida de la infancia, de ideales sinestésicos, sensuales, físicos, individuales, ontogenéticos, y el anhelo de volver a ellos activa los recuerdos (a través de los olores, por ejemplo).[72]

Esta corriente benévola, embellecedora, convive con impulsos sin piedad, de resignación, pesadumbre, incluso rabia, que nos impiden quitar los signos interrogativos del título. Y para dar la última pincelada al panorama contradictorio y ambivalente de fuerzas, la utopista o idealizadora y la desmitificadora o de derrumbe, retomo el grito rítmico y asonante (o canto) de Zenaida, bailarina negra que, en gira con una delegación oficial cubana, por cincuenta dólares se acuesta con un cubano recién exiliado en un hotel de Gánder (Terranova/Canadá):

"¡Ay!, malembe, los de mi isla ni se rinden ni se venden, malembe [...]."[73]

---

[69] Victoria 1998, pp. 94s., 107 y 102.

[70] Una estética que apenas convence, y menos a una lectora que tiene que tragarse frases políticamente incorrectas, emitidas por el narrador, como: "Las dos mujeres se levantaron al mismo tiempo, con esa prisa femenina que se observa cuando hay prendas de vestir de por medio." La actitud tenebrosa, mugrosa se repite en otros cuentos más recientes de Victoria (1997), por ejemplo, en «El resbaloso» (en Victoria 1997), que se sitúa en La Habana agonizante de los años noventa: "no hay sino tinieblas, terrores, ruina y la patética figura que dice adiós a esa ciudad que alguna vez existió." (Cf. Villaverde 1998, p. 241).

[71] Otra metáfora bíblica, gustatoria, describe la edad de oro de un reino perdido: las ollas de Egipto.

[72] Resulta sintomático que *En busca del tiempo perdido* sea la «biblia» de la protagonista de *Café Nostalgia*, tan entregada a hurgar en el pasado, a la tentativa de reencuentro con la existencia antigua, al recuerdo de los olores cubanos, como Proust a su magdalena.

[73] Sacado de un relato insertado en el libro de Alberto (1997, p. 97).

Referencias bibliográficas

Alberto (Diego), Eliseo: *Caracol Beach*. Barcelona 1998.

Alberto (Diego), Eliseo: *Informe contra mí mismo*. Madrid 1997.

Cabrera Infante, Guillermo: Entrevista. En: *lateral* (octubre 1998), pp. 28s.

Cámara, Madeline: Las dos hambres de Daína Chaviano. En: *encuentro* 10 (otoño de 1998), pp. 180-182.

Chaviano, Daína: *El hombre, la hembra y el hambre*. Barcelona 1998.

Díaz, Jesús: *La piel y la máscara*. Barcelona 1996.

Escobar, Reynaldo: Los ángeles perdidos. En: *encuentro* 4/5 (1997), pp. 65-67.

Estévez, Abilio: *El horizonte y otros regresos*. Madrid 1998.

Estévez, Abilio: Cuba está de moda. En: *El País* «Opinión», en: digital@elpais.es (15.3. 1999), pp. 1-3.

Fusco, Coco: Jineteras en Cuba. En: *encuentro* 4/5 (1997), pp. 53-64.

González Ledesma, Francisco: *Las calles de nuestros padres*. Madrid 1989.

Hartley, Leslie Pole: *The Go-Between*. Harmondsworth 1953.

Los hermanos Abreu: *Habanera fue*. Barcelona 1998.

Maratos, Daniel C./Hill, Marnesba D.: *Escritores de la diáspora cubana*. Metuchen, London 1986.

Paz Pérez, Carlos: *Diccionario cubano de habla popular y vulgar*. Madrid 1998.

Rodríguez-Luis, Julio: *El enfoque documental en la narrativa hispanoamericana*. México 1997.

Sánchez-Boudy, José: *Diccionario de cubanismos más usuales*. Miami 1978.

Schumm, Petra: Exilerfahrung und Literatur lateinamerikanischer Autoren in Spanien. En: Morales Saravia, José (ed.): *Die schwierige Modernität Lateinamerikas*. Frankfurt a.M. 1993, pp. 3-23.

Skierka, Volker: Castros folgsame Söhne. En: *Die Zeit* (15.10.1998).

Valdés, Zoé: *Café Nostalgia*. Barcelona 1997.

Vargas Llosa, Mario: *El loco de los balcones*. Barcelona 1993.

Vázquez Díaz, René: *La Isla de Cundeamor*. Madrid 1995.

Vázquez Díaz, René: Macho Grande en el balcón. En: *Apuntes Postmodernos/Postmodern Notes* VII, 2 (otoño de 1998), pp. 34-40.

Victoria, Carlos: *El resbaloso y otros cuentos*. Miami 1997.

Victoria, Carlos: Ana vuelve a Concordia. En: *Cuentos cubanos*. Madrid 1998.

Villaverde, Fernando: Los resbalosos relatos de Carlos Victoria. En: *encuentro* 8/9 (primavera-verano de 1998), pp. 240-242.

Villoro, Juan: *Informe contra mí mismo*. Reseña. En: *encuentro* 8/9 (primavera-verano de 1998), p. 237.

Narraciones obscenas: Cabrera Infante, Reinaldo Arenas, Zoé Valdés

Antonio Vera-León (Stony Brook)

1. La perversidad de Nerón: retórica y buen gusto

Se trata de un viejo deseo: pensar que en la superficie del lenguaje nos es dado leer lo que se dice y lo que no se sabe. Que el lenguaje no esconde nada sino todo lo contrario: lo dicho y lo no dicho estarían en las superficies como lugar de encuentro y de legibilidad. Me ocupa en estas páginas una forma de decir, la maledicencia (palabrotas, lenguaje soez y obsceno) que, presente de forma menor en cierta narrativa cubana de los años sesenta, cobra un relieve notable en las dos últimas décadas y en específico en los relatos de Guillermo Cabrera Infante, Reinaldo Arenas y Zoé Valdés. Retórica soez del insulto, la palabrota y lo vulgar, se trata de un tipo perverso de decir que marca una inflexión en las convenciones y los registros literarios cubanos, y que en estas páginas no será considerado en un sentido exclusivamente degenerativo, puesto que a menudo las perversiones contienen, como señala Vattimo (1986), potencialidades cognoscitivas y prácticas en las que se dibuja nuestro futuro y se anuncia lo que está por venir. Esta transformación en el decir literario no es la única en la literatura cubana reciente, por lo que conviene aquí hacer un breve recuento de algunos de estos cambios.

La aparición de la novela policial introdujo en la narrativa cubana un tono y una forma de hablar nuevos, distinguidos por la manera cortante y la dureza lacónica de los personajes que pasan por sus páginas.[1] Su voluntad inquebrantable es, como la novela en que participan, dura. Al hacer hablar de esa forma a sus personajes los narradores policiales ponen en boca de aquéllos gran parte de la

---

[1] En Cuba no existe el relato policial tal como se le conoce en los Estados Unidos, en las literaturas de Europa occidental, o en la tradición policial sudamericana. El relato detectivesco cubano, más que policial, realiza una variante de este hacia el relato de «espionaje», ya que el crimen es tratado en esas narraciones casi exclusivamente como crimen político. De ahí que el criminal sea por definición alguien que de alguna manera siempre trabaja para los enemigos del actual Estado cubano. Se trata de una variante paranoide del relato policial. Hasta la aparición de la obra detectivesca de Leonardo Padura, escritor que explora variantes de la «policial» cubana en la tetralogía *Las cuatro estaciones*, los más logrados ejemplares de la variante cubana del género eran las novelas de Luis Rogelio Nogueras. En éstas, el crimen y el criminal son siempre tratados como los he descrito. De Nogueras ver: *Y si muero mañana* (1978); *Nosotros, los sobrevivientes* (1981).

Reinstädler, Janett/Ette, Ottmar (eds.):
Todas las islas la isla. Nuevas y novísimas tendencias en la literatura y cultura de Cuba.
Frankfurt a.M. – Madrid: Vervuert – Iberoamericana 2000, pp. 177-191.

poética del género y de las premisas acerca del mundo imaginado allí. Por ello no importa tanto lo que se diga como la forma del decir. A menudo los narradores de la policial hacen sus oraciones como monedas arrojadas de mala gana sobre una barra para que las recoja un camarero que no se las ha ganado. Si no desdén, ese estilo trasluce cierto mal carácter. Sienta, en todo caso, un tono de impaciencia. De ser cierta esta hipótesis, siguiendo la línea que ella abriría, se diría que el tono de la policial establece una zona de lenguaje donde se maltratará a la literatura. Entendiendo por ésta el tratamiento del lenguaje, de estilo, que se hace sin medida de tiempo, sin que éste escasee para hacer y recomponer unas bien pulidas oraciones.

El tiempo implícito en la composición literaria es muy parecido a la eternidad. Es un tiempo abundante, denso en su lentitud. La novela *The Ghost Writer* (1979) de Philip Roth –también Milan Kundera en *Slowness* (1995)– ilustra esto. El relato de Roth cuenta la visita de Nathan Zuckerman a la casa de un viejo maestro de la ficción judía. Después que el anfitrión escucha a Zuckerman relatar su vida en Nueva Jersey como vendedor de suscripciones domésticas a revistas, el viejo escritor comenta que a él en cambio "no le sucede nada". Y añade:

> I turn sentences around. That's my life. I write a sentence and then I turn it around. Then I look at it and I turn it around again. Then I have lunch. Then I come back and write another sentence. Then I have tea and turn the new sentence around. Then I read the two sentences and turn them both around. Then I lie down on my sofa and think. Then I get up and throw them out and start from the beginning [...]. And at home what is there to distinguish Sunday from Thursday? I sit back down at my little Olivetti and start looking at sentences and turning them around. And I ask myself, why is there no way but this for me to fill my hours?[2]

El tono de condena con que el viejo escritor cierra su parrafada subraya la densidad y la larga duración del tiempo inscrito en ese tipo de literatura.

Entramos aquí ya en consideraciones que servirán para pensar la maledicencia en los escritores mencionados al comienzo. Los artistas, decía Verlaine, no terminan sus obras, las abandonan. En ese abandono hay un reclamo de eternidad, de todo el tiempo necesario para escribir como se desea hacerlo. A partir del tono de la policial podríamos leer entonces una economía del tiempo inscrita en la escritura: el tiempo largo de la literatura, y el tiempo crispado, finito y feroz de la policial que se recorta contra la eternidad que parece enunciar y presuponer el estilo del que hablaba el escritor en la novela de Philip Roth. No hablo de un estilo espontáneo en la policial –no creo que haga falta decirlo– sino de una retó-

---

[2] Roth 1985, pp. 17s. Fuera de contexto, el pasaje citado pierde la terrible ironía que encierra si se lo lee tomando en consideración el desenlace del relato. La edición que cito es la del volumen que reúne la trilogía *Zuckerman Bound*.

rica de la impaciencia inscrita en el lenguaje cortante de narradores y personajes que hablan un discurso exasperado, hecho para la agresión. Pero a menudo también los personajes de la policial guardan silencio, agreden con un silencio que toma el lugar de las palabras o de la acción. En este sentido, el silencio encerraría la forma límite de la enunciación en la policial. Cargado de significado, el silencio con que a veces responden los personajes condensaría este rasgo agresivo del género, por lo que alumbra otro aspecto de importancia. He hablado de «límites», de «silencio»: es decir, de un lenguaje hecho a contrarreloj para un tiempo finito que transparenta la verdad de la policial: lenguaje marcado por la sombra del final, es decir, discurso sobre la muerte por agresión.[3] Si me he extendido algo al hablar de ese género relativamente nuevo para la narrativa cubana, ha sido para señalar la retórica del tiempo y de la agresión inscrita en el decir que lo caracteriza, propio de un tiempo saturado de exasperación, que nos sirve para hablar de la maledicencia.

Un pasaje de *La hija del embajador* (1995), la novela de Zoé Valdés, permite abordar de lleno el asunto. Se trata de una escena aérea en que la protagonista y su amante sobrevuelan París en una avioneta:

> Volaban sobre *banlieue*, donde viven los emigrantes, y Daniela supo que no estaba volando montada en una alfombra, abajo no era la vista aérea de una carta postal, abajo estaba la vida de una parte de la ciudad en penumbras. Ella, fría, quitó la mano del muslo [del amante]. Él volvió a atraerla hacia su carne hirviente. Ella poco a poco subió la mano, abrió el zíper del pantalón, sacó un pájaro palpitante en la garganta de un huracán. Así quiso expresarse en París, en La Habana era simplemente una pingona *pará*. Aprisionó y el ave respondió con una punzada, más que un latido [...] El ave creció más y más, Daniela sopló un pétalo de violeta sobre el pico y su lengua chocó con la cabeza del ave. [...] En un jardín, de violetas, el ave latiente aterrizó sobre su cuerpo. ¡Coño, mierda, olvidó el preservativo! [...]
> –¡Dios santo, qué peligro, no debo hacerlo con extranjeros que no sean seguros!
> Esa frase le bajaba la mandarria a cualquiera. Pero él siguió:
> –Olvidas que la extranjera eres tú. [...] Él empujó el pájaro –el mandao– y éste tropezó con algo duro. Ella soltó un quejido ridículo y de sus labios brotó un rayo blanquísimamente neblinoso, como si escupiera polvo lunar. Sumamente sorprendido y gozoso y no menos caliente, él empujó de nuevo; el mismo resultado [...]: un haz plateado directo a Venus. Un impulso y otro y otro, singueta va y singueta viene [...]. El ave –el trozo– hinchada de estertores erizó sus plumas y cantó para la húmeda y roja carne donde incrustado en el tembloroso agujero del útero resplandecía un diamante, cual una trufa enterrada en un bien

---

[3] Es así que Lönnrot, el personaje de Borges en «*La muerte y la brújula*» (en *Ficciones*, Buenos Aires 1944), no podía ir sino a su propio fin, ya que como personaje de esa retórica del tiempo no está a salvo de la muerte que en muchos relatos policiales aguarda sólo a los criminales. Borges esparce la muerte por todos los confines del relato policial, sacando a primer plano esta verdad profunda implícita en el discurso del género: la ley no sirve para proteger de otra ley que sí rige a todos en la policial: la ley del fin por agresión.

cortado *foie gras*. El canto del ave hizo eco en las cincuenta y ocho facetas y
Daniela se hizo de una transparencia fosforescente [...]. Tan fácil que hubiera
sido haber dicho: singaron y se vinieron como mulos, pero la literatura es muy
a menudo así, como una mariconaza católica.[4]

El pasaje condensa uno de los recursos del humor en Zoé Valdés: el contraste de
registros lingüísticos que coloca, en impúdica promiscuidad, la expresión subli-
mada y espiritualizada de una retórica literaria originaria del modernismo al lado
de expresiones obscenas que se refieren al cuerpo y que son propias del lenguaje
coloquial cubano. El fragmento citado ejerce un reparto lingüístico-geográfico
que asigna a París el registro literario y a La Habana el lenguaje obsceno popular. En la ciudad retórica de París construida por la sensibilidad modernista
mediante un lenguaje abundante en joyas y diamantes, luz lunar y sobre todo
aves –recuérdese el cisne de Darío–, resalta la extranjería del lenguaje «vulgar»
y obsceno, como le indica a Daniela su amante parisino. Ese lenguaje vive como
un extranjero en el país de la literatura. El acto de sexualidad oral es clave aquí:
literalmente pone en boca de la narradora el lenguaje soez que en pleno vuelo le
tuerce el cuello al cisne, invocando el verso del poeta mexicano Enrique González Martínez (1911).

¿Por qué el modernismo? Al regresar a la retórica modernista, el relato de Zoé
Valdés sobrevuela la historia literaria latinoamericana del siglo XX y va a la
raíz, al momento de fundación de las reglas del «buen gusto» que el modernismo
estableciera y que de múltiples formas continuarán vigentes a lo largo del siglo.
Por paradójico que parezca, el conocido ensayo de Rodó, *Ariel* (1979), es un
buen punto de entrada al tema de lo obsceno en el lenguaje literario, ya que,
además de resumir gran parte de los debates filosóficos latinoamericanos del
XIX y de su enorme impacto y circulación en Latinoamerica, formulaba un plan
de acción para una aristocracia del espíritu en la modernidad latinoamericana finisecular que, en pleno apogeo inmigratorio, amenazaba con sepultar los espíritus selectos en una cultura de multitudes urbanas y pobres. Publicado escasamente dos años después de la intervención norteamericana en la guerra de Cuba
y de la invasión de Puerto Rico, *Ariel* interpretaba como amenaza también la
expansiva presencia norteamericana en el continente, que para Rodó implicaba
la posible expansión continental de una cultura carente de la autoridad moral y
trascendente del super ego, sometida al principio del placer, a la inmanencia e
inmediatez promulgada por el utilitarismo cultural y tecnológico norteamericanos. La diglosia diaspórica, propia de las multitudes contemporáneas, era la peor
pesadilla de Rodó: *la vox populi* no articulaba el espíritu límpido y sereno de un
noble pueblo campesino (como soñaban los románticos), ni el austero lenguaje

---

[4] Valdés 1995, pp. 39s.

humanista de las minorías selectas que predicarían la aristocracia del espíritu a las masas urbanas. Es esa retórica humanista cristiana fundadora del sujeto arielista la que la narradora de Zoé Valdés califica de "mariconaza católica". Recordarán el pasaje en que Rodó imagina acceder al "laboratorio" en que se forman las almas:

> Hay una relación orgánica, una natural y estrecha simpatía, que vincula a las subversiones del sentimiento y de la voluntad con las falsedades y las violencias del mal gusto. Si nos fuera dado penetrar en el misterioso laboratorio de las almas y se reconstruyera la historia íntima de las del pasado para encontrar la fórmula de sus definitivos caracteres morales, sería un interesante objeto de estudio determinar la parte que corresponde, entre los factores de la refinada perversidad de Nerón, al germen de histrionismo monstruoso depositado en el alma de aquel cómico sangriento por la retórica afectada de Séneca. Cuando se evoca la oratoria de la Convención, y el hábito de una abominable perversión retórica se ve aparecer por todas partes, como la piel felina del jacobinismo, es imposible dejar de relacionar, como los radios que parten de un mismo centro, como los accidentes de una misma insanía, el extravío del gusto, el vértigo del sentido moral, y la limitación fanática de la razón.[5]

En *Ariel* cristaliza una retórica del buen gusto que tuvo un gran impacto en Latinoamerica. Podemos leer allí uno de los rasgos que más relevancia tienen para nuestro tema: la «espiritualización», es decir, la estetización de toda referencia corporal, ya que en *Ariel* éstas siempre se hallan mediadas por la estatua que preside el salón donde habla el maestro a sus discípulos. En *Ariel*, el extranjero es el cuerpo, ya que éste queda asimilado a Calibán, "símbolo de sensualidad y de torpeza"[6], cuya existencia baja puede figurar en los textos sólo posteriormente a su estetización. Resulta clara para Rodó la orgánica relación entre habla y espíritu cuando identifica a la "retórica afectada" de Séneca como el "germen" de la perversidad de Nerón, y a la oratoria de la Convención como el mal de raíz de las perversiones jacobinas.

Aunque desde el siglo XIX la literatura cubana estableció como uno de sus nódulos creativos las múltiples formas de relacionar la oralidad y la escritura, desde la «Autobiografía» (¿1837?) de Juan Francisco Manzano hasta los narradores más conflictivos de la literatura contemporánea ha imperado la extranjería de lo obsceno y del lenguaje vulgar. Guillermo Cabrera Infante, tal vez con trazos un tanto rápidos, no obstante resume bien este asunto en su escrito «Reinaldo Arenas o la destrucción por el sexo»:

> Si escritores homosexuales como Lezama Lima y Virgilio Piñera, difuntos, y el malogrado poeta Emilio Ballagas, dejaron una visión homoerótica del mundo, siempre la expresaron por evasión y subterfugio, por insinuaciones más o me-

---

5 Rodó 1979, pp. 20s.
6 Rodó 1979, p. 1.

nos veladas, y en el caso de Ballagas, por bellos versos epicenos. Incluso Lezama [...] operaba en sus novelas y en sus poemas por símiles oscuros, por metáfora, como en su notoria declaración: «Me siento como el poseso penetrado por
un hacha suave».
Mi pueblo, Gibara, produjo también lemas notables aunque anónimos: Uno era,
«Doy por el culo a domicilio. Si traen caballo salgo al campo». Otro era una
prueba eficaz para determinar la locura: «Poner los güebos en un yunque y dar-
les con un martillo». Otro era exclamar: «Se soltó la metáfora», para expresar
un desvarío, un desenfreno. [...] Ni aun Virgilio Piñera, que se veía a sí mismo
como el epítome de la loca literaria [...] nunca tuvo la franqueza oral (en todos
los sentidos) de su discípulo Reinaldo Arenas.[7]

Cabrera Infante ve una tradición literaria del «buen gusto», caracterizada por su
«indirección», que corre paralela a otra tradición, en la que el mismo Cabrera se
inscribiría, en parte no literaria, oral y pueblerina, legible en el grafito, el habla
popular, y en cualquier literatura que recorte su lenguaje en tensión con la alta
retórica literaria. Esta tradición, a la que pertenecen Arenas y Zoé Valdés, aparece en el escrito de Cabrera como en posesión de una mayor franqueza», es decir,
de una mayor cercanía al lenguaje oral de la calle y del solar.

No deja de ser útil pensar en un recorte de la literatura cubana que fije una alta
retórica (Lezama, Julián del Casal, Ballagas, Dulce María Loynaz, entre otros) y
por otro lado establezca una línea de retórica «dura» con amplio manejo del lenguaje oral, callejero o carcelario (Carlos Montenegro, Novás Calvo, Jesús Díaz,
Norberto Fuentes, Cabrera Infante, Piñera, la novela policial de Luis Rogelio
Nogueras, Reinaldo Arenas, Zoé Valdés y algunos de los relatos de Mayra Montero, la poesía conversacionalista y los relatos testimoniales, entre otros). Dentro
de cada una de estas líneas habría que establecer diferencias pertinentes. Por
ahora vale decir dos cosas: primero, que aun la tradición de la retórica «dura» ha
fijado una frontera casi infranqueable para el lenguaje obsceno; segundo, que
Reinaldo Arenas y Zoé Valdés marcan diferencias notables dentro de lo que he
llamado la tradición de retórica «dura». En sus relatos figura un lenguaje que
«recrudece» esa retórica haciéndola soez.

2. La cubana comedia

El libro de George Steiner *The Death of Tragedy* (1961) señala puntualmente la
conexión de gran profundidad histórica existente entre el verso y la tragedia, por
un lado, y la prosa y la comedia, por el otro. Podríamos pensar en otra línea divi-
soria que en la historia literaria funciona con igual rigor, y que trasciende a la

---

[7]   Cabrera Infante 1998, p. 182. Este libro de Cabrera habría que leerlo también en la tradición cubana de las
      semblanzas literarias al estilo de los *Cromitos cubanos* (1892) de Manuel de la Cruz, o la *Galería de hombres
      útiles* de Antonio Bachiller y Morales. Cabrera pudiera definir su libro como una galería de hombres
      «inútiles».

distinción de verso y prosa. Aun dentro de esta última no todos los personajes de baja extracción hablan obscenamente. Lo obsceno, por lo tanto, es propio de aquellos personajes que ocupan un lugar todavía inferior, asociado a la zona escatológica y perversa de la literatura, y, en algunos casos, a la pornografía.

En *The Secret Museum* (1987), Walter Kendrick propone que el lenguaje obsceno tiene una función de gran importancia para la cultura moderna ya que "[I]t was when contemporary art joined the pornographic battle that the modern concept of «pornography» had its origin"[8]. El lenguaje obsceno abandonará casi completamente las literaturas de lengua española después del siglo XVII, momento en que contaba con representantes notables si se piensa en la obra de Francisco de Quevedo. Esa «desaparición» podría pensarse –aunque a modo de hipótesis muy provisional, ya que habría que investigar el asunto con mayor detenimiento– de forma paralela a lo propuesto por Kendrick acerca de la pornografía. Kendrick sostiene que la tradición «pornográfica» de la Antigüedad (Roma) y de las culturas europeas del Occidente hasta el siglo XVIII hacían un uso satírico y político de lo obsceno, que por ello no era estrictamente pornográfico, ya que comprende los objetos u obras destinados a producir excitación sexual sin quedar sometidos a programas políticos, filosóficos o satíricos. Lo pornográfico se centraría sobre el placer sexual, buscando provocarlo en los lectores y lectoras. Inventada en la modernidad, argüiría Kendrick, la pornografía aparece cuando lo obsceno es recortado de toda función ajena al placer. Posiblemente el lenguaje obsceno haya funcionado en español hasta Quevedo como parte de un sistema literario regido por lo satírico-político, y que al reaparecer, descargado, al menos parcialmente, de su antiguo sentido, opere ahora en funciones que todavía es necesario esclarecer.

En la literatura cubana, la obscenidad no tiene una función dominante en el lenguaje de un texto literario hasta la publicación de la obra de Guillermo Cabrera Infante, y en especial *La Habana para un infante difunto* (1979), uno de los grandes relatos de la literatura cubana contemporánea. Leída autobiográficamente, la novela relata parte de la «educación sentimental» de Guillermo Cabrera como escritor. Si se lee atendiendo a otros asuntos, se verá que aparece en el relato la historia de cómo el lenguaje obsceno del solar, las antípodas de lo literario hasta entonces, y ciertamente del «buen gusto», obtiene por primera vez carta de ciudadanía en la literatura cubana. En ese relato, la literatura se funda sobre el registro –extranjero para la literatura y para el narrador– de la obscenidad y, como tal, la novela historia el nacimiento de lo obsceno literario en la literatura cubana:

---

[8] Kendrick 1987, p. 31.

No sólo era mi acceso a esa institución de La Habana pobre, el solar (palabra
que oí por primera vez, que aprendería como tendría que aprender tantas otras:
la ciudad hablaba otra lengua, la pobreza tenía otro lenguaje y bien podía haber
entrado a otro país [...]) sino que supe que había comenzado lo que sería para
mí una educación [...].[9]

El «exilio» de Cabrera hacia La Habana, ese «otro país» lingüístico respecto al
español de su pueblo oriental, hace que el lenguaje solariego pierda su extranjería literaria. Paradójicamente, ésta es asumida por el narrador, quien desde ese
momento se verá obligado a escribir en una lengua «extranjera».[10] Al vivir en la
oralidad de la pobreza urbana, una vez descubierta la vocación de escribir, el
narrador hace literatura con el lenguaje capitalino, extranjero, de la obscenidad.
De ahí que en un momento de *Tres tristes tigres* le pregunten a Cué, "¿Por qué tú
no escribes?", a lo que responde: "¿Por qué no te preguntas mejor por qué no tra-
duzco?"[11]

Por momentos *La Habana para un infante difunto* registra usos de lo obsceno
que para el narrador (de niño) resultan perturbadores y desconcertantes, ya que
son instancias en que la obscenidad aparece de manera gratuita o arbitraria, arti-
culada sin aparente razón:

Un día, atacada por uno de los accesos de confesión estentórea a que eran dados algunos inquilinos (inexplicablemente para mí ya que había sido testigo de
muchos paroxismos públicos que afectaban a Gloria, la arisca asiática, por
ejemplo, quien en una ocasión gritó a todo pulmón en la placita: «¡A mí lo que
me gusta es que me singuen bien!»), Nena la Chiquita vino de la azotea, saliendo del cuarto de Diego, a donde ya yo sabía a qué iba, exclamando a toda voz:
¡Yo soy la bien mamada! ¡A mí me maman muy bien![12]

El pasaje no cobra todo su significado y relevancia hasta que se le compara con
el Epílogo de *Tres tristes tigres* en que una negra loca habla en las ruinas del
Parque de los Mártires un «soliloquio», como le corresponde a los grandes personajes trágicos, que el narrador copia a pluma. La loca en la plaza y la china
arisca "en la placita" hablan el mismo idioma. En *Tres tristes tigres* es el último
(el Epílogo), en *La Habana* es el primero, es decir, es el fundamento del lenguaje
narrativo. El narrador es aquí un escriba de lo obsceno, un exiliado (de la pro-
vincia) que copia la obscenidad capitalina hasta que ambos, obscenidad y narra-

---

[9] Cabrera Infante 1979, p. 12.

[10] Se ha dicho, con razón, que La Habana de la novela de Cabrera Infante se refiere a la ciudad perdida por el
escritor a raíz de su exilio europeo. Otra forma de entender el título fluye de lo afirmado anteriormente. El
infante queda «difunto» al morir al español pueblerino y convertirse en un exiliado lingüístico en la capital
cubana. Cuando Cabrera Infante deja Cuba en los años sesenta ya era un exiliado, aunque su ciudad adoptiva
se convirtiera en su verdadera patria.

[11] Cabrera Infante 1968, p. 311.

[12] Cabrera Infante 1968, pp. 134s.

dor, quedan instalados en la patria literaria. Amanuense soez, escritor de una sola mano, manco tropical de Zulueta 408.

El cruce entre la obscenidad solariega –incluyendo en ésta los géneros narrativos orales aprendidos allí (el chisme, la historia de amor y de celos, el relato de las experiencias sexuales y otros), la lectura del *Satiricón*, de la «novelita de relajo» (al estilo del «Caballero Audaz»)–, son los libros de caballería habanera que posibilitan la factura narrativa de *La Habana para un infante difunto*.[13] El uso parentético, que se vio en el pasaje de Zoé Valdés citado al comienzo, de los diferentes registros, es característico de *La Habana*, donde también vemos un reparto geográfico-temporal de los distintos registros aunque ahora entre el «pueblo» y la capital:

> El *Satiricón*: comencé a hojearlo, intrigado por el título, la magia del nombre, buscando al chivo explicatorio y encontré de pronto lecturas extraordinarias, historias grotescas y cuentos que mi madre nunca me hizo: una pareja miraba a un muchachito y una muchachita hacer el amor (la frase pertenece al futuro, a La Habana y a la alta adolescencia: la palabra contemporánea era singar), una parejita singaba mientras otra pareja, adulta, la observaba oculta. Había más descripciones sexuales, muchas homosexuales (cundango era la palabra del pueblo para lo que en La Habana se llamaría maricón, cundanguería era la actividad, mera mariconería) [...].[14]

Lo obsceno literario de Cabrera Infante antecede a Zoé Valdés y a Reinaldo Arenas, con el distingo necesario de que en Cabrera Infante se trata de un obsceno literario republicano –aunque escrito después de 1959–, mientras que en Arenas y Valdés estamos ante un obsceno literario que parte de la oralidad popular revolucionaria, el lenguaje oral del «hombre nuevo», siendo especialmente pertinente esto a los relatos de Zoé Valdés, donde a veces la fecha y el lugar de nacimiento de la narradora casi coinciden con celebraciones revolucionarias, como en *La nada cotidiana* (1995): el 1 de mayo en la Plaza de la Revolución,[15] donde además el Che Guevara deposita una bandera cubana sobre la barriga de la futura madre.[16] El pasaje es notable porque inscribe el origen y el inicio de la narración en una zona excremental, de ahí que la narración sea por definición escatológica. No es la única vez que un escrito de Zoé Valdés asocia de raíz la narración a explosiones de flujos corporales.

En una entrevista realizada por Enrico Mario Santí, Zoé Valdés habla sobre Juana Borrero:

---

[13] Cf. Cachán 1986-1987.
[14] Valdés 1995, p. 42.
[15] Valdés 1995, p. 21.
[16] Valdés 1995, p. 22.

Murió a los diecinueve años, en Cayo Hueso. [...] Juana Borrero escribió en una carta a su madre que acababa de oír a José Martí dar un discurso [...]. Tanta fue su emoción (no recuerdo las palabras exactas con que lo dice) que eso le causó tener su primera menstruación. ¿Cómo es que esa niña tiene ese deseo de libertad de pensamiento y además de escritura para hacer esa relación literaria: discurso de Martí, emoción, menstruación? Es decir, ¿cómo puede hilar esa relación?[17]

No importa aquí la veracidad histórica de lo narrado. Lo que interesa es que Valdés imagina esa relación en Juana Borrero –la menstruación como origen de la escritura (la carta de Borrero)–, y que se piensa a sí misma en una relación de continuidad literaria con Juana Borrero: "Yo tengo una deuda muy grande con Juana Borrero porque siempre he querido hacer su novela. Es decir, meterme en su piel y hacer una novela de fin de siglo".[18]

La narración emana entonces de una concatenación de eventos que se hacen sentir en el cuerpo, y que Zoé Valdés imagina así: "discurso de Martí, emoción, menstruación". Ante la oratoria pública de Martí, Borrero se "emociona", esto le provoca el flujo menstrual y de allí pasa a la escritura. Ya vimos que *La nada cotidiana* comienza con un arreglo similar: discurso de Fidel Castro, emoción, parto. La escritura, no obstante, llega con la hija, es decir con la narradora. La hija introduce una inflexión en la concatenación de eventos que imaginó para Borrero. En otro momento de la entrevista citada, Zoé Valdés vuelve a hablar sobre la Plaza de la Revolución y del 1 de mayo:

¿Por qué el primero de mayo la Plaza se llena de cubanos? Mi vida, porque venden refrescos de laticas. Es el único momento en que el cubano tiene la posibilidad de comprar en pesos cubanos refrescos de laticas. No le dé más vueltas. Cuando hablo con mi mamá por teléfono, le digo: «Mami la Plaza se llenó de gente». Ella contesta: «Hija, porque venden refrescos.»[19]

En esta inflexión del triángulo ya mencionado, y en conjunción con la madre de la narradora, se halla el origen de la narración en Zoé Valdés: discurso de Fidel, emoción, RISA. El diferendo con Juana Borrero es la mirada escatológica, excremental, que carnavaliza la oratoria pública revolucionaria a partir del lenguaje oral del «hombre nuevo», dando lugar a lo obsceno literario en Zoé Valdés.

Es notable la relación establecida entre la narración y el cuerpo. En todos los casos, lo obsceno literario se asocia a una descarga corporal o a una descomposición del cuerpo. En Cabrera Infante, la obscenidad era producto de un "acceso de confesión estentórea".[20] En Zoé Valdés era producto de "torcerle el cuello al

---

[17] Santí 1998, p. 3.
[18] Santí 1998, p. 3.
[19] Santí 1998, p. 13.
[20] Cabrera Infante 1979, p. 134.

ave" modernista y de la risa ante la oratoria pública revolucionaria, que causa una fuga del cuerpo. De ahí que en *La nada cotidiana* se diga: "Ella ama el gusto de la fuga".[21] En Arenas se trata de un cuerpo que explota.

El pasaje de Zoé Valdés citado al comienzo de estas páginas es una fantasía aérea, es decir, del avión como fantasía, como objeto en el que está puesto el deseo. En la plástica cubana reciente abundan las balsas y todo tipo de objetos flotantes que junto al avión conforman la fantasía y la tropología de la fuga. La enumeración de los artistas plásticos cubanos que en la última década han realizado balsas es muy extensa para ponerla aquí.[22] Como en el relato de Zoé Valdés, en que Daniela se traga un diamante en el vuelo de La Habana a París, se trata de una fantasía de la fuga donde a menudo el cuerpo se confunde con los artefactos de la fuga. Evocando en sus elongadas figuras la obra pictórica de El Greco, los cuadros de Luis Cruz Azaceta, un pintor cubano radicado en Nueva Orleans, figuran la extrañeza de cuerpos que se estiran como en fuga de sí mismos. Carmen María Cabrera, Juan Pablo Ballester y otros, componen en sus imágenes un catálogo del erotismo de la fuga, del cuerpo de la fuga y de la fuga hecha cuerpo.[23] Juan Pablo Ballester, artista cubano residente en Barcelona, ha realizado una serie de imágenes en las que se muestran orificios corporales –la boca, los ojos, el ano– por los que el cuerpo evacúa paisajes tropicales, el mar, una imagen del actual presidente cubano. Se trata del cuerpo que se libera de esos lugares o que escapa de ellos al producirse la descarga. Lo que se compone siempre en estas imágenes es una imaginería de la fuga protagonizada por un cuerpo descompuesto que discurre secreciones.

En esta zona de la cultura contemporánea cubana, la obscenidad es el lenguaje de la fuga y de las descargas corporales exasperadas. En *Informe contra mí mismo* (1997) de Eliseo Alberto figura un fragmento titulado «Carta de una amiga desde Cuba». El fragmento está pautado por la repetición aliterante de la frase "Estoy cansada de [...]", para describir el estado anímico y corporal de la remitente:

> Estoy harta de las guaguas fantasmas, de las colas por todo, de las tiendas sucias y vacías, de la extenuada ciudad que se desploma. Estoy cansada de que me digan quiénes son los buenos y quiénes son los malos [...]. Estoy cansada cansadísima de los CDR, el PCC, el MINFAR, el MININT, la FMC, la UJC, la CTC, la UPC, la ANIR, y la ECOA7. Estoy cansada del imperialismo, del capitalismo, del colonialismo, de la lucha de clases, del socialismo y del comunismo. (Por suerte no han logrado cansarme del fascismo ni del stalinismo.) [...]

---

[21] Valdés 1995, p. 17.
[22] Para este tema ver el excelente ensayo de Nuez 1998.
[23] Ver el catálogo de la exposición de artistas cubanos realizada en la Universidad de Valencia. El comisario de la exposición fue Manuel García; cf. García/Mosquera/Nuez 1997.

Estoy cansada de no poder decir lo que pienso, de no poder decidir lo que leo, oigo o veo, de no poder hacer planes para el futuro, de no poderme ilusionar con un viaje, de creer en menos cosas cada día. Estoy cansada, cansadísima, de no poder escoger ni siquiera mi propia infelicidad.[24]

Una previa versión manuscrita que leí, titulada «Memoria amarga de mí», incluía un segundo fragmento que terminaba de la manera siguiente: "Y habrá entonces que sentarse a pensar cómo pudo suceder, cómo se nos fue la vida en esta mierda." El crescendo de la letanía del primer fragmento culminaba en la explosión exasperada y obscena.

Los relatos citados presuponen narradores y narradoras en estado de alteración, al borde de la «explosión».[25] Son narradores que no «aguantan más». Ese lenguaje y postura narrativos pueden tomarse como el signo de aparición de un sujeto literario marcadamente diferente al sujeto criollo de «buen gusto» que figuraba en la literatura nacional anterior. Se trata de un sujeto callejero, popular, que habla una oralidad perversa, porque vierte sobre sí el lenguaje del «hombre nuevo» y la oratoria pública revolucionaria como secreciones cacofónicas y obscenas.

Leer *El asalto* (1991) de Reinaldo Arenas es enfrentarse a una narración insultante. La narración frecuentemente se interrumpe con las frases "váyase usted al carajo", o "váyase usted a la mierda", momentos en los que la furia que corre por el relato (entre sus personajes) es dirigida al lector. Con razón, Víctor Fowler

---

[24] Alberto 1997, pp. 168s.

[25] La fábula *El portero*, de Arenas (1989), termina con una fuga hacia la utopía emprendida por el portero y los animales que lo rescataron de un manicomio neoyorquino. Al llegar a la costa del Pacífico, la perra Cleopatra, líder de los animales y ejemplar único de su especie, se retira del grupo para evitar que el resto de los animales sea capturado por sus dueños, quienes sin duda estarían buscándola en ese mismo momento, dado el alto valor en que la perra ha sido cotizada. Antes de separarse del grupo, la perra conversa con Juan, el portero, y le hace una recomendación que vale citar aquí a pesar de su extensión: "En cuanto a ti, le dijo la regia perra al portero que también estaba desconcertado, ya sabes que tu lugar está con ellos. Trata de estudiar su lenguaje, que es mucho más bello, duradero y universal que el del hombre. Lo aprenderás fácilmente, ya te he visto practicarlo, quizás inconscientemente. Una vez que hayas pasado por ese aprendizaje estarás preparado para familiarizarte con el idioma de los árboles, el de las piedras y hasta el de las cosas; algo muy importante pues algún día servirás de intérprete entre ellos y el hombre. Debes saber [...] que hasta los objetos más insignificantes o cosas, como les llama el hombre, incesantemente están transgrediendo su supuesta condición de cosa. [...] Algún día [...] todas las cosas, aparatos y objetos, cobrarán la independencia que es patrimonio natural de ellas mismas y que duerme en algún recoveco de su aparente inconsciencia. Entonces esos objetos llamados inanimados por el hombre, quebrantarán las leyes humanas, asumiendo las suyas, que son las de la libertad y por lo tanto las de la rebeldía. Será la revolución total. Las piedras saltarán y romperán las cabezas de los transeúntes, los tenedores podrán sacarle los ojos a los comensales, los collares estrangularán a las damas en plena recepción y los palillos de dientes le atravesarán la lengua a quien los use, en tanto que las escaleras, reculando, no permitirán que nadie las pise. ¿Quién podrá evitar el autoincendio de una biblioteca suicida, el estallido voluntario de un vaso de cristal, la voluntaria separación de las piezas de un avión en pleno vuelo o la decisión de un barco de navegar con todos sus pasajeros y tripulantes hacia el fondo del mar? [...] Despertar esos instintos latentes en todas las cosas, puede ser tarea de ustedes, y, sobre todo, tuya –puntualizó la perra mirando fijamente al portero–. Pero primero deben encontrar un sitio donde no sean molestados [...]. Y ahora me marcho [...]." (Arenas 1989, pp. 167s.)

ha escrito, específicamente sobre *El color del verano*, que son páginas escritas para destruir.[26] Para las narraciones del último Arenas, la literatura es un modo de insultar; la situación sobre la cual se modelan implícitamente es la "bronca" o la explosión exasperada en la que los participantes se agreden verbalmente. La "madre" en *El asalto* "explota" al final del relato bajo las embestidas del falo del personaje/narrador. Esa novela constituye la articulación más clara de la poética de lo obsceno en la literatura cubana contemporánea.

La retórica del insulto y lo «soez» figura un mundo de ruinas y secreciones imaginado fundamentalmente en lo excremental. En *El color del verano* (1991), la que fuera casa de la Condesa de Merlin se ha convertido en el urinario más grande del mundo (pp. 69-72). O "[...] el Castillo de la Chorrera, una fortaleza colonial convertida por orden de Fifo en cagadero público"[27]. Emblemático de este mundo es el vagón de tren en que la Tétrica Mofeta regresa de Holguín a La Habana. En ese vagón los pasajeros aparecen deformados por los alimentos contrabandeados o robados en el campo que esconden bajo sus ropas para llevarlos a sus casas en La Habana:

> Y por encima de todo flotaba una peste ineludible a peo, a bollo sucio, a sudor colectivo, a orines de gata, a perro muerto, a chivo en celo, a culo gigantesco, a cojón de verraco, a tumor recién reventado, a patas que nunca habían visto el agua y a otras emanaciones inclasificables [...].[28]

Este país de lo feo y lo soez, que Arenas llama "contrapaís", tiene un país cuya memoria es conservada y develada en la poesía efímera de Virgilio Piñera.[29] El "contrapaís", objeto de la pintura de Saúl Martínez,[30] cuyo tríptico a la manera de las pinturas de El Bosco ("El jardín de las delicias", que subtitula a *El color del verano*) representará a la isla, es también la materia de *El color del verano*, la novela dentro de la novela que escribe Reinaldo/Gabriel/la Tétrica Mofeta:

> Esta es la historia de una isla atrapada en una tradición siniestra, víctima de todas las calamidades políticas, de todos los chantajes, de todos los sobornos, de todos los discursos grandilocuentes, de las falsas promesas y del hambre sin tregua. Esta es la historia de una isla sometida al desgaste de la estafa, al estruendo de la fanfarria, de la violencia y del crimen durante quinientos años. Esta es la historia [...] de un pueblo que tuvo que aprender a mentir para sobrevivir, un pueblo que tuvo que aprender a humillarse y a traicionarse y a traicionar para sobrevivir [...]. Esta es la historia de una isla que nunca tuvo paz, que fue descubierta por un grupo de delincuentes, de aventureros, de expresidiarios y de asesinos, que fue colonizada por un grupo de delincuentes y asesi-

[26] Cf. Fowler Calzada 1995.
[27] Arenas 1991, p. 154.
[28] Arenas 1991, p. 117.
[29] Arenas 1991, p. 131.
[30] Cf. Arenas 1991, p. 133, «Pintando» pp. 74-77.

nos, y que fue gobernada por un grupo de delincuentes y asesinos y que finalmente (a causa de tantos delincuentes y asesinos), pasó a manos de Fifo, el de-
lincuente supremo, el *súmmum* de nuestra grandiosa tradición asesina [...]. Esta
es la historia de una isla que mientras aparentemente se cubre con los oropeles
de la retórica oficial, por dentro se desgarra y confía en la explosión final [...].[31]

En Arenas aparece también la concatenación ya mencionada, que en su caso es
flexionada de la manera siguiente: Fifo, emoción, explosión final. La versión
previa del manuscrito de *Informe contra mí mismo* de Eliseo Alberto se subti-
tulaba «Apuntes para una novela de la 'emoción' en Cuba».

La «emoción» no pierde aquí su significado de perturbación que pone en movimiento los flujos corporales. Es la emoción del cuerpo en fuga, el "contrapaís"
narrado por Arenas y Zoé Valdés inscrito en el cuerpo de la narración y de los
narradores que «explotan» destruyéndose a sí mismos y narrando en un lenguaje
de la fuga y de la destrucción.

Referencias bibliográficas

Alberto, Eliseo: *Informe contra mí mismo*. Madrid 1997.

Arenas, Reinaldo: *El asalto*. Miami 1991.

Arenas, Reinaldo: *El color del verano*. Miami 1991.

Arenas, Reinaldo: *El portero*. Málaga 1989.

Cabrera Infante, Guillermo: *La Habana para un infante difunto*. Barcelona 1979.

Cabrera Infante, Guillermo: *Tres tristes tigres*. Barcelona 1968.

Cabrera Infante, Guillermo: *Vidas para leerlas*. Madrid 1998.

Cachán, Manuel: *La Habana para un infante difunto*: choteo, erotismo y la nada. En: *Explicación de textos literarios* XV, 1 (1986-1987), pp. 33-45.

Fowler Calzada, Víctor: Arenas: Homoerotismo y crítica de la cultura. En: *Apuntes postmo-
dernos/Postmodern Notes* VI, 1 (1995), pp. 20-27.

García, Manuel/Mosquera, Gerardo/Nuez, Iván de la (ed.): *Historia de un viaje*. Valencia
1997.

González Martínez, Enrique: *«Tuércele el cuello al cisne». Los senderos secretos*. México
1911.

Kendrick, Walter: *The Secret Museum. Pornography in Modern Culture*. Berkeley 1987.

Nuez, Iván de la: La balsa perpetua. Soledad y conexiones de la cultura cubana. Barcelona
1998.

Rodó, José Enrique: *Ariel*. México 1979.

Roth, Philip: *The Ghost Writer*. New York 1985.

---

[31] Arenas 1991, pp. 163s., énfasis de Arenas.

Santí, Enrico Mario: La vida es un salmón con grasa: entrevista con Zoé Valdés. En: *Apuntes postmodernos/Postmodern Notes* VII, 2 (1998), pp. 1-13.

Steiner, George: *The Death of Tragedy*. New York 1961.

Valdés, Zoé: *La hija del embajador*. Palma de Mallorca 1995.

Valdés, Zoé: *La nada cotidiana*. Barcelona 1995.

Vattimo, Bianni: *El fin de la modernidad*. Barcelona 1986.

En attendant Godot. Las citas de Manuel Vázquez Montalbán en La Habana

Ottmar Ette (Potsdam)

> Dos patrias tengo yo: Cuba y la noche.
> ¿O son una las dos?
>
> José Martí, *Versos libres*[1]

La cita

En el diario *El País* del 22 de febrero de 1999, el novelista e intelectual español Manuel Vázquez Montalbán publicó un largo texto en el que presentaba su encuentro y su conversación con el *subcomandante* Marcos en Chiapas. Este texto viene acompañado de una foto que muestra, a los lectores del periódico madrileño, cómo el creador del personaje literario Pepe Carvalho "entrega los presentes gastronómicos" al líder del Ejército Zapatista de Liberación Nacional,[2] en un gesto que parodia la solemnidad y simbología de los encuentros oficiales. El líder del EZLN, según aclara el comentario, había escrito en diciembre de 1997 una carta a "Manuel Vázquez Montalbán y/o Pepe Carvalho" en la que se refería, entre otras cosas, a la tortura que había significado para él, en plena selva, la lectura de las aventuras gastronómicas del detective Pepe Carvalho. En su respuesta, Manuel Vázquez Montalbán no sólo lamentaba "las hambres reales o imaginarias que le ha causado Carvalho" sino que aceptaba la cordial invitación del guerrillero a conversar con él "sobre la globalización y sus consecuencias"[3]. El autor de *Asesinato en el Comité Central*, por supuesto, no faltó a la cita con uno de sus lectores más conocidos:

> He llegado hasta aquí convocado por la posibilidad de verme con Marcos, pasando el filtro de controles militares. ¿Es usted escritor? ¿Va a escribir algo sobre Chiapas? Le traigo al *subcomandante* cuatro kilos de chorizos de Guijuelo, algunos turrones, un ejemplar de *Y Dios entró en La Habana* y espero la señal que llegará de la selva al anochecer, un capitán zapatista con su pasamontañas y caballos de la mano [...].[4]

---

[1] Martí 1985, p. 127.

[2] Vázquez Montalbán 1999. Les doy las gracias a Virginia Oñate, Albrecht Buschmann y Antonio Ángel Delgado por haberme facilitado éste y otros textos periodísticos de este autor.

[3] Vázquez Montalbán 1999, s.p.

[4] Vázquez Montalbán 1999, s.p.

Janett Reinstädler/Ottmar Ette (eds.):
Todas las islas la isla. Nuevas y novísimas tendencias en la literatura y cultura de Cuba.
Frankfurt a.M. – Madrid: Vervuert – Iberoamericana 2000, pp. 193-214.

La cita con Marcos implica otra cita, la de su propio libro, que había salido de la imprenta en noviembre de 1998 y que acompaña, como un alimento más, los chorizos y los turrones traídos desde la península. Ignoramos si el nuevo libro de Vázquez Montalbán –en el que tampoco faltan alusiones gastronómicas y recetas de muy diversa índole–, causó nuevas torturas (o indigestiones) en el guerrillero zapatista. Por lo demás, Italo Calvino, en su célebre *Il Barone rampante*, ya nos había iluminado acerca del peligro que encierra la lectura a solas en la selva. Sea como fuera, lo cierto es que esta escena introduce la entrevista, o más bien conversación, entre el escritor y el guerrillero, la cual parte de la tesis de que "la crisis de la izquierda en todo el mundo proviene de la confusión sobre el sujeto histórico de cambio, agotado, deconstruido el proletariado industrial como sujeto." Añade Vázquez Montalbán: "Y con vosotros aparece el sujeto étnico, el indígena, el doble perdedor."[5] Las opciones de la lucha zapatista se enfocan desde esta perspectiva, dando al texto cierto carácter de búsqueda, de un viaje en pos de nuevas metas para la izquierda, de un nuevo «sujeto histórico» para un proceso emancipatorio.

Mutatis mutandis, este viaje a la selva recuerda aquellas entrevistas que, en los años cincuenta, se hicieron a Fidel Castro y a sus guerrilleros en la Sierra Maestra, y que tanto impacto iban a tener en Cuba y en Estados Unidos, formando la imagen mediática de los jóvenes rebeldes y de la revolución social que habían proyectado. Lógicamente, no falta la dimensión de aventura y de peligro que también el texto de Vázquez Montalbán evoca, refiriéndose al "avión militar de todos los atardeceres" que, "como el helicóptero militar de todas las mañanas" señala, de forma muy concreta, que no se trata de un puro juego intelectual, sino de una lucha armada que recurre a las técnicas más sofisticadas. Al igual que la contienda de los sobrevivientes del «Granma», es una lucha de vida o muerte donde la imagen pública tiene una importancia capital.

Sin lugar a dudas, asistimos a una puesta en escena de doble fondo. El *subcomandante* Marcos se presenta al mismo tiempo como guerrillero y como lector (haciendo de paso propaganda de las obras de Vázquez Montalbán), mientras que su visitante aparece como periodista y como escritor, y hasta se convierte en su propio personaje, Pepe Carvalho. De ahí que la cita se realice tanto a nivel personal (o "real", según Vázquez Montalbán) como a nivel simbólico (o "imaginario"), uniendo los dos niveles con la entrega de los presentes, que tienen su peso –los cuatro kilos de chorizos y un libro de nada menos que 920 gramos–, convirtiéndose en alimentos reales y simbólicos a la vez. Estas dos dimensiones

---

[5] Vázquez Montalbán 1999, s.p.

son los ingredientes indispensables de todo tratado o convenio político y diplomático.

Pero hay más. La cita implica otra dimensión adicional y nada superflua: la dimensión textual, ya que el artículo del 22 de febrero de 1999 está plagado de citas textuales, de párrafos enteros precisamente de ese libro que se entrega en la selva y en el que ya figuran los antecedentes del encuentro en Chiapas, incluyendo la carta de Marcos y la respuesta de Vázquez Montalbán. La cita textual, no señalada por el autor, implica una poética de la escritura que el autor español practica tanto en su artículo de 1999 como en su libro de 1998: la frecuente interpolación de textos propios que se reciclan, de manera más o menos hábil, a lo largo del («nuevo») texto. Esta poética del reciclaje textual produce en el lector la impresión de un *déjà lu*, la certidumbre de leer un texto formado por otros (intra)textos. No en balde, la carta de Marcos se había dirigido simultáneamente a Vázquez Montalbán y a Pepe Carvalho, que suelen citarse mutuamente. En un tercer nivel, la cita se convierte entonces en el modelo para armar tanto el texto de Vázquez Montalbán como su lectura. Y esto nos obliga, claro está, a ensanchar continuamente nuestra lectura de este autor, y a hacerlo de una forma no menos computarizada, la del *update*.[6]

El viaje

Cada cita implica un viaje. La cita textual supone recurrir a otro texto (del mismo autor o de otro); la cita simbólica, el recurso a otro código semántico o sistema referencial o mitológico; y la cita personal (o real) precisa un desplazamiento espacial y topográfico. Cada uno de estos viajes corresponde a un movimiento hermenéutico por parte del lector (ideal) que, necesariamente, se vuelve consciente tanto de su propia posición como del desplazamiento que se le pide. La lectura –entendida como cita con un autor o un escrito determinado– se convierte en un viaje por diferentes niveles que implica tanto el recorrido material a través de las páginas como el movimiento hermenéutico que trata de darle sentido a lo leído. Con frecuencia, la «entrada» de un texto, tanto su umbral paratextual como su *incipit*, subraya los movimientos que caracterizan tanto el libro como sus diferentes lecturas. Así, la cita con el lector muchas veces comienza con una cita en la que aparece el movimiento en el nivel textual, personal y simbólico. Veamos esto más de cerca.

En uno de los libros más bellos sobre La Habana, Alejo Carpentier empieza su declaración de amor a su ciudad natal con una larga cita que evoca la entrada de

---

[6] Por supuesto, Manuel Vázquez Montalbán tiene su propia *homepage* en internet. Para un *update* actualizado, véase http://vespito.net/mvm.

Alejandro de Humboldt en *la ciudad de las columnas*, el 19 de diciembre de
1800:

> L'aspect de la Havane, à l'entrée du port, est un des plus rians et des plus
> pittoresques dont on puisse jouir sur le littoral de l'Amérique équinoxiale, au
> nord de l'équateur. Ce site, célébré par les voyageurs de toutes les nations, n'a
> pas le luxe de végétation qui orne les bords de la rivière de Guayaquil, ni la
> sauvage majesté des côtes rocheuses de Rio Janeiro, deux ports de l'hémisphère
> austral: mais la grâce qui, dans nos climats, embellit les scènes de la nature
> cultivée, se mêlent ici à la majesté des formes végétales, à la vigueur organique
> qui caractérise la zone torride. Dans un mélange d'impressions si douces, l'Eu-
> ropéen oublit le danger qui le menace au sein des cités populeuses des Antilles;
> il cherche à saisir les éléments divers d'un vaste paysage à contempler ces châ-
> teaux forts qui couronnent les rochers à l'est du port, ce bassin intérieur, entou-
> ré de villages et de fermes, ces palmiers qui s'élèvent à une hauteur prodi-
> gieuse, cette ville à demi cachée par une forêt de mâts et la voilure des vais-
> seaux.[7]

En este párrafo, el motivo del viaje y la visión del viajero aparecen en diferentes
niveles. Es la visión de un europeo entrando en el puerto principal de la isla. En
la descripción de este movimiento, el europeo se refiere a la visión de otros viajeros, así que tanto el texto como el puerto y la ciudad misma aparecen como
cruces de múltiples desplazamientos. El acercamiento y la entrada en el puerto
generan un movimiento hermenéutico a través de los diferentes elementos del
paisaje, donde la vista salta de una impresión óptica a otra, esbozando así un viaje
que lleva al lector de la naturaleza a la civilización, de las palmas a la selva que
forman los mástiles de las naves. Este desciframiento de los elementos que con-
textualizan la ciudad caribeña, así como las suaves impresiones que recibe el
viajero europeo, le hacen olvidar los peligros que le amenazan en el seno del espacio urbano. La mirada del europeo, demasiado *impresionado* por los puntos
aislados como para distinguir los peligros que le acechan, construye su visión a
partir de lo que se ve (pero no se distingue) con más claridad. El texto hum-
boldtiano señala la mirada del otro que se deja captar por el otro ajeno; seña-
lando este peligro, trata de evitarlo agudizando su propia mirada. El viaje de
Humboldt, desde su entrada en el puerto, quiere distinguirse de otros viajes y de
otros viajeros europeos.

No sólo para Humboldt, sino también para el *poeta doctus* cubano, esta entrada sirve como punto de arranque. La cita (o alusión) de otro texto se convierte en
comienzo de una ruta al final de la cual el viajero europeo volverá al puerto desde donde emprenderá su viaje de regreso. Para Alejo Carpentier *la ciudad de las
columnas* se transforma en un lugar de citas en el que domina el mestizaje o,

---

[7] Humboldt 1970, p. 348. En *La ciudad de las columnas*, Carpentier recurre a una traducción al castellano sin
indicar su fuente.

según el feliz invento de Fernando Ortiz, la transculturación. En la última página del texto de Carpentier, hasta las palmeras y los mástiles evocados por Humboldt se habrán transformado en un elemento arquitectónico del espacio urbano cubano que arroja nueva luz sobre el arte y la literatura europeas:

> Espíritu barroco, legítimamente antillano, mestizo de cuanto se transculturizó en estas islas del Mediterráneo americano, que se tradujo en un irreverente y desacompasado rejuego de entablamentos clásicos, para crear ciudades aparentemente ordenadas y serenas donde los vientos de ciclones estaban siempre al acecho del mucho orden, para desordenar el orden apenas los veranos, pasados a octubres, empezaran a bajar sus nubes sobre las azoteas y tejados. Las columnatas de La Habana, escoltando sus Carlos III de mármol, sus leones emblemáticos, su India reinando sobre una fuente de delfines griegos, me hacen pensar –troncos de selvas posibles, fustes de columnas rostrales, foros inimaginables– en los versos de Baudelaire que se refieren al *temple où de vivants piliers / laissaient entendre de confuses paroles.*[8]

En *La ciudad de las columnas*, el viaje de Carpentier, que empezó con Alejandro de Humboldt y termina con Baudelaire, se sitúa entre cita y cita, vinculando La Habana con el mundo europeo, lugar transitorio donde se proyectaba y realizaba el deseo de viajar. Pocas literaturas, por cierto, se prestarán tanto como la cubana a ser interpretadas como palimpsestos interculturales donde las más diversas culturas del mundo se dan cita y se transforman. Esto no significa, ni mucho menos, que se trate de una literatura y una cultura simplemente citacional. La isla caribeña del Mediterráneo americano siempre ha sabido atraer a viajeros del mundo entero y aprovecharse de lo que traían en su bagaje cultural (aunque no siempre limitándose a lo estrictamente cultural). Si la cultura cubana siempre estuvo marcada por las transmigraciones, las «aves de paso»[9] de la especie de los viajeros también desempeñan una función primordial dentro de este sistema de signos en rotación. Sería perfectamente posible establecer, por lo menos de forma tipificante, una fenomenología del viajero que llega a tierras cubanas sin quedarse definitivamente, es decir, escribir una historia de Cuba contada a partir de la fisonomía de sus viajeros.[10] Podría hablarse del viajero colonialista y neocolonialista, esclavista y abolicionista, científico y técnico, turista (o *tui*sta, si es alemán) y periodista, castrista y anticastrista, militar y empresario, anarquista, so-

---

[8]   Carpentier 1982, p. 84. La cita del poema poetológico «Correspondances», en su significativa transformación del original baudelaireano, señala el movimiento transculturador mediante la apropiación de lo que se «cita». Volveré más adelante sobre el poder que se ejerce mediante el acto de citar.

[9]   Cf. Ortiz 1978, p. 95: "No hubo factores humanos más trascendentes para la cubanidad que esas continuas, radicales y contrastantes transmigraciones geográficas, económicas y sociales de los pobladores, que esa perenne transitoriedad de los propósitos y que esa vida siempre en desarraigo de la tierra habitada, siempre en desajuste con la sociedad sustentadora. Hombres, economías, culturas y anhelos todo aquí se sintió foráneo, provisional, cambiadizo, «aves de paso» sobre el país, a su costa, a su contra y a su malogrado."

[10]   Sería comparable con «La historia del hombre, contada por sus casas» de *La Edad de Oro*, de José Martí, aunque cambiando lo estático por lo dinámico y transitorio.

cialista y pionero del trabajo, revolucionario y machista-jineterista, ecologista y, al menos desde finales de los años noventa, católico. A través de estas figuras contemplaríamos un aspecto importante de la historia cubana de los últimos dos siglos de este milenio. Estas continuas *locomociones* –como las llamaría el pintor cubano Raúl de Zárate– nos darían la clave para entender también en qué medida la ciudad de las columnas ha erigido y agrandado su territorio más allá de los mares y de lo estrictamente territorial, fuera de los límites del estado-nación. No sorprende que esta experiencia del viaje y de la cita haya dado lugar a la creación de conceptos como *transculturación* o *transterritorialidad*,[11] este último desligando ya la comprensión de la cultura nacional –mediante la experiencia del exilio, del éxodo y de la diáspora– de su contexto territorial, la isla (o el archipiélago) de Cuba. La utopía, proyección europea hacia el mar de las Antillas, se convertiría entonces en dispersión y atopía. Y ésta, a su vez, en una atopía habitable, en un lugar de la cultura.

La espera

La visita del Papa Juan Pablo II a Cuba, en enero de 1998, provocó –y sigue provocando– una gran variedad de reacciones tanto en Cuba y el exilio como fuera del ámbito cubano. Acompañado por miles de periodistas, el encuentro de dos personajes tan simbólicos y «mediáticos» como Fidel Castro y Karol Woj-tyla ha fascinado a los teleespectadores del mundo entero. Apenas diez meses después, en noviembre del mismo año, Manuel Vázquez Montalbán (que había presenciado, como miembro del jurado del Premio Casa de las Américas, aquel encuentro histórico en la isla) publicó el ya mencionado libro de 713 páginas que, bajo el título *Y Dios entró en La Habana*, convirtió esta cita entre el «papa cubano» y el papa del Vaticano[12] en pretexto para escribir un pesado volumen que, según reza la contracubierta, constituye, "a partir de las vivencias de aque-llos días", nada menos que "un retrato de las postrimerías del siglo XX". Los objetivos del libro, como era de esperar, no son minimalistas y se relacionan con las expectativas de una obra monumental estimuladas tanto por la presentación paratextual como por el volumen de este texto.

Cada cita personal, pero también el encuentro entre "dos aspirantes a Señores de la Historia"[13], implica un tiempo de preparación –los preparativos diplomáticos

---

[11] En el sentido de Nuez 1997, pp. 139s. Esto implica también una creciente distancia de la historiografía cubana que se escribe fuera de la isla con respecto al paradigma nacionalista de la historia cubana; véase por ejemplo Rojas 1998, pp. 11-15.

[12] «El Papa visita a nuestro papa» –parece que fue presentado en estos términos por los vendedores de perió-dicos en La Habana; cf. Burchardt 1999, p. 134.

[13] Vázquez Montalbán 1998a, texto en la contracubierta.

para este viaje fueron particularmente minuciosos y meditados– y, más todavía, un tiempo de espera. Sólo adivinamos el tiempo de preparación del libro del escritor español. La espera del lector, sin embargo, es cuantificable: la primera «aparición» del Papa se produce sólo en la página 348 del libro, es decir, después de unas 16 horas de lectura. Y aparece en un momento en el que el narrador en primera persona, que pretende llamarse Manuel Vázquez Montalbán, está hablando ante los alumnos de la Escuela Internacional de Cine y Televisión de San Antonio de los Baños, pueblo situado a unos cuarenta kilómetros de La Habana, sobre "la relación del cine con la literatura, con mi literatura"[14]. Apenas podría imaginarse una puesta en escena más lograda, irónica y autorreflexiva a la vez. No sorprende que tal relación mediática lleve también a una percepción mediatizada de la llegada del Papa, descendiendo del cielo, como era de esperar:

> Está al llegar Su Santidad y un hombre joven nos saluda sin saludarnos, nos ve sin vernos pasar y repasar porque no quita los ojos del cielo.
> –¿Qué miras?
> –Por ahí ha de venir el Papa.
> –No va a saludarte desde la ventanilla del avión.
> Daba lo mismo. El pertinaz *voyer* [sic] no apartó la vista del punto exacto por donde había calculado que llegaría el ángel del Señor hasta que apareció el avión con retraso y tuvo la impresión de que algo había roto para siempre su cielo de todos los días.[15]

De esta forma, el tiempo de espera se prolonga, ya que la llegada del Papa sólo se ha concretizado en forma de signo descifrable en el cielo. Ya sabemos que está en la isla. Pero cada vez más la espera se apodera de todas las conversaciones y todas las actividades referidas en el texto, y nos recuerda –nunca de forma explícita, por cierto– la estructura fundamentalmente absurda de *En attendant Godot*, estrenada también un mes de enero, hace más de 55 años, en el *Théâtre de Babylone* de París, exactamente el 5 de enero de 1943. Como en la obra de Samuel Beckett, la espera alcanza a veces una dimensión metafísica, como en aquel encuentro con un taxista en La Habana, que perfectamente encajaría en cualquier escena del no tan histórico *teatro del absurdo*, tanto de un Samuel Beckett como de un Virgilio Piñera. Igualmente se trata de una intervención mediatizada, ya que las palabras del chófer habían sido recogidas por el ex-diplomático estadounidense Wayne Smith, el «amigo americano» entrevistado por Vázquez Montalbán:

> Dijo: «Bueno, sí señor, es una visita histórica, es un momento importantísimo de la historia de Cuba pero yo no puedo explicar, ni a mí mismo, por qué, porque, bueno, no vamos a convertirnos en cristianos, ni mucho menos en

---

[14] Vázquez Montalbán 1998a, p. 348.
[15] Vázquez Montalbán 1998a, p. 348.

católicos, algunos tal vez, pero no muchos. La visita no va a resolver nuestros problemas económicos, a mi juicio, no traerá cambios internos, ni mucho menos cambios en la política de Estados Unidos. No sé exactamente lo que esperamos de esta visita, pero esperamos algo, y muy importante.»[16]

Estas palabras de un taxista desconocido –por supuesto citadas–, por su prudencia y sabiduría, serían dignas de un Estragón o Vladimir. Pero, salvo la aparición televisiva, poco comentada por la voz del narrador, que se llama Vázquez Montalbán, y los personajes importantes a quienes entrevista, el lector ya ha llegado a la página 511 sin que se haya producido el encuentro con Su Santidad en tierras cubanas. Éste sólo se produce en la página 564, con ocasión del "encuentro del Papa con los intelectuales cubanos"[17] en el Aula Magna de la Universidad de La Habana, el 23 de enero de 1998:

> Un cansadísimo Juan Pablo II entró en la sala con la lentitud más anciana de este mundo y fue casi arrullado por un Fidel Castro que lo trataba como un estadista experto en geriatrías. Recibió el discurso el Papa, lo leyó desde la doble ranura de sus ojos y sus labios y todos los presentes afinamos los oídos para percibir el murmullo, a la espera del momento en que apareciera la frase flagelo, pero el redactor del texto, que dudosamente era Juan Pablo II, había concedido vacaciones a la discordia y el Papa leyó un discurso de síntesis, me pareció, y retengo mi sanción porque meses después me la confirmaría el doctor Navarro Valls en Roma.[18]

En estas papales «Palabras a los intelectuales», en presencia de un Fidel Castro enmudecido o, más bien, convertido en estadista del cine mudo, la espera de la palabra «original» esperada o temida será vana, tanto para el yo como para el lector. No asistimos a una réplica a aquella famosa sentencia de Castro: «Dentro de la Revolución, todo; fuera de la Revolución, nada». Detrás de la silueta del Papa, más de una vez aparece la de Navarro Valls que coordina y canaliza la presencia del Vaticano en los medios de comunicación de masas. El discurso del Papa se convierte en el discurso de otro, citado por el Papa, o, en otras palabras, en el simulacro de un discurso auténtico. El encuentro con el Papa, esperado durante tanto tiempo, sólo será una cita personal, en el sentido de la copresencia física en un mismo espacio compartido. En el nivel de la cita simbólica, este se transforma en una película de cine mudo en la que los protagonistas apenas se mueven, cumpliendo rituales que también son simulacros de poder y de encuentro. En el nivel de la cita textual, sin embargo, no asistimos tan sólo a una cita completa y no anunciada que el Papa hace del discurso escrito por otra persona, sino también a otra cita (intra)textual y no anunciada en el texto. Ya el 25 de

---

[16] Vázquez Montalbán 1998a, p. 511.
[17] Vázquez Montalbán 1998a, p. 563.
[18] Vázquez Montalbán 1998a, p. 564.

enero de 1998, Manuel Vázquez Montalbán había publicado en *El País* un texto que, bajo el título «El milagro del padre Varela», luego insertaría casi[19] textualmente en su libro. El texto viene acompañado de una fotografía proporcionada por la *Associated Press* que «ilustra» muy bien aquella cita personal y simbólica pero no, por supuesto, la textual. Estamos frente a otro ejemplo de la técnica de reciclaje textual –muy eficaz y rentable, por cierto– que caracteriza buena parte de *Y Dios entró en La Habana*. Es más, entre el Papa y el Comandante en Jefe, momentáneamente convertidos en sus propios estadistas, interviene otro personaje extraordinario, que ya el artículo periodístico del 25 de enero había presentado a su inicio:

> Rodeado de una cualificada selección de escritores, cantantes, músicos, profesores cubanos, tenía la clara conciencia de escritor intruso, el único extranjero infiltrado en la cubanidad del acto por especial gestión del ministro de Cultura, Abel Prieto, y no menor concesión del obispado de La Habana.[20]

El «yo», que aparece aquí en su doble relación con el poder estatal y religioso, se convierte en la figura más importante de esta (citada) escena de citas ya que, en el nivel del texto publicado en *El País*, produce su propio discurso, y, en *Y Dios entró en La Habana*, produce una cita tácitamente autorreferencial. Esta cita es tan clandestina (o «evidente») como la de Juan Pablo II, pero, contrariamente al Papa, no cita a otro sino a sí mismo. La figura más importante en este juego de los que hablan, pero no tienen voz propia, es la del escritor.[21] Es él quien maneja la ventriloquia en el que la función principal de las redundancias y descuidos estilísticos parece ser la de dar autenticidad a lo narrado y documentado. En este sentido, la estrategia de Vázquez Montalbán es perfectamente comparable con aquella forma televisiva convencional en la que el moderador desempeña un papel fundamental, invitando (y exluyendo) a los que participan en la mesa redonda e influyendo fuertemente sobre los discursos de sus «invitados». Sin lugar a

---

[19] Vázquez Montalbán 1998b, p. 4. Comparando los dos textos, se notan algunas ligeras variantes; así, por ejemplo, en lugar de la palabra "dudosamente" se lee, en el texto publicado en enero, "evidentemente no". La versión utilizada en el libro deja cierta ambigüedad.

[20] Vázquez Montalbán 1998b, p. 4. Esta frase se incluye, como cita textual, en Vázquez Montalbán 1998a, p. 563.

[21] Ahí radica la diferencia fundamental con los periodistas cubanos que nada más «acompañan» a Fidel Castro en una de sus «entrevistas» de la televisión cubana, descripción en la que brilla aquella precisión del observador que constituye la mayor calidad del libro: "la lengua humedece la boca, prepara la cámara nupcial del discurso, aunque el director escénico lo haya organizado como un debate, en el que el moderador Héctor Rodríguez tratará de poner concierto, ya que no hay paz donde no hay guerra, entre el comandante y los presuntos entrevistadores, Loly Estévez del Noticiero Nacional de Televisión, Renato Recio del periódico *Trabajadores*, Marcos Alfonso de *Granma* y Pedro Martínez Pírez, de Radio Habana Cuba y de la Televisión Cubana, condenados a desintegrarse como los cohetes tras poner en órbita la nave espacial: Fidel Castro." (Vázquez Montalbán 1998a, pp. 103s.). Lo que aquí se describe es el simulacro de un debate o de un diálogo abierto en el que se transparentan nítidamente las estructuras del poder. Volveremos sobre la relación entre escritor y periodista en el contexto del poder.

dudas, el narrador es el personaje principal de un *talk-show* cuyos mecanismos han sido analizados por Pierre Bourdieu.[22]

La salida

Cuando Juan Pablo II entró en La Habana, Manuel Vázquez Montalbán ya estaba allí, esperando su llegada. Cuando el Papa entra en el Aula Magna de la Universidad de La Habana, allí le espera el escritor, comentando su espera. Y cuando el Sumo Pontífice sale de la isla, el autor español se queda un par de días, un par de conversaciones más. A la aparición del representante de Dios en la tierra en la página 564 sigue, casi inmediatamente, su despedida en la página 569:

> Por la noche Fidel despide al Papa entre valoraciones positivas de un viaje que para el Gobierno cubano ha demostrado su capacidad de organización y de digestión de mensajes críticos.[23]

La expresión que escoge el narrador en primera persona para *despedir* al Papa, presentando simultáneamente a «Fidel» como fuerza activa de un encuentro que apenas parece haber tenido lugar, es sintomática de la simpatía que despierta el Máximo Líder y, en menor grado, la Revolución Cubana en el narrador. Como un dios, Castro está presente en el libro desde la primera hasta la última frase; no así el Papa. Si bien su presencia está diseminada de forma discursiva a lo largo del texto, la presencia «directa» de Juan Pablo II en *Y Dios entró en La Habana* dura apenas seis páginas. Calculando su presencia en tiempo de lectura, apenas si suponen 15 minutos de un total cercano a las 33 horas. Se acentúa así el carácter del Sumo Pontífice no como *deus absconditus* sino como ilustre viajero, mientras que Castro, inamovible, se queda en la isla, aprovechándose de su visitante. Pero analizando este texto en su totalidad de forma más detenida, las cosas no quedan tan claras como parecen a primera vista.

En el nivel del *récit*, o sea, en la organización narrativa de los elementos de la *histoire* de la visita papal de enero de 1998, el libro se divide en tres partes: un largo *antes* (hasta la página 348, es decir, la primera mitad del libro), un más reducido *durante* (desde la página 348 hasta la 569, con la breve «presencia» del Papa) y un *después* (que se desarrolla entre la página 569 y la página 713). Ya constatamos que esta última parte se prolonga en textos de posterior publicación, como en el artículo-entrevista dedicado al *subcomandante* Marcos. En este sentido, la «salida» del libro[24] se abre hacia otros textos que prolongarán el proyecto

---

[22] Cf. Bourdieu 1996, p. 55 *et passim*.
[23] Vázquez Montalbán 1998a, p. 569.
[24] «A manera de epílogo», pp. 681-713.

de Vázquez Montalbán presentado en forma de libro, continuando así esa
búsqueda del sujeto histórico a la que el libro parece no haber dado una respuesta definitiva o satisfactoria. Si desde la primera frase se presenta al líder revolucionario como un atlante,[25] la última frase del libro contiene una despedida, pero
no de la imagen del atlante sino de Fidel Castro: "En Cuba, por ejemplo, los at-
lantes del futuro serán, sin duda alguna, negros o mulatos."[26] De ahí que el artículo «Marcos, el mestizaje que viene», del 22 de febrero de 1999, se presente
como una continuación de esta idea del mestizaje –bastante «ingenua» si la com-
paramos con las reflexiones sobre el tema presentadas por la nueva teoría cultural en América Latina[27]– que aparece ligada al guerrillero del Ejército Zapatista de Liberación Nacional:

> El subcomandante es algo teatral, obligado por la naturaleza de su escenario y
> como réplica a las farsas de supermercado de la modernización uniformadora o
> de los restos del naufragio semántico del marxismo leninismo. Representa in-
> surgencias esenciales: el indigenismo como sujeto internacional, el mestizaje
> como lo deseable más que como lo inevitable.[28]

No carece de interés constatar que la idea del mestizaje, aunque de forma diferente a como aparecía en Alejo Carpentier o Fernando Ortiz, está ligada a una
poética de la cita. En Vázquez Montalbán, sin embargo, esta idea parece concre-
tizarse no tanto en una cultura sino más bien en una figura capaz de reunir lo diferente y darle una unidad. La salida de *Y Dios entró en La Habana* permite, por
un lado, continuar el libro con otros escritos y, por otro, despedir textualmente a
Fidel Castro. De esta forma, el libro puede leerse como un largo adiós al autor de
La historia me absolverá. De ahí que la imagen del *subcomandante* zapatista,
reiteradamente mencionada a lo largo del texto, se superponga a la del Comandante en Jefe. Aquél ocupa ahora su lugar en la selva, en una rebelión en la cual
no sólo han cambiado las coordenadas espacio-temporales e ideológicas sino
también el sujeto histórico. La «teatralidad» de Marcos no deja de recordar, sin
embargo, la de Castro que, a lo largo de su «carrera», siempre ha sabido servirse
eficazmente de los medios de comunicación de masas. La puesta en escena de tal
teatralidad y de su continuidad, sin lugar a dudas, es la que nos ofrece el autor de
Y Dios entró en La Habana, Manuel Vázquez Montalbán. Tanto el montaje de
las citas, incluyendo las del propio narrador, como el montaje de los discursos

---

[25] Vázquez Montalbán 1998a, p. 11: "Como un atlante, Castro sostiene el cielo tormentoso de La Habana". Volveré enseguida sobre esta «cita».
[26] Vázquez Montalbán 1998a, p. 713.
[27] Véase, por ejemplo, Bonfil Batalla 1993; Brunner 1992; Herlinghaus/Walter 1994; y Scharlau 1994.
[28] Vázquez Montalbán 1998a, p. 713. Por supuesto, Vázquez Montalbán retomará estas líneas y las integrará en
el retrato que haga de Marcos algunos meses más tarde, una vez más citándose a sí mismo –o dándose cita a
sí mismo.

particulares que fundamentan el universo discursivo de este libro nos remiten a su demiurgo, en el que el verbo se hace carne.

La entrada

El libro se divide en 14 capítulos numerados con cifras romanas más el epílogo que se acaba de estudiar. Los títulos que llevan estos capítulos no son menos elocuentes que los epígrafes que acentúan todos y cada uno de los diferentes capítulos del libro. Si estos epígrafes crean un espacio literario interno, configurado por citas provenientes de fuentes tan diversas como Virgilio Piñera, Fidel Castro y José Lezama Lima, Peter Sloterdijk y Eduardo Giordano, Ernesto Che Guevara y Daína Chaviano, Reinaldo Arenas y Gabriel García Márquez, Carlos Puebla y Juan Pablo II, un canto mambí y Umberto Eco, los títulos de los diferentes capítulos establecen relaciones intertextuales no menos intensas. En general, se trata de títulos «derivados» de intertextos de diversa índole que tienen la ventaja de ser fácilmente reconocibles. En su mayoría, los intertextos son (más o menos) explícitos y aluden a autores como Alejo Carpentier o Bertolt Brecht, Mario Vargas Llosa o José María Arguedas, Johann Wolfgang Goethe o Gabriel García Márquez, Octavio Paz o Manuel Moreno Fraginals, Enrique IV, André Gide o Wim Wenders. Este juego intertextual señala una dimensión (y calidad) literaria que el libro promete pero no cumple. Su calidad no radica en su realización estética o en su estructuración literaria, pero sí crea un espacio literario explícito donde se reúnen la literatura cubana escrita en la isla, la literatura cubana escrita fuera de ella y la literatura occidental en general, entendiendo el concepto de «literatura» en un sentido muy amplio. Es muy significativo que este espacio literario se construya desde una perspectiva (europea) en la que no desaparece la distinción entre lo de dentro y lo de fuera, pero sí esta distinción como valoración literaria. Así, en el centro del libro se explica:

> Hubo una época que escribir desde Cuba asumiendo la Revolución o fuera de Cuba a la contra, marcaba un valor añadido o su contrario a la hora de establecer una lectura apriorística. Después los buenos escritores eran los que se exilaban y los malos los que se quedaban. Ahora tal vez hayamos corroborado todos que no es posible simplificar tan burdamente y que la buena o mala escritura depende de una lógica interna de lo literario que más tarde o más temprano se separa de lo histórico.[29]

Este juicio parece reconocer un proceso en el que, a lo largo de la historia de la literatura cubana, siempre se ha establecido un diálogo diferido entre la isla y el exilio, las dos partes —y nunca una sola de ellas— formando el campo literario

---

[29] Vázquez Montalbán 1998a, p. 349.

cubano y con ello la literatura nacional.[30] Pero no hay que olvidar que la existencia del exilio cubano en la conciencia pública de Occidente no se debe tanto a la importancia económica de la comunidad asentada en Miami o Dade County, o a la propaganda política, sino mucho más a la literatura cubana que se ha escrito y sigue escribiéndose fuera del país. Escritores y escritoras como Reinaldo Arenas, Guillermo Cabrera Infante, Daína Chaviano, Jesús Díaz, Severo Sarduy, Zoé Valdés o Carlos Victoria –por sólo nombrar a algunos–, independientemente de sus posiciones políticas y muchas veces sin proponérselo, han logrado reconquistar un lugar en la literatura cubana (al lado de los autores que, como Miguel Barnet, Fina García Marruz, Senel Paz o Cintio Vitier escriben en Cuba) y han contribuido, de forma paradójica, a reconstruir una literatura nacional más allá de una identificación ideológica impuesta por el campo político.

Volviendo a la arquitectura fundamental de *Y Dios entró en La Habana*, los títulos de los diferentes capítulos señalan una serie de temas que añaden –y a veces interrumpen– la estructura narrativa tripartita a través de una estructura temática. Pero antes de adentrarnos en esta estructura básica de doble filo, tratemos de analizar aquellos elementos que sirven de entrada al libro en su conjunto.

La primera frase del primer capítulo nos presenta a un Fidel Castro en pose de atlante, "semejante a una ilustración de Doré del Don Quijote, vestido de guerrillero, verde olivo"[31]. De forma inversa a la relación entre Doré y el *Quijote*, el texto constituye una especie de *ekphrasis* (o «cita intermedial») de una fotografía creada por Gérard Rancinan en 1994 para *Paris Match*, realizada gracias a las presiones del embajador francés, "porque Castro es muy suyo a la hora de dejarse ver, escuchar, fotografiar"[32]. Esta fotografía, algo así como una cita icónica de *Paris Match* y controlada por el propio Castro, es la que adorna la cubierta del libro. En este montaje espectacular y polisémico, a los pies del guerrillero envejecido aparece la silueta de La Habana en colores algo apocalípticos. El título del libro –*Y Dios entró en La Habana* en mayúsculas– cubre la parte superior del cuerpo de Castro. En la contracubierta, figura una fotografía en blanco y negro de Manuel Vázquez Montalbán, pero no sobre el fondo de la Habana sino en una escena típica de las Ramblas de Barcelona. La ausencia de Juan Pablo II en el nivel icónico es significativa, sobre todo si tenemos en cuenta que existe otra foto del escritor español, vestido más formal esta vez, en la solapa de la cubierta donde, además de facilitarse algunas informaciones bibliográficas se pone énfasis en los numerosos premios que el escritor, nacido en Barcelona, ha recibido

[30] Cf. Ette 1994, pp. 20-31.
[31] Vázquez Montalbán 1998a, p. 11.
[32] Vázquez Montalbán 1998a, p. 12.

tanto en España como en el extranjero.[33] De forma paratextual, frente a la «estatua» de Castro surge la imagen de un Vázquez Montalbán, cuyo prestigio como escritor y creador del «nuevo periodismo» se destaca de forma insistente. Si el intelectual se define, sobre todo, por su capacidad para transponer el capital simbólico adquirido en su especialidad (en este caso, la escritura) al campo político, y si su condición de intelectual, además, presupone su capacidad performadora tanto en el campo literario e intelectual como en el político,[34] Manuel Vázquez Montalbán, y no sólo en este libro, se nos presenta como una representación casi «clásica» de la figura moderna del intelectual. Los paratextos icónicos y escriturales no sólo proyectan la imagen de Vázquez Montalbán contextualizada, como la de Castro, sobre «su» ciudad, sino que al mismo tiempo legitiman al escritor español en su función de intelectual crítico. El encuentro que el paratexto señala, por ende, no es tanto el del Papa con el Jefe del régimen cubano, sino el de este último y un intelectual español legitimado, no por una calificación específica con respecto a Cuba sino por su prestigio internacional. Y que, no lo olvidemos, es –como el Papa– un viajero.

Como hemos podido constatar, *Y Dios entró en La Habana* se caracteriza por su estructura citacional. Teniendo en cuenta la «ausencia» relativa del Papa y el carácter intertextual de los títulos dados a los capítulos, ¿cómo comprender, entonces, el título del libro que estamos analizando? ¿Cómo entender esta «entrada» principal, este libro que Vázquez Montalbán –estableciendo nuevos vínculos con textos muy exitosos que se deben a su pluma– muy bien hubiera podido llamar *Crónica sentimental de una espera*? En este libro sobre Cuba, ¿quién es Dios, y quién entró en La Habana?

---

[33] Además, se añade aquí información que complementa la de la contracubierta, acerca del libro que el lector tiene en sus manos: "y ahora se atreve con el Papa, Fidel Castro, El Espíritu Santo y el Espíritu de la Historia reunidos en La Habana, a poca distancia de la cámara oval, donde el emperador Bill Clinton recibe a sus súbditos de rodillas o de Chiapas donde el subcomandante Marcos utiliza el pasamontañas e Internet para hacer una revolución después de la revolución." Son evidentes tanto las referencias al texto sobre Marcos, citado inicialmente, como a la opinión de Alfredo Guevara, que da una interpretación muy cubana (e involuntariamente esperpéntica) de las relaciones amorosas del presidente estadounidense: "Ahora todo depende del pene de Clinton. Para mí que los medios norteamericanos se han inventado esa historia para distraer a la gente de la visita del Papa." (Vázquez Montalbán 1998a, p. 405). Esto se corresponde con la imagen que se da en otra conversación: "Encuentro en La Habana del Papa, de Castro, y como convidado de piedra, el espíritu de Clinton." (Vázquez Montalbán 1998a, p. 581). Por supuesto, todo esto subraya la importancia que la guerra de imágenes ha adquirido ya en los medios de comunicación de masas (aunque, ciertamente, no todo se organiza en función de Cuba).

[34] Cf. el artículo panorámico de Julliard/Winock 1996 así como Ette 1998. La omnipresencia de Manuel Vázquez Montalbán en la esfera pública subraya esta capacidad performadora en y a través de los diferentes medios de comunicación de masas. Su estética del reciclaje textual representa un aspecto interesante de su posición específica en el campo literario e intelectual de España. Su escritura, en este sentido, se desarrolló en función de esta posición dominante del intelectual catalán. Véase también la entrevista con Albrecht Buschmann (en prensa) en la que el escritor reflexiona sobre su posición actual en la prensa y su relación con el poder.

En el nivel de alusiones intertextuales (y más allá de cierto sabor bíblico), este título evoca, en el ámbito cubano, un texto de 1967, del que Roland Barthes decía que constituye un libro que "llega, no de Cuba (no se trata de folklore, ni siquiera castrista), sino de la lengua de Cuba, de ese texto cubano (ciudades, palabras, bebidas, cuerpos, olores, etc.), que es, a su vez, inscripción de culturas y de épocas diversas."[35] La última parte del libro de Severo Sarduy, *De donde son los cantantes*, se titula precisamente «La Entrada de Cristo en La Habana»; mencionemos de él sólo un breve pasaje:

¡Qué acogida en La Habana! Lo esperaban. Su foto ya estaba, repetida hasta el hastío o la burla, pegada, ya despegada, desgarrada, clavada en todas las puertas, doblada sobre todos los postes, con bigotes pintados, con pingas goteándole en la boca, hasta en colores –ay, tan rubio y tan lindo, igualito a Greta Garbo–, para no hablar de las reproducciones en vidrio del metro Galiano. Dondequiera que mires, Él te mira.[36]

El título del libro de Vázquez Montalbán remite pues –«dudosa» o «evidente», pero no explícitamente– a un intertexto (verdadero *subtexto* que subvierte la cita de Castro con el Papa) en el que la entrada de Cristo en La Habana se convierte en un espectáculo mediático y paródico a la vez. Las fotos, omnipresentes en la ciudad, en las que las imágenes se superponen, recuerdan aquellos carteles que, no sólo según el testimonio de Vázquez Montalbán, aparecieron poco tiempo antes de la visita del Papa y que desaparecerán inmediatamente después del despegue del avión.[37] La parodia y la burla, presentes en el texto de Sarduy,[38] no resultan ajenas a *Y Dios entró en La Habana*, si bien este libro carece de las pretensiones (y realizaciones) estéticas del autor de *Cobra*. Pero la meta del escritor español es diferente: a través de una larga serie de citas personales, simbólicas y textuales, y mediante una gran cantidad de entrevistas y conversaciones en La Habana, en Roma, en Miami, Barcelona y Madrid, construye no tanto un "mapamundi de todas las Cubas, exteriores e interiores" (y menos aún "un retrato de las postrimerías del siglo XX", como lo anuncia orgullosamente la contracubierta), sino más bien la imagen finisecular de un intelectual de izquierdas que reflexiona, a través de discursos «prestados» que reorganiza, sobre la histo-

---

[35] Barthes 1980, p. 4 (la traducción es de Pere Gimferrer). Bajo el título «Plaisir au langage», el texto original de Barthes dedicado a la publicación francesa de *Écrit en dansant* se publicó en *La Quinzaine littéraire* el 15 de mayo de 1967 (en *Œuvres complètes*. Vol. II: 1966-1973. Édition établie et présentée par Eric Marty. Paris 1993, p. 408).

[36] Sarduy 1980, p. 138.

[37] Cf. también Burchardt 1999, p. 137: "So rasch, wie die Begrüßungsplakate für den Papst einen Tag vor dem Besuch plötzlich an allen Hauswänden auftauchten und am Tag nach der Abreise wieder verschwanden, so schnell verpuffte auch die innenpolitische Wirkung des Papstaufenthaltes."

[38] Están presentes también en *Viaje a La Habana*, de Reinaldo Arenas, cuyo título, sin embargo no parece ser aludido por el de Vázquez Montalbán.

ria posterior a la guerra civil española, es decir, sobre la historia que le ha tocado vivir. De ahí las frecuentes alusiones autobiográficas, los pasajes en forma de tratado que no siempre se limitan a reflejar el «discurso oficial» cubano, la necesidad de establecer una relación directa con el poder y con el contra-poder. En este sentido, el libro constituye una *Crónica sentimental de un intelectual de fin de siglo*, una especie de *Sentimental Journey* que ilumina los logros y los límites de la figura del intelectual en la segunda mitad del siglo XX, en un mundo que se divide entre globalizadores y globalizados, diferencia muy sutil que el libro (fruto del viaje intercontinental de su autor) introduce y escenifica a la vez.

El poder

El primer capítulo, «La ciudad de los espíritus», presenta La Habana, el escenario en el que se desarrollará una parte de la visita de Juan Pablo II en Cuba, dejando de lado otros lugares que el Papa visitó. Esta focalización sobre *la ciudad de las columnas*, ya presente en el título del libro, se inicia con un recorrido por la Habana Vieja con Eusebio Leal,[39] el Historiador de la Ciudad que, no en balde, es designado como el «Virrey de La Habana» por sus facultades políticas, económicas y administrativas para restaurar y reorganizar el espacio urbano. En la Oficina del Historiador, en la que cuelga un retrato de "Fidel atlante"[40], conocemos al primer representante del poder oficial en Cuba, que se convierte no sólo en el primer entrevistado sino también en *cicerone* de su reino, la capital cubana. Es altamente significativo que el primer contacto con la ciudad en el texto se establezca mediante un representante del poder revolucionario. La ciudad que, en cierta forma, se convertirá en uno de los protagonistas más importantes de las páginas que siguen, será, efectivamente, la ciudad del poder. Desde el primer capítulo, el recorrido por la capital ignora los barrios «marginales» o periféricos y desarrolla una topografía del poder en la que se divisan tres centros: la ciudad del poder colonial, la ciudad del poder revolucionario y, por último, aunque no en último lugar, la ciudad del poder turístico. A lo largo del texto, el hotel Meliá-Cohiba –que hospeda al narrador– se convierte en el centro indiscutible, ya que buen número de encuentros y tertulias que el texto recoge se desarrollan en su interior. Los encuentros que tienen lugar en este hotel de lujo –cuyo nombre parece indicar, como el de muchos otros, el carácter híbrido[41] de la relación entre el poder cubano y el capital extranjero– no son sólo con los nume-

---

[39] Éste, recientemente, propuso el itinerario imaginario de Humboldt por la Habana Vieja; cf. Leal Spengler 1997.

[40] Vázquez Montalbán 1998a, p. 20.

[41] Constituye una variante más –y no la menos importante– de la identidad-guión analizada por Gustavo Pérez 1994.

rosos extranjeros atraídos por la visita del Papa, sino también con los representantes del poder revolucionario en las diferentes ramas del campo político e intelectual de la isla. La larga serie de entrevistas que se inaugura con la de Eusebio Leal (y que empezó con la cita simbólica del retrato en el despacho del Historiador) se limita casi exclusivamente a los representantes del poder, sea éste el poder político, militar, cultural, económico, eclesiástico, o bien, del contra-poder político, económico o intelectual establecido fuera de Cuba. *Y Dios entró en La Habana* se transforma en una cita gigantesca de las más diversas *very important persons*. La impresionante serie de encuentros con personajes muy importantes configura un gran número de encuentros que implican un número aún mayor de desencuentros, es decir, de encuentros que nunca se realizaron porque ni siquiera tenían cabida en el proyecto de Vázquez Montalbán. Las numerosas redundancias del texto (en el que reaparecen una y otra vez fragmentos casi idénticos del mismo discurso, explicaciones que ya se habían dado y hasta chistes que ya se habían contado) cubren el silencio de los que no tienen voz, de los que no tienen acceso al poder discursivo, de los que, sencillamente, no parecen importantes ya que carecen de poder. La búsqueda del sujeto histórico pasa por alto a los que sólo figuran como sus objetos. También, a este respecto, el texto plantea algunos de los problemas más actuales de la función del intelectual en las sociedades occidentales «globalizadas».

Por otra parte, el poder de aquel intelectual que todos llaman Montalbán y que, infatigablemente, pregunta y explica, discurre y sanciona, no se limita al poder de la palabra. Es más: es el poder de dar la palabra –o el de no darla. En este sentido, la cita, también, es un acto de poder, es dar voz e importancia a unos, ninguneando a otros. Este poder vale tanto para la cita personal y simbólica como para la cita textual. En todas las acepciones de «cita» aparece una estructura de poder que, no sólo en el contexto español, se define mejor recurriendo al verbo «citar». Este verbo designa en la tauromaquia el acto de convocar y de provocar[42] a la fiera, al otro, para que se dirija o acuda a un punto determinado que el sujeto del discurso, investido de legitimidad, controla. El poder de la palabra, entonces, se transforma en poder que se ejerce sobre la palabra del otro. El ningunear no es más que el grado cero de la cita.

Este poder del escritor y, más todavía, del intelectual, es ciertamente precario. Puede desaparecer de golpe y, por eso mismo, tiene que auto-afirmarse continuamente. Algo del poder de los «citados» –ya no todos acuden a la «cita», por ejemplo, las voces de los protagonistas del encuentro, la del Sumo Pontífice y la del Máximo Líder, sólo se integran al texto a partir de la re-transmisión televisi-

---

[42] Muchas veces, la provocación de los entrevistados genera las mejores páginas de este libro.

va o recurriendo a documentos ya publicados– recae sobre el que los cita, lo que implica, casi necesariamente, un proceso de distanciamiento del intelectual con respecto a aquellos otros que recurren a procedimientos similares. De ahí la necesidad de distinguirse y separarse de la gran multitud de periodistas –más de tres mil, se dice, llegados del mundo entero– que transformarán el evento histórico en un espectáculo planetario. Ya Alejandro de Humboldt, entrando en el puerto de La Habana, había insistido en distinguirse de los demás viajeros europeos. También en el libro de Vázquez Montalbán, la *distinction* (en el sentido de Bourdieu) queda inscrita en el texto, reiterada y (a veces) de manera drástica:

> la mayor parte de periodistas que desembarcan a centenares se apoderan de la realidad nada más verla, la ingieren, la metabolizan, la asimilan, pero en su mayoría la cagan sin quedarse nada de su alimento, porque se mueven por La Habana rascando las apariencias para ver lo que querían ver: erosiones en las fachadas y *jineteras*.[43]

Las excepciones que concede –a Mauricio Vicent, por ejemplo, que como él también escribe en *El País*– son muy contadas y sólo afirman la diferenciación entre el intelectual y escritor, por un lado, y el periodista y simple reportero, caracterizado por algo canibalesco y bárbaro, por otro. Basta comparar la puesta en escena de la propia persona, desde la primera frase del artículo de Vázquez Montalbán sobre «El milagro del padre Varela» (que ya se ha citado) con los artículos publicados en el mismo número de *El País* del 25 de enero de 1998 (o sea, los de la «enviada especial» Lola Galán sobre la prédica de Juan Pablo II en Santiago, de J. J. Aznárez sobre el elogio de la democracia por el Papa, de Mauricio Vicent sobre la «Misa en la cuna de la revolución» o de Pablo Ordaz sobre Alina, la hija de Fidel Castro que solicitó asilo en España) para comprobar que la importancia del intelectual no reside en la presentación inmediata de los «hechos» sino en una visión distinta, sintetizante y generalizadora en la que la imagen del yo se refleja continuamente. La cita y, más todavía, la auto-cita permiten multiplicar los reflejos de ese espejo en el que se ha convertido la escritura citacional de Vázquez Montalbán, que implica siempre la construcción de su propia imagen como intelectual o "escritor intruso"[44], algo así como un detective intelectual. La dimensión autobiográfica cumple aquí una función evidente: mediante el «pacto con el lector» ratifica el carácter testimonial y garantiza la autenticidad de lo vivido como base de la escritura. Así, la triple textura del libro –con su estructura discursiva, dialogada y narrativa– en la que muchas voces, muchos discursos, se entretejen, siempre quedará centrada por la voz del yo.

---

[43] Vázquez Montalbán 1998a, p. 66.
[44] Vázquez Montalbán 1998a, p. 563.

La despedida

Y Dios entró en La Habana es un texto muy actualizado y, paradójicamente, algo anacrónico. Reúne muchos detalles de gran actualidad y, a la vez, recurre a casi todos los elementos de la mitología revolucionaria cubana. Parece ser sumamente difícil escribir hoy en día sobre Cuba sin invocar la omnipresencia de Fidel Castro y, más todavía, de su mito. Podría aplicarse a Castro lo que ha sido dicho de Martí: Cuba es un país en torno a un sólo hombre. Dejando de lado la inmensa multitud de artículos para periódicos y revistas, los títulos de libros recientes recurren a fórmulas que envuelven la figura histórica y real de Fidel Castro con las texturas de lo literario y mítico.[45] El hecho de haber pasado de la historia al mito sin pasar por la literatura, hace que la persona del máximo líder se adapte a muchos modelos literarios. Esta continua resemantización y mitificación del joven idealista y atleta, del guerrillero barbudo y revolucionario martiano, del atlante comunista y donquijotesco loco, intensificada por los tiros cruzados desde la isla, el exilio y las polarizaciones de la esfera pública internacional, parece impedir, como en el caso de José Martí, un acercamiento que no recaiga en los sempiternos tópicos constantemente repetidos. *Y Dios entró en La Habana* no es la excepción a esta regla, y convierte en una figura (casi) sobrehumana a aquel que hace algo más de cuarenta años entró de forma triunfal en La Habana. La dimensión postmoderna de tal acercamiento consiste en citar simultáneamente la imagen como artefacto (el retrato construido) y como bien simbólico (el retrato en el despacho), llevando a un proceso de deconstrucción pero no de desmitificación. De forma constante y consciente, el texto recurre al mito y juega con él, pero no lo subvierte. Es, por cierto, un mito que alcanza a un vasto público internacional. *Y Dios entró en La Habana*, más que un *collage* mitológico, funciona, a veces, como un museo imaginario de todos los ingredientes del mito, enumerando con placer los peligros y las hazañas, los intentos de asesinato y la mítica omnipresencia del revolucionario. Al igual que la imagen del Che en las tiendas para turistas, también el mito de Castro se vende: se ha convertido ya en un artículo de exportación propagado por miles de periodistas. El libro de Vázquez Montalbán colecciona todos estos requisitos, mil veces enumerados ya por biógrafos e historiadores, periodistas y escritores, para alcanzar a un público lector que, interesado más que nunca por la repercusión del viaje del Papa, no pide sólo informaciones sobre los cuarenta años de revolución cubana sino historias y cuentos que la literatura cubana no ha producido en cantidad suficiente. Aunque no es cierto que –según el título del octavo capítulo– «La Revolución no tiene quien le escriba», no existe todavía la novela de la

---
[45] Mencionemos sólo a Burchardt 1999 y Krämer 1998.

revolución cubana. Frente a este silencio, el libro de Vázquez Montalbán cumple
una función específica, ya que reúne muchos elementos históricamente acumulados para construir un imaginario que no sorprende por su novedad u originalidad, sino por su fascinación por el poder (incluyendo los diferentes contra-poderes). Con la legalización del dólar en Cuba, también el poder adquisitivo se ha
convertido en un factor importante en la venta de los mitos. El libro del escritor
español forma parte de este circuito a través del cual Cuba se integra en el mercado mundial.

Pero no olvidemos que, igual que Castro despidió al Papa al final de su visita,
también la voz del narrador despide a Castro en la última parte del libro. El término biológico de la llamada «generación del entusiasmo» –entre el viaje de
Vázquez Montalbán y la redacción de su libro, fallecieron por lo menos dos integrantes famosos de esta generación, Núñez Jiménez y «Barbarroja»– conduce
a la pregunta, tantas veces repetida, sobre el futuro de Cuba después de la muerte
de Fidel Castro. La pregunta más insistente del libro provoca vagas respuestas,
aunque el epílogo globalizante parece sugerir una solución sencilla: después de
la revolución, la revolución; después de Castro, Marcos. ¿Y Cuba? A través de
todas las conversaciones que el libro contiene, la espera es la estructura fundamental o, si se prefiere, el *basso continuo* perceptible en todas las voces que se
nos presentan. El tiempo de espera produce su propia temporalidad, sus propios
ritmos y, más todavía, sus propios ciclos. Las aperturas y los cierres parecen
sucederse según una lógica casi biológica, un tiempo fuera del tiempo, un espacio fuera del espacio, en otras palabras: una isla de todas las islas. La isla abierta
se transforma en isla cerrada, aislada.

El balance del encuentro de Juan Pablo II y Fidel Castro ha sido positivo para
ambos. El papel de la iglesia católica en Cuba, a largo plazo, resulta considerablemente fortalecido.[46] Con miras al futuro, la iglesia proyecta fortalecer, después de Castro, sobre todo su importancia en la configuración de la cultura cubana, acento bastante visible ya en la revalorización de la figura de Félix Varela.
Carlos Manuel de Céspedes, Vicario General de la archidiócesis de La Habana y
una de las figuras más destacadas en los debates actuales, ha insistido reiteradamente en la renovación de la presencia católica en el pensamiento y la actuación
dentro de la cultura nacional de Cuba.[47] Fidel Castro, por su parte, ha mejorado

---

[46] Comparto las conclusiones de Burchardt 1999, p. 138: "Die katholische Kirche hat sich somit im Falle eines
Umbruchs in eine enorm starke Position gebracht, die die Zukunft Kubas deutlich beeinflußen kann."

[47] Cf. por ejemplo Céspedes García-Menocal 1999, p. 154: "La Iglesia, en todos sus niveles y sectores, no
debería dejar de encarar este desafío, que no es otro que el de hacer vida todas las palabras que se pronuncian
acerca de la evangelización de la cultura y que, casi siempre, quedan reducidas a eso, a palabras sin mucho
contenido." Frente a la Ley de la Protección de la Independencia Nacional y la Economía de Cuba,
promulgada significativamente un 5 de enero, la iglesia católica trata de abrir un debate, sin mucho éxito,

considerablemente su imagen pública a lo largo y ancho del mundo occidental. En el epílogo del libro de Vázquez Montalbán, el *después* de la visita del Papa se resume con cierto cinismo: "En cuanto a Fidel, volvió a la cotidianeidad revolucionaria más absoluta, con frecuentes tirones de rienda para que no se desbocasen los caballos de la apertura".[48] El *después* vuelve a ser el *antes*; el ciclo parece cerrado otra vez, ante la ya inminente llegada de los Reyes de España a La Habana en 1999. Pero el tiempo de la espera es también el tiempo de la reflexión. Ya lo sabía el buen Vladimir, experto en esperas de todo tipo:

> Vladimir: Que faisons-nous ici, voilà ce qu'il faut se demander. Nous avons la chance de le savoir. Oui, dans cette immense confusion, une seule chose est claire: nous attendons que Godot vienne.
> Estragon: C'est vrai.
> Vladimir: Ou que la nuit tombe. Nous sommes au rendez-vous, un point c'est tout. Nous ne sommes pas des saints, mais nous sommes au rendez-vous. [...] Ce qui est certain, c'est que le temps est long, dans ces conditions, et nous pousse à le meubler d'agissements qui, comment dire, qui peuvent à première vue paraître raisonnables, mais dont nous avons l'habitude. Tu me diras que c'est pour empêcher notre raison de sombrer. C'est une affaire entendue. Mais n'entre-t-elle pas déjà dans la nuit permanente des grands fonds, voilà ce que je me demande parfois. Tu suis mon raisonnement?[49]

Referencias bibliográficas

Barthes, Roland: La faz barroca. En: Sarduy, Severo: *De donde son los cantantes*. Barcelona 1980, pp. 107-122.

Beckett, Samuel: En attendant Godot. En: Beckett, Samuel: *Dramatische Dichtungen in drei Sprachen*. Vol. I. Frankfurt a.M. 1964, pp. 6-361.

Bonfil Batalla, Guillermo (ed.): *Hacia nuevos modelos de relaciones interculturales*. México 1993.

Bourdieu, Pierre: *Sur la télévision suivi de L'Emprise du journalisme*. Paris 1996.

Brunner, José Joaquín: *América Latina: cultura y modernidad*. México 1992.

Burchardt, Hans-Jürgen: *Kuba. Im Herbst des Patriarchen*. Stuttgart 1999.

Carpentier, Alejo: *La ciudad de las columnas*. La Habana 1982.

Céspedes García-Menocal, Carlos Manuel de: Teología y tradiciones nacionales: una visión católica. En: Fornet-Betancourt, Raúl (ed.): *Filosofía, Teología, Literatura: Aportes cubanos en los últimos 50 años*. Aachen 1999, pp. 137-154.

---

también en el terreno político; véase el artículo de Vicent, Mauricio: La Iglesia católica se desmarca del régimen. En: *El País* (Madrid) 1020 (17 febrero 1999).

[48] Vázquez Montalbán 1998a, p. 684.

[49] Beckett 1964, pp. 168 y 170.

Ette, Ottmar: Un diálogo diferido: observaciones en torno a tres etapas del campo literario cubano en los siglos XIX y XX. En: *Apuntes Postmodernos/Postmodern Notes* IV, 2 (spring 1994), pp. 20-31.

Ette, Ottmar: Roland Barthes und die performative Kompetenz: Repräsentationen des Intellektuellen. En: Jurt, Joseph (ed.): *Zeitgenössische französische Denker: eine Bilanz.* Freiburg i.Br. 1998, pp. 81-102.

Herlinghaus, Hermann/Walter, Monika (eds.): *Posmodernidad en la periferia. Enfoques latinoamericanos de la nueva teoría cultural.* Berlin 1994.

Humboldt, Alexander von: *Relation historique du Voyage aux Régions équinoxiales du Nouveau Continent...* Ed. de Hanno Beck. Vol. III. Stuttgart 1970.

Julliard, Jacques/Winock, Michel: Introduction. En: Julliard, Jacques/Winock, Michel (eds.): *Dictionnaire des intellectuels français. Les personnes. Les lieux. Les moments.* Paris 1996, pp. 11-17.

Krämer, Raimund: *Der alte Mann und die Insel. Essays zu Politik und Geschichte in Kuba.* Berlin 1998.

Leal Spengler, Eusebio: Prefacio. En: Holl, Frank (ed.): *Alejandro de Humboldt en Cuba.* Catálogo para la exposición en la Casa Humboldt, Habana Vieja, octubre 1997-enero 1998. Augsburg 1997, pp. 9-14.

Martí, José: *Poesía Completa.* Edición crítica. La Habana 1985.

Nuez, Iván de la: El destierro de Calibán. Diáspora de la cultura cubana de los 90 en Europa. En: *encuentro* 4/5 (primavera-verano 1997), pp. 137-144.

Ortiz, Fernando: *Contrapunteo cubano del tabaco y el azúcar.* Prólogo y Cronología Julio Le Riverend. Caracas 1978.

Pérez Firmat, Gustavo: *Life on the hyphen. The Cuban-American way.* Austin 1994.

Rojas, Rafael: Un nuevo pasado para Cuba. En: *encuentro* 10 (otoño 1998), pp. 11-15.

Sarduy, Severo: *De donde son los cantantes.* Barcelona 1980.

Scharlau, Birgit (ed.): *Lateinamerika denken. Kulturtheoretische Grenzgänge zwischen Moderne und Postmoderne.* Tübingen 1994.

Vázquez Montalbán, Manuel (1998a): *Y Dios entró en La Habana.* Madrid 1998.

Vázquez Montalbán, Manuel (1998b): El milagro del padre Varela. En: *El País* (25.1.1998).

Vázquez Montalbán, Manuel: Marcos, el mestizaje que viene. En: *El País* (22.2.1999).

Autoras y autores

HEIDRUN ADLER. Nacida en 1939, ha realizado estudios en Hispanística e Historia, y ha escrito una tesis doctoral sobre lírica peruana. Es miembro fundador de la Sociedad de Teatro y Medios Latinoamericanos. Ha publicado ensayos sobre teatro, lírica y novela latinoamericanos, entre ellos: (junto con Kati Röttger, eds.): *Theaterstücke lateinamerikanischer Autorinnen*, Frankfurt a.M. 1998 y *Geschlechter – Performance, Pathos, Politik. Das postkoloniale Theater lateinamerikanischer Autorinnen*. Vervuert, Frankfurt a.M. 1998 (versión española: *Performance, Pathos, Política – de los Sexos*, Vervuert/Iberoamericana, Frankfurt a.M./Madrid 1999); junto con Adrian Herr (eds.): *Kubanische Theaterstücke*, Vervuert, Frankfurt a.M. 1999; y *Zu beiden Ufern: Kubanisches Theater*, Vervuert, Frankfurt a.M. 1999 (versión española: *De las dos orillas: Teatro cubano*, Vervuert/Iberoamericana, Frankfurt a.M./Madrid 1999).

HANS-OTTO DILL. Nacido en 1935, es profesor emérito. Entre 1975 y 1991 fue profesor de Literatura Latinoamericana de la Universidad Humboldt de Berlín y, entre 1989 y 1990, de la Universidad de Gotinga. Fue profesor invitado de las universidades de São Paulo (1990), Xalapa (1994) y La Plata (1994). Entre sus publicaciones, destacan *El ideario literario y estético de José Martí*, Casa de las Américas, La Habana 1975 (Premio Casa de las Américas 1975); *Lateinamerikanische Wunder und kreolische Sensibilität. Der Erzähler und Essayist Alejo Carpentier* (Maravillas latinoamericanas y sensibilidad criolla. El narrador y ensayista Alejo Carpentier), Dr. Kovacs, Hamburg 1993; *Geschichte der lateinamerikanischen Literatur im Überblick* (Historia de la literatura latinoamericana. Vista de conjunto), Reclam, Stuttgart/Ditzingen 1999.

DIONY DURÁN. Es profesora de Literatura Latinoamericana de la Universidad de La Habana. Entre 1997 y 1999 fue profesora invitada de la Universidad de Rostock. Está especializada en narrativa y ensayo latinoamericanos. Ha publicado numerosos artículos sobre la literatura latinoamericana y la monografía *Literatura y sociedad en la obra de Pedro Henríquez Ureña*, Santo Domingo y Cuba 1992.

OTTMAR ETTE. Nacido en 1956, es catedrático de Filología Románica en la Universidad de Potsdam. Entre sus publicaciones, cabe mencionar *José Martí –*

Apóstol, poeta, revolucionario, UNAM, México 1995; (ed.): *La escritura de la memoria: Reinaldo Arenas,* Vervuert, Frankfurt a.M. ²1998; *Roland Barthes: Eine intellektuelle Biographie,* Suhrkamp, Frankfurt a.M. 1998 y el relato del viaje de Alejandro de Humboldt, II tomos, Insel, Frankfurt a.M. ²1999. En colaboración con Martin Franzbach (eds.) prepara actualmente el volumen *Kuba heute: Politik, Wirtschaft, Kultur,* Vervuert, Frankfurt a.M. 2000.

MARTIN FRANZBACH. Es catedrático de Historia de la Literatura Latinoamericana y presidente de la Deutsch-Cubanische Gesellschaft für Solidarität mit Cuba e.V. Próximamente publicará: *La isla entera. Historia social de la literatura cubana (1959-1999)* y, junto con Ottmar Ette (eds.), prepara actualmente el volumen: *Kuba heute: Politik, Wirtschaft, Kultur,* Vervuert, Frankfurt a.M. 2000.

LILIANE HASSON. Ha realizado su Doctorat de Troisième Cycle en la Universidad de la Sorbona y es Maître de Conférences Honoraire de la Universidad de Nantes. Tradujo numerosos textos de principales autores cubanos –Reinaldo Arenas, Virgilio Piñera, Zoé Valdés, Carlos Victoria– al francés. Ha escrito muchos artículos sobre la cultura cubana. Destaca entre ellos «Voix et voies de la littérature cubaine: de Lydia Cabrera aux novísimos», en: Cymerman, C./Fell, C. (eds.): *Histoire de la Littérature Hispano-américaine de 1940 à nos jours,* Nathan Université, Paris 1997. Sus libros principales son *L'image de la Révolution cubaine dans la presse française et espagnole. Essai d'analyse contenu,* Éd. hispaniques, Paris 1981; y la traducción y edición de *L'Ombre de La Havane,* Éd. Autrement, Paris 1997.

ERIKA MÜLLER. Nacida en 1969. Realizó estudios de Letras Hispánicas, Teatralogía y Literatura Comparada en la Universidad de Viena y la Universidad Complutense de Madrid. Cuenta con varias estancias de investigación en La Habana, Cuba. Actualmente es lectora en la Universidad de Quintana Roo, México, y prepara su tesis doctoral sobre el espacio cerrado en la literatura cubana.

INEKE PHAF. Estudios y enseñanza de Literatura y Historia del Arte de América Latina y del Caribe en Leiden/Holanda, en Berlín y en College Park, Estados Unidos. Se especializó en literatura del Caribe holandés. Entre otros trabajos, ha publicado, como editora, *Presencia criolla en el Caribe y América Latina/Creole Presence in the Caribbean and Latin America,* Vervuert, Frankfurt a.M. 1996; y junto con Ulrich Fleischmann, *El Caribe y América Latina/The*

Caribbean and Latin America, Vervuert, Frankfurt a.M. 1987. Como autora destaca con *Novelando La Habana*, Orígenes, Madrid 1990.

JANETT REINSTÄDLER. Nacida en 1964. Entre 1992 y 1995 fue miembro del colegio de graduados *Geschlechterdifferenz und Literatur* de la Universidad de Múnich, y desde 1995 es profesora ayudante en el Instituto de Filología Románica de la Universidad Humboldt de Berlín. Ha escrito su tesis doctoral sobre la literatura erótica postfranquista (*Stellungsspiele. Geschlechterkonzeptionen in der zeitgenössischen erotischen Prosa Spaniens (1978-1995)*, Erich Schmidt, Berlin 1996). Trabaja actualmente en un proyecto de investigación sobre discursos (post)coloniales en el teatro antillano del siglo XIX.

IVÁN RUBIO CUEVAS. Nacido en 1972 en Oviedo. Es licenciado en Filología Hispánica por la Universidad de Oviedo y prepara su tesis doctoral sobre la obra de los novísimos narradores cubanos y su relación con la de otros procesos deconstructores de la cubanidad clásica. Como becario de investigación de la Universidad de Oviedo ha realizado estudios de Postgrado en la State University of New York en Stony Brook y en la Universidad de La Habana. Ha publicado reseñas sobre autores cubanos así como artículos sobre la literatura latinoamericana, entre los que destaca «El exotismo postcolonial como estrategia editorial», en: *El discurso artístico norte y sur: Eurocentrismo y transculturalismos*, Universidad de Oviedo 1998, pp. 223-237.

YVETTE SÁNCHEZ. Nacida en 1957 en Maracaibo/Venezuela, es docente de Literaturas Hispánicas y Comparadas en la Universidad de Basilea. Entre sus publicaciones, destacan *Religiosidad cotidiana en la narrativa reciente hispanocaribeña*, Hispanica Helvetica, Lausanne 1992; y *Coleccionismo y literatura*, Cátedra, Madrid 1999.

PETER B. SCHUMANN. Nacido en 1941, trabaja como publicista en Berlín. Desde 1968 se ha especializado en temas de cultura y política cultural en América Latina. Ha realizado reportajes para radio y televisión, y escrito artículos para la prensa. Como autor tiene publicados, entre otros, los siguientes títulos: *Kino in Cuba 1959-1979*, Vervuert, Frankfurt a.M. 1980, *Historia del cine latinoamericano*, Ed. Legasa, Buenos Aires 1987; *Handbuch des brasilianischen Films*, Vervuert, Frankfurt a.M. 1988. Como editor tiene publicadas entre otras: *Einige Indizien oder Der letzte Ausweg. Erzählungen aus Chile*, Ed. diá, Berlin 1994; *Der Morgen ist die letzte Flucht. Kubanische Literatur zwischen den Zeiten* (en colaboración con Thomas Brovot, Ed. diá, Berlin 1995).

MICHI STRAUSFELD. Nacida en 1945. Escribió su tesis doctoral sobre la nueva novela latinoamericana y *Cien años de soledad* de Gabriel García Márquez. Desde 1974 es responsable de la sección de literatura latinoamericana, española y portuguesa de la editorial alemana Suhrkamp y, desde 1990, del programa *Las tres edades* de la editorial Siruela (Madrid). Actualmente vive entre París y Barcelona. Ha publicado varios artículos periodísticos y científicos y numerosos libros y antologías. Es editora de la revista *die horen*.

ANTONIO VERA-LEÓN. Nacido en La Habana en 1957. Enseña Literaturas Latinoamericanas y del Caribe en la State University of New York en Stony Brook. Escribió su tesis doctoral sobre la novela testimonio. Es miembro fundador de la revista bilingüe *Apuntes postmodernos/Postmodern Notes*, editada en Miami, Florida. Entre sus ensayos, aparecidos en revistas de Estados Unidos, América Latina y España, destacan: «Jesús Díaz: politics of self-narration in revolutionary Cuba», en: *Latin America Literary Review*, XXI, 41 (1993), pp. 65-78; y «Mayra Montero: las islas del deseo», en: *La Torre*, X, 38 (1996), pp. 183-201.

MONIKA WALTER. Es catedrática en el Instituto de Literaturas Románicas de la Universidad Técnica de Berlín. Realizó diversos estudios y dio conferencias en la Cuba de los años 80, sobre todo en el Instituto de Lingüística y Literatura de la Academia de Ciencias de Cuba y la Casa de las Américas. En 1989 fue miembro del jurado del Premio Casa de las Américas de «ensayo». Ha realizado publicaciones sobre literatura cubana contemporánea, y, sobre todo, sobre la novela testimonio; entre ellos: «Selbstrepräsentation des Anderen im Testimonio? Zur Archäologie eines Erzählmodus lateinamerikanischer Moderne», en: Herlinghaus, Hermann/Riese, Utz (eds.): *Sprünge im Spiegel. Postkoloniale Aporien der Moderne in beiden Amerika*, Bouvier, Bonn 1997, pp. 21-61.

RAÚL DE ZÁRATE. Nacido en 1969 en Cienfuegos, Cuba. Empezó a estudiar Física Nuclear y Economía en 1988, fue expulsado en 1992 de la universidad por sus actividades políticas. Desde 1993 vive en Alemania, actualmente en Berlín. De formación autodidacta, ha realizado exposiciones de artes plásticas en Cienfuegos, Miami, París, Leipzig y Berlín.